会计经典学术名著

会计和审计中的判断与决策

罗伯特·H·阿什顿
(Robert H. Ashton)
　　　　　　　　　主编
艾利森·哈伯德·阿什顿
(Alison Hubbard Ashton)

谢盛纹　译

Judgment and Decision—Making Research
in Accounting and Auditing

中国人民大学出版社
·北京·

译者序

　　20 世纪 80 年代判断与决策这一领域蓬勃发展，与判断和决策相关的基础研究在很大程度上影响着医学、法学、公共政策以及商业等领域，其研究结果也越来越多地运用于具体实践。商业领域有一分支受到了很大影响，这一分支就是会计和审计。

　　早在 1966 年，美国会计学会就将会计定义为"为使（信息使用者）作出有根据的判断和决策而确认、计量和传递经济信息的程序"（《基本会计理论说明书》，第 1 页）。会计师为投资者、债权人与政府监管者以及企业内部管理者提供信息，企业内部管理者依据这些信息作出重要的经营和战略决策。注册会计师的审计可以向决策者确保信息尽可能准确、及时和有用。面对时下全球经济环境日趋复杂、信息技术迅猛发展和会计规则审查日益增加的趋势，会计职业在维护其经济决策易化者这一角色时就必须理解并处理其职业活动中的不确定性和固有风险。因此，会计和审计是研究判断与决策理论及洞察力的理想平台。有关会计和审计中判断与决策的相关研究主要是试图理解支配其中一些必要功能的认知过程，诸如支配产品和服务定价、企业绩效评定和金融证券投资等的认知过程。《会计和审计中的判断与决策》一书介绍了时至 20 世纪

80 年代中期，判断与决策研究在会计和审计领域的研究状况，考察了应用决策的成本与效益。

本书在第 1 章引言部分回顾了 20 多年来决策科学研究的成果。各章作者均有自己的关注重点和观点，且都对过去和现在的相关研究成果进行了卓越的描述并极全面地讨论了未来的研究途径。全书的研究内容包括经理人、投资者、审计方以及债权人等日常的决策判断，共有四个部分九章，其中主体部分有七章，其内容不仅涉及管理会计中的"决策促进"和"决策影响"等方面的决策制定研究，还涉及提供给组织外部决策制定者的财务会计信息的影响；既有人类行为问题方面的研究（如个体行为对总体行为的复杂问题），也有知识在判断决策中的作用研究（知识及其在审计判断中的重要作用）。全书既有对各相关主题的总结及相关作者的观点展示，也有相关主题未来研究的提示与建议。

本书由江西财经大学会计发展研究中心、会计学院谢盛纹教授翻译，江西财经大学会计学院的老师和研究生参与了本书的初译工作，具体分工为：第 1 章（卢懿）、第 2 章（闫焕民）、第 3 章（梅雨）、第 4 章（邓永辉）、第 5 章（杨扬）、第 6 章（毕兴沅）、第 7 章（章琳一）、第 8 章（陈希敏）、第 9 章（汪卉），潘素秋和章琳一对译稿进行了初步的整理和校对，谢盛纹对译稿进行了最终的统稿和审校。在翻译过程中，得到了中国人民大学出版社的大力支持和帮助，在此深表谢意！还要感谢中国人民大学出版社工商管理出版分社各位编辑对书稿的仔细阅读与订正。

为了忠实于原著，我们在翻译过程中基本没有做改动。但由于时间和译者的水平有限，书中难免存在疏漏甚至错误，恳请业内行家和广大读者不吝指正（电子邮箱：xieshw@126.com）。

谢盛纹

序 言

　　本书描述了会计和审计领域判断与决策研究的近况，并且指出了其未来发展可能的方向，它是美国判断与决策协会推出的"书架"系列丛书中的一本。该丛书的目的是总结判断决策领域的既有知识，并使这些知识被广大读者所接受。与这一宽泛的目标相一致，本书旨在为两类读者发挥两种不同的功用。

　　第一类读者是会计和审计研究人员，他们已经或者希望活跃在这一研究领域——特别是其中的年轻人，比如新教师和博士生。对于这类读者，本书旨在介绍会计和审计中的判断与决策研究的最新进展，并为未来几年的研究提供平台。因此，每章都包括所涉及领域既有知识的大量材料以及作者对该领域的观点（对知识体系的贡献，以此为起点的研究应该或不应该朝哪个方向发展，等等）。在这方面，本书力图记录该领域迄今为止的发展状况，将多样且支离的研究文献连接起来，并指引未来的研究方向。我们希望它能够对未来的会计和审计中的判断与决策知识产生重大的积极影响。

　　第二类读者是在直接领域范围之外的学者，包括基础和应用层次的判断与决策研究人员，以及非判断研究领域的会计和审计研究人员。对于这类读者，本书旨在帮助解释会计和审计的判断与决策研究是怎样的，为什么该领域的判断与决策很重要，以及会计和审计研究如何与判断决策研究更广泛地发生关联。我们猜想，与将判断与决策研究融入其他应用领域（比如市场营销或医学）相比，将其融入会计和审计领域对许多研究人员来说更难以接受。我们希望本书能够向我们所涉及的领域范围外的判断与决策研究同行传递以上信息。

　　为促进高质量的书籍的推出，我们在杜克大学福夸商学院举办了两次会议。第一次会议是仅仅包括每章作者的"非正式夏令营"活动。在该次会议中，成员们提交草稿、分享构思，并对每章的内容产生了新的想法，进而评估该领域不同部分的研究近况和协调各章所涉及的内容。第二次会议是较正式的专题讨论会，会上提交了完稿。与会者主要是会计和审计领域以及基础学科中的判断与决策研究人员。会后，我们对本书的各章节进行了大篇幅的修订，以吸收讨论会中产生的众多观点，最终使得所有章节在其所涉及的会计和审计判断研究方面体现广度和深度的完美结合。

Robert H. Ashton

Alison Hubbard Ashton

致　谢

　　如果没有众人的支持和鼓励，本项目不可能完成。我们受惠于一些实体与个人，它们直接或间接地促成了本书成稿，其中主要包括毕马威基金会及其员工、判断与决策领域以及会计和审计领域的多位学者。不过，我们最应该感谢的是本书各章的作者。我们向这些作者征求最佳且最具思想性的作品，他们不仅给予我们回复，而且很风度地接受我们将其作品归集成册予以出版的做法，尽管我们做得不是很成功。

　　毕马威基金会的慷慨支助使得我们能在杜克大学举办两次会议，以提交与讨论所有章节的内容。毕马威基金会大力支持会计和审计基础与应用研究，不仅向众多研究人员提供资金、数据与职业被试者，而且为实践研究成果提供条件。Tim Bell，Bob Elliott，Bernie Milano 与 John Willingham 在项目的总体方面与以上某一方面都提供了帮助，我们在此表达最诚挚的感谢。

　　我们还受惠于美国判断与决策协会主席 Ken Hammond，是他首次提议推出"书架"系列丛书，并鼓励我们为该丛书创作一卷。我们还要感谢协会的出版委员会同意本书的理念（John Carroll，Don Kleinmuntz, and Jim Shanteau）。其中，我们要特别感谢 Don Kleinmuntz,

会计和审计中的判断与决策

他对早期文稿的所有章节做了大量点评，对本书的成稿起到了重要作用。

我们还要感谢判断与决策领域的多位研究人员，他们已出版的著作强有力地影响了会计和审计同类著作的发展。虽然有可能挂一漏万，但我们想明确地指出基础学科中的十位学者：Robyn Dawes，Ward Edwards，Hillel Einhorn，Baruch Fischhoff，Robin Hogarth，Daniel Kahneman，Sarah Lichtenstein，John Payne，Paul Slovic，Amos Tversky。他们不仅自身热衷于这一领域的研究，而且亲自评论工作稿，在会计和审计专题讨论会及研讨会上发表演说，在 J/DM 与 Bayesian 会议上进行非正式谈话以及对会计和审计领域的判断研究人员给予鼓励与支持。值得一提的是，对于 Hilly Einhorn 的评价很高，基础和应用研究人员觉得 1987 年他的逝世是判断与决策领域的巨大损失，他在这个领域中的地位是无人可以取代的。

会计和审计领域确立的奖学金也对开展判断与决策研究给予了支持。我们要感谢许多人，特别要感谢 Jake Birnberg 和 Nick Dopuch，他们一直在会计和审计的判断与决策研究领域中担任研究者、编著者、资助人和评论家。

最后，我们希望借此机会感谢 John Willingham。自从 1963 年在俄亥俄州立大学完成最早的"行为会计"论文之后，John 就成为了将研究与实践相结合的研究者与主导者。1978 年，他作为学术研究人员和教师（期间与他人合作编写了一本审计学创新教材），成为毕马威会计师事务所（Peat Marwick Mitchell & Co.，现在的 KPMG Peat Marwick）的合伙人，此后一直到 1993 年，他在会计实践与学术两大领域发挥了重大及关键的作用。他非常积极地敦促他所在的事务所实践判断与决策（以及其他）研究的结论，并且开辟了事务所支持具有生产价值的学术研究的渠道。同时，他还继续从事出于学术和实践目的的研究。1993 年，John 返回学术界，在得克萨斯大学奥斯汀分校任教。我们的研究得益于 John Willingham 的诸多贡献，在此向他深表谢意。

6

合作者

Alison Hubbard Ashton：杜克大学福夸商学院

Robert H. Ashton：杜克大学福夸商学院

Joyce Berg：爱荷华大学经济管理学院会计系

John Dickhaut：明尼苏达大学卡尔森管理学院会计系

Michael Gibbins：阿尔伯塔大学商学院会计系

Barry Lewis：科罗拉多大学经济管理学院会计系

Robert Libby：康奈尔大学管理研究生院

Laureen A. Maines：杜克大学福夸商学院

Kevin McCabe：明尼苏达大学卡尔森管理学院会计系

William F. Messier, Jr.：佛罗里达大学经济管理学院会计系

Michael D. Shields：孟菲斯大学商业与经济学院会计系

Ira Solomon：伊利诺伊大学商业与经济管理学院会计系

Robert J. Swieringa：康涅狄格州新卡纳镇，财务会计准则委员会

William S. Waller：亚利桑那大学经济与社会管理学院会计系

S. Mark Young：南加州大学会计系

目　录

第 1 部分
概　　览

第1章 会计和审计中的判断与决策研究的全景展望

Robert H. Ashton，Alison Hubbard Ashton

引　言

判断与决策方面的基础研究已经在很大程度上影响了几个应用领域，如医学、法学、公共政策以及商业等。应用研究的结果也越来越多地运用于具体实践。商业领域中有一个分支已深受其影响，这个分支就是会计和审计。在过去的 20 年中，随着描述性研究和实验方法日益受到重视，以及越来越多的研究人员接受诸如认知心理学、贝叶斯定理和决策学等核心课程的专业训练，会计和审计中的应用判断研究迅猛增加。该领域的研究重点在过去 20 年中经历了几次重大变化，且这种变化仍将继续。我们撰写本书的初衷就是希望捕捉那个演变过程，并且希望能对之产生影响。

为给接下来的章节做好准备，我们在概览部分介绍了三个主题。第一个主题涉及会计、审计实务以及这些领域中判断与决策研究的演变过程。这一部分主要是为会计、审计领域之外的读者所写，目的是为读者提供一些关于会计、审计研究人员所关注的判断任务和研究方法的总体看法。接下来我们概述了本书的各章内容，对已有的研究成果作了很全面的描述，并极其深入地讨论了未来的研究途径。这部分内容高度概括了这些章节中的深刻见解。最后一部分的内容主要是围绕各章所涉及的几个突出的研究主题。其中，有些主题涉及本书的各章或大多数章节，另外一些只出现在少数几个章节中。通过概览部分的集中介绍，以及在不同章节介绍相关作者观点的基础上补充我们自己的一些看法，我们希望能够让读者对当今会计、审计领域判断与决策研究中的问题与机遇有大致的感知。

·

会计和审计中的判断与决策

会计和审计是从同一个研究与应用着眼点发展出来的两个截然不同但又相互联系的领域。它们共同提供经济判断和决策所需的重要信息。会计从传统上分为管理会计和财务会计，前者涉及生成于组织内部并供组织内部使用的信息，后者涉及生成于组织内部但传递至组织外部的信息。与此形成对比的是，审计是由独立的会计师事务所履行的一项独立审查与鉴证职能。管理会计、财务会计和审计三者通过推进组织内部与组织间的投资流和资本市场的有序运转，共同对金融经济（financial economy）产生重要影响。

在本章的这一部分，我们先介绍管理会计、财务会计和审计实务，特别关注对这些领域有重要影响的几类判断和决策。之后，对会计、审计任务的几个特征进行评论，正是这些特征使得会计、审计中的判断与决策与普通环境中的判断与决策不同。最后，描述会计、审计中研究的一般性质，重点介绍判断和决策研究演进过程中的几个阶段。

会计和审计实务

管理会计向组织管理者和执行者等决策者提供信息，这些组织包括诸如公司之类的营利性组织和高校以及市政府之类的非营利组织。管理会计信息用于计划和控制运营成本、报告产品和活动的营利情况，以及制定企业总体政策。根据管理会计信息所作出的决策决定了具体组织的内外部财务资源的配置。举例来说，典型的决策包括公司要生产的产品数量、新生产线的引进、新制造设备或销售设备的定点定位（location）、新业务实体的收购、提供给客户的产品和服务的定价，以及组织内部员工和内部机构的绩效评价。

管理会计只向组织内部各方提供决策所需的信息，财务会计信息则由组织提供给外部各方，例如投资者、债权人、财务分析师和其他财务顾问、供应商、客户、工会以及监管机构。外部使用者主要有两类，即现有的和潜在的投资者和债权人（及他们的顾问）。投资者买卖公司的权益证券（股票），他们主要由个体"非专业"投资者、给他人提供投资建议的专业人士（也被称为"卖方"分析师），以及为保险公司、养老基金之类的机构管理投资组合的专业人士（也被称为"买方"分析师）组成。债权人给组织提供从银行贷款到债务证券（债券）等多种形式的财务资本，其主要的外部相关主体就是银行信贷人员和债券信用评级机构。像财务分析师一样，债券信用评级机构是给他人提供建议的专业机构。

向外部相关方提供与企业当年和之前的年度财务状况、财务业绩以及现金流量相关的信息，主要目的是帮助外部相关方预测这些变量的未来值。因为财务会计信息是由具体组织的管理层生成并披露的，而这些管理层通常出于一定的动机将其工作结果描绘得对己有利，同时，因为外部信息使用者从其他渠道获取这些信息的机会有限，所以诞生了一套由公共机构（最有名的就是证券交易委员会）和民间团体（最有名的就是财务会计准则委员会）批准颁布的广泛而又详尽的财务会计信息的计量和披露规则。因此，与提供给内部使用者的管理会计信息相比，提供给外部使用者的财务会计信息在形式和内容上都存在诸多约束，其中最重要的一个约束就是要求独立审计。

组织的财务会计信息传达给投资者、债权人和其他外部使用者的主要途径是公司"年度报告"中的一部分——财务报表。除财务报表之外，年度报告中还包含其他信息，其中最重要的是由独立于报告组织的会计师事务所出具的审计报告。会计师事务所通过检查报告公司的财务报表、与之相关的披露以及支撑系统和记录，以评价这些财务报表是否遵循财务会计准则委员会（与证券交易委员会共同）颁布的"一般公认会计原则"（GAAP），提供独立的审查与鉴证服务。

无论是审计过程，还是依据该过程得出的结论，都充斥着重要的判断与决策。审计过程中包括对欲获取的证据的数量和类型的判断、关于这些证据可靠性程度的判断、就已搜集和已评价的证据的应对所作出的判断。审计最终要形成关于该公司财务报表是否不存在重大错报的独立意见（即判断）。该财务报表不存在重大错报的反向判断程度，会影响到投资者和债权人对报告企业的披露信心，进而影响到报告企业进一步举债或进行权益资本融资的能力。类似地，诸如供应商、员工和工会之类的其他相关方也会根据审计师对企业财务报表存在重大错报的判断作出负面反应，监管机构可能会对这种企业给予严厉处罚。因此，无论从单个公司角度还是从宏观金融经济角度看，审计都是一种重要的职业服务。

区别会计、审计任务的特征

从最基础或者最普通的层面来看，会计和审计中的判断任务和情景设定与其他所有领域都是类似的，但是也有一些特征与一般的判断任务和情景设定不同。这些特征体现在四个方面：（1）判断与决策的多期/多人性；（2）涉及巨大的财务（和其他）后果；（3）市场的存在性；（4）重要的制度因素考量（参见 Libby，1990）。

第一，会计和审计中的很多判断与决策都是在多期/多人的情景设定下作出的。诸如产品和服务定价、公司权益证券投资以及审计中的证据收集和评价等方面的决策，不是单一个体孤立地一次完成的。相反，这些决策一般都会对多个时段产生递归影响，经常需要"重新进行决策"，并且经常需要考虑他人的偏好和信念。会计、审计任务的多期/多人性，将决策制定需要考虑的重要因素置于最重要的位置。举例来说，多期性强调了决策制定方法的连续性和反复性，多人性则大大提高了决策者的受托责任要求。

第二，会计和审计中的判断任务与情景设定往往关注的是数值巨大的财务后果。举例来说，一个养老基金经理在基金投资组合的选择中作出了"欠佳的"股票与债券的组合选择，可以想象这一组合选择所带来的财务后果有多大。虽然会计和审计中的判断所带来的后果不像医学和法学领域的一些判断所带来的后果（生与死的差异），但是，会计和审计中的判断任务的利害关系（high stakes）并不局限于财务后果，还包括重大的"人文"后果。在养老基金的例子中，对于那些未来的退休收入一定程度上依赖基金经理的组合选择的人来说，基金的负面财务后果会导致他们的生活方式发生重大改变。又如，就管理会计来说，一个经理的晋升机会和职业发展，乃至其最终的职业道路，都在一定程度上受到基于管理会计信息的定期绩效评价的影响。在审计中，如果一份报告鉴定某组织的财务报表是"无重大错报的"，之后却被发现并不是无重大错报的，则会给直接对报告负责的审计师带来巨大的声誉影响。

会计、审计决策还具有"继发性"影响，影响范围将延伸至受其直接影响的主体（例如，上述情形中的退休人员、经理和审计师）之外的其他相关方。例如，如果银行信贷人员决定停止一直向某商业企业提供的优厚信用条款，不仅会影响到这家企业，而且会影响到它的员工、供应商、客户和其他人员。

会计和审计中的判断任务和情景设定的第三个重要特征是各种市场扮演着重要角色，这些市场作为中介传递着个体或群体所作决定的最终后果。最明显的例子就是公司权益证券的交易市场，例如纽约证券交易所（NYSE）。这种市场的存在引发了个体决策者之间的一种竞争形式，这种竞争形式会带来战略决策行为，从而使决策制定过程更加复杂。本质上说，正如前面描述的那样，市场在会计决策中扮演的角色反映出各参与者决策思考的结果，因为会计信息对市场价格的影响是由众多市场参与者之间的互动所导致的。

最后，会计和审计中的判断任务处于无处不在的制度环境中。有序的证券交易是其中的一种环境，但是还有许多其他的环境必须纳入决策者的考虑范围——包括组织结构、专业团体以及监管机构网络等。例如，审计师的决策制定环境包括：（1）审计小组其他成员的存在，包括同事、下级和上级；（2）审计服务市场的存在，市场中有其他独立审计事务所参与审计客户的竞争；（3）制定职业准则和实施职业职责守则的强大职业团体（美国注册会计师协会）；（4）涉及众多政府机构（如证券交易委员会、联邦贸易委员会和联邦住房贷款委员会）的监管环境；（5）法律环境包括日益频繁地指控审计师在审计过程中有舞弊或过失行为的法律诉讼，这些诉讼会导致巨大的财务损失，并且获得相应的保险赔偿越来越难。这样的环境使审计中的判断具有巨大的约束和风险，从而对审计判断产生影响。

市场、制度、财务后果以及多期/多人性，是区别会计、审计应用领域所作判断和决策与其他一般情形下所作判断和决策不同之处的一些特征。毫无疑问，其他应用领域也有自身有别于一般情形的特征，使其所作的判断与决策与一般情形区分开来。另一方面，在判断与决策得以执行（和研究）的各个应用领域中可能存在共同之处。这些共同之处可能将某一应用领域的研究与另一应用领域的实务问题有效地联系起来。在很多应用领域（例如会计和审计、医药、法律和工程），用以区别不同领域的最大特征可能就是判断和判断环境的职业性质。好几个应用领域的职业特点不仅可以用来区分该领域中的研究与普适研究的不同，而且可以将这些领域中的研究结果彼此联系起来。会计、审计中的判断任务的职业性质，及其所处的情景和环境的职业性质，都是本书各章的中心主题。

会计与审计研究

20 世纪 60 年代中期以前，会计研究和学术成果主要包括基于暗含假设的演绎法研究，其中暗含的假设是关于资本市场的运行以及投资者、债权人和组织经理人的目标和决策过程的。实际上，此时所有的研究都集中在管理会计和财务会计领域，是典型的以发展对经理人和商业企业的"真实"经济绩效的评估为目标的。当时几乎没有关注有关审计的研究。

60 年代中期，会计研究成果发生了巨大变化，从采用演绎法推理转变为构建、评估规范的会计现象模型和运用设计的实证方法，以了解会计操作对企业的报告绩效和企业的市场评价的影响。在当代会计研究范式形成的初期，建模和经验分析主要由会计决策者的经济学理念（economic conception）推动。在研究中，决策者经常被假设为完全理性经济人，拥有无限认知能力，对会计信息的变化十分敏感并且能利用这些信息达到他们的目标或使目标效用最大化。虽然这一观点有助于从深层次上理解相关研究成果，但是它也在很大程度上忽视了会计研究中人的实际的特性。基于经济学基础的会计判断和决策制定研究始于 60 年代中期。它不仅植根于会计和审计的实践和政策两个方面，而且植根于普适判断和决策研究中的理论和方法。

会计和审计中的判断和决策的研究阶段

20 世纪 60 年代中期以来，会计、审计中的判断和决策研究经历了三个阶段。60 年代中期到 70 年代初期，研究动力主要来自会计和审计的实践和政策问题。在管理会计方面，研究关注的是控制系统和预算标准对受其管辖员工的业绩的影响。在财务会计方面，研究关注的是提供给外部决策者的信息类型，以及如何更好地计量和披露对应的信息。在审计方面，研究关注的是如何更有效率、更有成效地执行审计，如何更好地将审计结果报告给外部使用者。在这个时期，大部分情况下，研究人员都是试图在对普通判断和决策研究中的理论和方法有明确认识前，解决已出现的问题。

70 年代初期至 80 年代中期是第二个阶段，从判断和决策的基本文献中引入了适用于会计和审计中的判断决策研究的理论和方法。这一时期的研究重点大多集中在构建个体决策者的线性模型、评估个体决策判断与规范模型间的差距大小——例如预期效用理论和贝叶斯定理，以及调查对判断启发式研究及各种偏误研究的依赖程度。虽然这一时期研究领域的扩展受到基础学科的某些研究人员的影响，但是最重大的影响来自几篇文章，它们的作者是 Paul Slovic 和 Sarah Lichtenstein（尤其需要关注 Slovic and Lichtenstein，1971），以及 Amos Tversky 和 Daniel Kahneman（尤其需要关注 Tversky and Kahneman，1974）。

从很多方面来看，这是会计、审计中的判断和决策方面的研究人员学习和实践已有理论和方法的时期，这些共同的理论和方法通常也是那些更具"应用性"的研究所着重强调的。这一阶段的会计、审计中的判断与决策研究受到后人的广泛评论，例如 Libby（1981），Ashton（1982），以及 Birnberg and Shields（1989）。

从 80 年代中期开始，研究重点从记录会计、审计环境中人类判断的缺陷转变为理解（减少或者消除）那些缺陷。一个例子是使用过程追踪技术描述作出选择的决策过程，其细节含量比基于线性模型分析的含量要丰富（如，Biggs and Mock，1983）。另一个例子是开发了对信念加以修正的贝叶斯模型的判断与决策选择（如，Ashton and Ashton，1988）。

这一时期的重大转变在于从把决策者视为将输入变为输出的被动转换器，到把决策者视为诊断专家，特别是在审计领域；认识和记忆在决策过程中的相关作用受到了重视，产生了新的模型导引该领域的研究（例如，Libby，1985）。Hillel Einhorn 和 Robin Hogarth 的几篇文章对这些发展产生了重大影响（例如，Einhorn and Hogarth，1981，1985）。近来，研究人员开始关注对早期研究中确认的错误、非一致性和偏误进行控制或者"除偏"（debiasing）的方法，特别是借助某些机械决策手段来开展相关研究，这主要表现在审计领域的研究中（参见 Ashton and Willingham，1989）。

近期，其他研究已经对判断和决策研究的批判作出了反应。这些批判一般都是关注早期会计、审计领域的研究中忽视的变量，例如，决策过程中与经济和组织特征相关的变量，在普通判断与决策的研究环境中一般是被忽视（或者至少是不被重视）的，但是在会计、审计具体研究的环境中却很可能是至关重要的。这些变量包括财务动机、先前决策结果的反馈、各种受托责任机制、特定领域的经验和知识以及市场对决策过程和结果的影响。

简而言之，当前研究的理论、方法和变量的范围比过去拓宽了许多，研究内容更加丰富。有几篇文献资料回顾了最近的会计和审计中的判断与决策的研究阶段，并对研究重点的变化进行了评论（例如，Ashton et al.，1988；Libby，1990；Hogarth，1991，1993；Gibbins and Jamal，1993；Libby and Luft，1993）。

章节预览

本书各章分析了影响会计和审计中的判断与决策研究的上述因素和其他相关因素，提出了该领域未来研究的众多方向。虽然每一章的覆盖面都很广，但也并不是详尽无遗的，只反映出作者对该领域目前研究状况和未来研究方向作出的判断。各章关注的不是某一具体的研究方法，而是一个具体的研究领域——通常为管理会计、财务会计或审计中的子领域。章节内容的这种安排是有目的的，旨在鼓励未来的研究在提出范例前先提出问题。

本书有两章是关于管理会计方面的。Waller 关注的是管理会计中的"决策易化"，而 Young 和 Lewis 关注的是"决策影响"方面（参见 Demski and Feltham，1976）。简而言之，管理会计信息的决策易化作用是指在决策前提供信息以降低不确定性，决策影响作用则是指决策后提供信息以监控个体或子单元的行为。关注决策易化方面的研究在 20 世纪 80 年代逐渐式微，关注决策影响效果的研究则逐渐增多。

Waller

Waller（本书第 2 章）试图通过宣扬管理会计中的决策研究回归行为经济学基础，以使管理会计的决策易化作用研究重具昔日活力。行为经济学方法起源于 March and Simon（1958）与 Cyert and March（1963）的早期成果。行为经济学方法关心的是新古典经济学中关于人类行为的前提假设的经验正确性，产生决策行为的实际过程（而不是虚拟的"如果"），以及运用经验结果修正经济理论，以增强其预测和解释能力。

Waller 关注的是管理会计行为决策研究中人们经常加以研究的三个决策领域：（1）将信息传递给内部决策者的备选信息系统的选择；（2）成本变量调查决策；（3）产品定价决策。第一个领域主要起源于决策理论观，认为管理会计师应该考虑可供选择的信息系统能提供给决策者的成本和效益，而后两个领域考虑的是可以为具体决策提供具体信息的信息类型的选择。在每一个领域中，Waller 都介绍了一系列的已开展的研究，这些研究均用各自的方法尝试缩小经济学导向决策与心理学导向决策间的差距。更重要的是，他分析了这些方法为何无法有效缩短这一差距，以及如果采用明确的行为经济学基础，这些领域的研究将有怎样的不同——使经济学导向与心理学导向相结合的方法更加有效、运用范围更广。

Young 和 Lewis

Young 和 Lewis（本书第 3 章）指出，管理会计信息的决策影响集中在控制系统内部的激励对次级决策的影响。以此为背景，他们检验了管理会计中"激励签约"（incentive-contracting）的实验研究。激励签约研究关注的是激励员工达到或者超出预期业绩水平的激励系统或合约的设计。这种业绩水平的设定一定程度上取决于管理会计信息，激励的形式可以是达到某一标准给予奖赏，也可以是未能达到某一标准就给予惩罚。激励签约研究试图通过结合委托—代理规范理论（例如，Demski and Feltham，1978）的特征与行业社会学描述性研究的特征（例如，Roy，1952，1954），深入细致地洞察管理环境中的决策制定。

Young 和 Lewis 分析了激励签约研究的两种主要类型：（1）激励对具有不同技术水平员工的自我选择的影响和对他们之后执行任务的影响；（2）参与标准设定的激励影响及其对预算松弛的形成和执行的影响。与 Waller 呼吁重返行为经济学基础以发挥管理会计决策易化作用相似，Young 和 Lewis 认为未来对管理会计决策影响作用的研究，能从激励签约的相关研究中回归至其行业社会学根源，进而从中获益。值得注意的是，Waller，Young 和 Lewis 给未来研究所开的"处方"（pre-scription）都超出了针对个体判断的典型实验研究，而典型实验研究是迄今为止几乎所有实验研究的重点。Waller 主张更多地考虑市场环境，Young 和 Lewis 则强调要更多地依靠实地研究方法。

Maines

介绍 Waller，Young 和 Lewis 关注管理会计信息对内部决策者的影响之后，接下来要介绍的是提供给组织外部决策者的财务会计信息的影响。Maines（本书第 4 章）检验了个体投资者或债权人层面的研究，个体投资者或债权人包括在财务报告过程中给投资者和债权人提供建议的中介，例如财务分析师和债券评级师。接受检验的两类主要研究是：（1）研究目标的模型构建采用的是输入—输出方式（例如，采用回归法）或者研究对象的决策过程采用的是更加微观层面的研究（例如，采用过程追踪法）；（2）操纵提供给外部决策使用者的信息的形式、类型及数量，以及采用替代性会计方法描述的信息。第一类研究可以根据研究人员尝试"进入"决策输入与决策输出间的"黑匣子"的程度进行区分，第二类研究可以根据促进某一研究的是实际问题还是政策导向问题进行区分（例如，应提供给外部决策者什么信息）。

Maines 讨论了财务会计中的判断和决策研究对改进财务决策制定（例如运用模型、综合个体决策者以及采用之前决策的反馈信息）的内在含义。她还论述了该研究对政策决策缺乏影响，这些政策决策是指关于提供给外部决策者的信息的形式、类型和数量的决策。她分析了导致这种状况的几个可能的原因，这些原因与忽视激励、受托责任，特别是制约财务决策制定环境的市场机制有关。从历史角度看，财务会计中的决策研究人员个体未能将他们的研究成果与投资决策制定中的市场力量的作用联系起来，是这一研究领域相对缺乏影响的一个主要原因。不过，Maines 找到了一些乐观看待个体投资者层面的财务会计判断与决策研究日益受到重视的原因，还阐明了这类学术研究可以起到的几个重要作用。

Berg，Dickhaut 和 McCabe

Berg，Dickhaut 和 McCabe（本书第 5 章）探究了个体行为与集合体行为互动过程中的复杂问题。他们构建了一个理解（和研究）这一重要领域中各种主题的框架。该章的焦点体现在该章的第一句话中："个体决策偏误对集合体行为的影响有多大？"在提出这个问题时，他们清楚地认识到"集合体行为"存在于会计人员利益环境的一个较宽的范围内，涉及从简单的二人生产（代理）和讨价还价情况，到有众多参与者的复杂市场环境等方面。

框架中含有集合体环境中的外生环境特征（可观察的）和内生行为动态（不可观察的）。他们提出了对个体和集合体决策环境（以及集合体环境之间）加以区分的七个属性：（1）多个参与者；（2）选择集（域）的不同；（3）支付的相互依存性；（4）他人行为或信息的可观察性；（5）沟通；（6）签约；（7）行动次序（order of play）。他们认为这七个属性中的一个或几个决定了个体偏误是否影响集合体行为。他们还提出，某些行为动态（例如，对别人行为的预测、利益冲突、行为规范和追随性）为这些属性和集合体环境中的个体决策行为提供了因果联系。通过分析几个主要研究分支（代理、讨价还价和实验市场研究），他们对这个框架进行了很好的解释与阐述。

实验经济学方法是这一章的焦点。通过使用这些方法控制区分个体和集合体环境的各种属性，不仅可以研究集合体环境中个体偏误的持续性，而且可以了解个体偏误的消失与加剧等状况。Berg，Dickhaut 和McCabe 还指出，集合体环境会引起个体环境中未观测到的其他偏误（例如，公允性以及对他人行为的预测）。此外，偏误的成本可能可以在实验环境中测试出来，个体与集合体间的相互影响也可以观测到。相对而言，通常运用于集合体环境中的基于标准档案数据的经验方法不适于这类目的的研究，因为它很难控制那些容易混淆的变量。

Solomon 和 Shields

接下来的三章讨论的是审计。这三章中的开篇章是极成功的一章，Solomon 和 Shields（本书第 6 章）广泛阐述了审计中的判断与决策制定问题，为之后 Libby 和 Messier 撰写的章节打下了基础。Solomon 和 Shields 回顾了大量的审计判断和决策研究，主要从以下三个方面入手：(1) 引导研究的理论框架（政策捕捉、概率判断、启发式与偏见、认知过程和多人信息加工）；(2) 已使用的判断与决策评估标准（线索的使用、自我洞察力、准确性、共识、稳定性和一致性）；(3) 所调查的审计过程的实质性阶段（从设计审计一般策略的最初方向到选择签发审计报告的类型）。他们还注意到审计前和审计后的一些重要活动——例如，选择对判断和决策环境有影响的组织结构和审计策略，以及新信息出现后"召回"先前审计报告的潜在需求——审计判断研究中一般会忽视的活动。需要强调的是，他们的回顾使得人们非常清楚地知道，审计研究中哪些领域的研究结果与普通判断及决策研究结果一致，哪些领域的研究结果存在差异。

Solomon 和 Shields 给未来的研究提出了很多建议，其中至少有三个建议与财务会计和管理会计研究相关，这三个建议是：(1) 需要一组扩展的理论框架和判断/决策制定的评估标准；(2) 理解和分析任务的重要性，更多地强调任务与审计师之间的互动，而不是简单地将审计师看作普通的信息处理人员；(3) 有计划地将重点从实验转向实地研究。

Libby

Libby（本书第 7 章）检验了知识和记忆在审计判断中发挥的重要作用。Libby 认为，要完全理解审计判断的执行，就必须关注知识和记忆问题，由此他构造了一个关于知识获取及其对判断执行影响的模型。虽然 Libby 和其他人对审计环境中这一模型的各种成分进行了多年研究，但是本章的精细分析是对这个快速发展的领域最为全面综合的一次论述。

模型将经验、能力和知识作为影响审计判断工作绩效的主要决定因素，提出经验和能力共同决定了知识，而知识以及能力的直接影响决定了工作绩效。Libby 给出了模型变量——经验、能力、知识和工作绩效——的操作定义，并描述了它们的一些主要方面。更重要的是，他检验了这些变量间的四组关系：经验和知识、能力和知识、知识和工作绩效，以及能力和工作绩效。这四组关系为以下方面的研究奠定了基础：（1）阐明现有的许多审计判断绩效研究的关注点（并评估它们的贡献）；（2）对未来的研究方向提出建议；（3）可能解决一些审计判断研究中"悬而未决的问题"（例如，在什么环境中知识的不同会导致绩效的不同）。该模型对认识与理解审计判断研究特别有用，无论是调查审计判断研究中两两变量间的具体关系（例如，Frederick，1991），还是进行更广泛的多重关系的心理测量分析（例如，Bonner and Lewis，1990）。

Messier

Messier 所撰写章节（本书第 8 章）关注的是与审计从业人员决策辅助手段的发展和使用相关的研究问题。Messier 回顾了为审计实务而开发的决策辅助手段的种类，以及学术研究人员对此过程的参与情况。行业竞争和监管压力要求审计师提供更有效率和效果的审计，这在一定程度上又刺激审计师开发审计决策辅助手段。本章讨论了简单的决定性算法、决策支持系统和专家系统，分析了审计任务中最可能适合利用的某种或某些决策辅助的特征。

Messier 还回顾了有关审计决策辅助手段影响的研究（此类研究极其稀少），讨论了目前还未研究的这些辅助手段的潜在影响——对个体审计师的判断和审计事务所本身的影响。他建议，未来的研究要多关注审计决策辅助手段的影响和它们在实践发展中所涉及的各种问题。他还关注决策辅助手段应用这一重要领域，比如，与心理学中的分析预测和统计预测的争论（例如，Dawes et al.，1989；Kleinmuntz，1990）。他还发现，当相关审计研究强烈建议在许多任务中强调统计方法的优势时，却几乎没有审计从业人员接受它、利用它。所以，Messier 强调决策辅助工具应用过程的重要作用及有关决策辅助应用研究问题的重要性。

Gibbins 和 Swieringa

最后一章（本书第 9 章）由 Gibbins 和 Swieringa 执笔，给全书提供了一个全面而细致的"总结性陈辞"（wrap-up）。该章主要关注的是：（1）对于会计和审计中的判断与决策，研究人员具体的研究任务；（2）这些任务所处的大范围或大环境。他们提出，研究人员倾向于忽视研究对象的个体差异，更多地关注任务和环境而不是实际作出会计和审计判断的人。所以他们间接地表明，在有关会计和审计的判断与决策的现有研究中，有关任务的研究与有关任务执行主体的研究几乎一样多。他们还观察到，当所研究的任务很复杂、是主观的或者很可能要承担判断失误的实际成本时，在实验研究中通常"把实验室交给参与者"，希望他们的反应能和在正常环境中的反应一样。但是，由于我们提供给实验对象的是他们平时所面对任务的简化版——不存在诸如决策辅助手段或交换意见的讨论会之类的基础的、普遍的任务属性——我们冒着实验对象在实验任务中和在正常环境中表现不一致的风险（参见 Winkler and Murphy，1973）。

Gibbins 和 Swieringa 呼吁对会计和审计的判断与决策研究中的任务所处的经济、组织和职业环境给予更多的关注。他们讨论了需要更好地纳入实验研究的几种经济力量（包括资本和债务证券市场以及审计服务市场），他们赞成更多地使用经济模型对实验研究所测试的因素进行预测。他们还建议对集体和企业层面的组织因素——例如权力、地位、组织政策和奖励——应该在未来的研究中予以更多考虑。他们注意到，忽视组织因素的研究中有两个例外，那就是近期关于审计结构和责任的研究。最后，他们观察到会计、审计判断研究的研究人员倾向于忽视一个事实，即研究对象一般都是职业成员，他们受到法律、职业和道德标准的约束，这些条件可能严重制约着他们的判断过程和结果。

Gibbins 和 Swieringa 观察了与当今会计和审计中的判断与决策研

究相关的几个问题，对其进行了总结。例如，以对学术和实践作出贡献的双重目标为前提，他们讨论了当前会计和审计中的判断与决策的研究与基于其他范式的会计和审计研究之间的关联，以及判断研究对会计和审计实务的影响。关于第一个问题，他们观察到，判断决策方面的研究对其他范式的影响弱于其他范式对判断与决策研究的影响；他们认为，通过将理论发展与其他范式相联合，采用非实验方法（例如，面谈和档案分析）佐证判断和决策结果，可能会改变这一不平衡状态。关于对实务的影响，他们观察到，判断和决策研究的研究人员几乎没有为了分析"如果……那么……"（what if）的问题而利用他们的能力进行创造、控制和操纵实验环境与变量。相反，我们的研究更倾向于在实际问题发生后对之予以检验，而不是给从业人员提供预测建议。

几个突出的研究主题

前文已提出了本书将要讨论的几个突出主题。有些主题涉及多个章节（和研究子领域）。另一些主题只出现在少数章节中，甚至只出现在一个章节中。每一章节的主题都是该章作者认为重要的主题，当然，本书中每章的作者都是我们邀请的，因为他们都具备识别和评论各自专业领域中重要主题的资格。为了从另一个角度总体性地认识本书的研究体系，我们在此将本书其他章节的主题进行整合，并提供了我们自己的一些意见。我们将这些主题分为四个方面：（1）判断任务；（2）判断绩效的标准；（3）研究分析的范围；（4）职业环境中的除偏判断。

判断任务

从本书各章中可以明确看出，会计和审计中的判断与决策研究只关注很少一部分工作。在管理会计中，对合约选择任务（查阅 Chow，1983）以及产品定价任务（研究较前者少）的研究较为普遍。在财务会计中，破产/贷款违约判断任务以及股票价格预测任务（研究较前者少）

的研究比较广泛。在审计中，内部控制评价、分析性复核、详细测试范围、持续经营能力评价和审计报告类型选择等任务引发了大量研究。

以上任务清单反映出，现有的研究大都集中在审计领域。考虑到合作对象（cooperative subjects）的可达性和数据的可获得性，以及过去15～20年审计事务所给予的财政支持，现有的研究主要集中于审计领域也是自然而然的。整个审计领域的研究引领了管理会计和财务会计领域的研究——这不仅反映在数量上，而且反映在成熟度、分析深度以及对实务问题的关注上。在审计中，我们较为充分地探究了连接判断输入和输出的"黑匣子"；我们较为广泛地研究了经验和知识在审计判断中的作用；并且，我们还在更深层次上思考了审计判断的除偏方式，包括开发不同类型的审计决策辅助手段和研究它们的效用。

虽然从大体上来说，在研究关注度和成就方面，是审计引领着管理会计和财务会计，但也有一些领域的情况正好相反。虽然这三个子领域都强调个体决策者的实验室研究，但是管理会计在吸收组织观点方面做得比审计好，而财务会计在处理集合体（市场）环境中的决策制定和跨期决策方面更胜一筹。

这三个子领域中的研究都试图避开审计师和会计信息使用者面临的众多关键问题。我们这么说并不表示我们认为诸如内部控制评价、产品定价和破产判断等传统任务不重要，而是说研究中任务的选择要考虑与研究方法的适应性，举例来说，这些任务与评估审计实务中的法律责任的含义、新制造技术的引进和使用、披露给外界使用者的会计信息的形式和内容的选择等就有本质上的不同。

对于某一子领域的现有发展水平及其主要研究方法，自然会先关注最吸引人的研究主题。但是，对于整个领域和研究它们的个体研究人员来说，对一小部分偏爱的主题的持续研究可能导致研究中获得的结果随时间递减。目前，似乎审计领域比管理会计或财务会计领域更接近这样一个状态。

反驳这个推理方式的论点是，在不同领域间（或在同一领域的不同主题间）频繁更换主题可能会影响对一个重要的判断或决策的持续探究。这个论点虽然有可取之处，但是我们认为，许多最有可能对未来产生实质性影响的机会很可能更多地存在于管理会计和财务会计中，而不在审计传统研究的主题类型中。

考虑那些受到相对较少关注的判断任务是刻画现有的研究特征的一种有用方法。另一种相关方法是关注那些被研究普遍忽视了的主题类型。在某种程度上，管理会计和财务会计任务因为审计任务而未受到应有的重视，公司管理层、投资者和投资顾问作为研究对象显然同样未受到应有的重视。但是，Young and Lewis（本书第 3 章）间接地指出，新的制造作业和传统文化对制造业绩产生越来越深的影响，可能会导致研究人员将管理作为一个研究对象给予更多的关注。类似地，Maines（本书第 4 章）认为，基于资本市场的研究表明，受判断偏误和关于分析师的盈余预测的经验研究影响的市场价格，可能激发对于投资者和投资顾问的研究兴趣（也可参见 Schipper，1991）。

如果我们不考虑审计师、管理层、投资人与债权人等主体，情况一目了然：几乎没有相关的研究涉及日常从事与会计相关的重要判断和决策的其他对象群体。举例来说，实际上有大量研究是与外部审计师的判断与决策相关的，却没有任何关于内部审计师的研究；也几乎没有研究关注外部会计信息编制者（与使用者相对），或者关注制定会计或审计准则的主体成员。这些领域只有很少的研究成果——例如，Plumlee（1985）和 Bailey（1990）的研究是关于内部审计师的，Gibbins and Mason（1988）与 Gibbins et al.（1990）的研究是关于信息编制者的，Joyce et al.（1982）和 Kinney（1986）的研究是关于准则制定者的——但是没有形成相当数量的结果。从某种程度上讲，有更多关于个体纳税人和专业报税人员判断的研究，而且已经形成了一大批有实质内涵的与税务相关的研究（参见 Ashton，1994）。与管理会计和财务会计环境一样，这些领域和其他有待研究的领域中有着大量有利于判断研究作出重要贡献的机会。

不管未来的研究是否要检验传统或非传统的任务和研究对象，本书各章作者都强烈主张对任务及任务与决策者之间的相互影响进一步分析和理解。在像会计和审计这样的职业领域，仅仅简单地将决策者视作普通的信息处理人员是远远不够的（参见 Smith and Kida，1991）。任务分析都需要理解任务的信息要求，而理解任务与决策者之间的相互影响必须正确评价研究对象在任务中的作用。虽然判断任务的重要性一直以来都是研究人员讨论的一个话题，但是它在实际的职业领域有着特别重要的地位。

许多章节中关于判断任务的最后一个观点都关注应用判断研究中通过使用"假设分析"（what-if）方法获得的见解（参见 Swieringa and Weick，1982）。尽管职业领域中众多涉及应用研究任务的现有研究都聚焦于它们是否充分反映了"现实世界"的目标任务，但是，至少就它们最重要的属性来说，判断研究中的任务可以扮演的一个有趣而又未开发的角色就是现在尚不存在却又可以创造出的"潜在现实世界"。

例如，关于个体投资者的判断研究可以检验额外的可能的披露（additional possible disclosure）的影响，财务会计准则委员会曾经考虑过该问题（参见 Maines，1994 和本书第 4 章）。Kinney and Uecker（1982）在关于两种替代的风险评估方法的研究中充分检验了这种额外的可能的披露的影响，审计准则委员会也正在考虑这两种替代的风险评估方法。作为另一种可能，实验市场研究可以检验目前在正常的环境中尚不存在的替代制度安排给个体层面和集合体层面的变量（例如，替代的市场结构（参见第 5 章））带来的影响。就像判断与决策研究的标准实验方法可以有效地控制和操纵现有变量和环境一样，它们也可以用来为研究创造可供选择的变量和环境。这一定位使得我们的研究具有更多的"先动性/事前性"（pro-active）、更少的"后动性/事后性"（re-active），可以在形成目标征兆中取得重大成绩。与依靠其他范式的研究者相比，判断和决策研究人员至少应当能够更好地利用"假设分析"法分析问题（参见本书第 9 章）。

判断绩效的标准

许多章节的另一个重要主题是具体判断任务中的研究对象的绩效度

量问题。在这些章节中分析了判断绩效的两个方面：（1）在实际的职业环境中评价判断的适当标准；（2）构建判断绩效的模型。

传统上，评价会计和审计的判断绩效优先考虑的标准是事后估计的准确性，或是该判断与相关环境事件的一致性。由于在应用任务中使用一个绝对准确的标准几乎是不可能的，因此，几个基于一致性的准确性的替代变量得以广泛地运用，其中包括与统计标准、任务中的公认专家和在相同信息环境中的其他决策者等一致。遗憾的是，对绩效度量的准确性和协议式绩效度量的强烈关注可能会导致我们忽略绩效的其他方面，所忽略的却正是职业环境中极其重要的方面。

在讨论审计判断的绩效评定标准时，Solomon and Shields（本书第6章）和 Libby（本书第7章）都表明审计效率是一个有价值的标准，应该获得更多的关注。此外，Solomon 和 Shields 还提出，审计研究人员应该考虑证据的整理和证成（justification）标准，以支持先前作出的判断（参见 Emby and Gibbins，1988）。这样的绩效评定标准看上去在管理会计和财务会计环境中也是同样适用的，虽然几乎还没有在这些领域中进行相关讨论。

正如 Libby（本书第7章）所提出的那样，扩展相关绩效评估的概念，能帮助我们认识不同判断任务或子任务的不同绩效评定标准。它还能帮助我们认识到对职业决策者和雇用他们的企业来说，相关性最强的绩效评定标准在决策者的职业生涯中可能会有巨大改变。例如，在一个专业人员的职业生涯中，在更广的外部发展领域取得的成功（例如，获得新客户），很可能会逐渐取代娴熟的技术或专业技能而成为审计和财务分析环境中的主要绩效评定标准。此外，对于审计中更高层次的决策者和必须决定将何种可披露信息主动披露给外界信息使用者的公司管理层来说，避免法律责任也是一个至关重要的绩效评定标准。将这些绩效评定标准纳入判断与决策制定的研究中，结果将会比依靠基于准确性和一致性的标准更加困难。但是，为开发职业环境中判断研究的全部潜力，有必要拓展绩效度量方法。

与判断绩效度量方法的选择相关的是在职业判断任务中达到专业表

现或专业技术水平等更宽泛问题。在财务会计和审计的研究中处理过专业技术问题，而在管理会计的研究中还没有。在财务会计中，研究一般都局限于对比"新手"与"内行"财务分析师在投资环境中处理会计信息的过程追踪研究。而审计中的研究范围要比这宽泛得多，而且运用的研究方法也多种多样。Libby（参见本书第 7 章）所阐述的在审计环境中将经验、能力和知识与判断绩效联系在一起的模型，关注的是形成审计判断的专家意见。

Libby 描述的模型与理解所有应用领域（不仅仅是审计领域）中的判断绩效以及形成专业意见有着普遍联系。事实上，Schmidt et al.（1986）曾提出本质上一样的模型，并将其应用于四类军事工作人员（装甲机组人员、装甲修理人员、后勤补给人员和厨师）。虽然这个模型有广泛的适用性，但是好像没有对财务会计和管理会计产生任何影响。不过，Maines（见第 4 章）提出了构成模型组成部分的内存储器（internal memory）可能在投资决策制定而不是在审计中发挥更大作用的理由。对于激励签约实验研究的核心——技能和付出变量来说，这个模型可能对完善其特定的方法也有作用（参见 Young and Lewis，本书第 3 章）。模型的一些特性已经出现在与税收决策制定相关的文献中（例如，Marchant et al.，1991；Bonner et al.，1992）。

研究分析的范围

本书章节中的另一主题也是显而易见的，那就是过去几年中研究分析的范围变得更为广泛。Solomon and Shields（本书第 6 章）描述了基础的普适研究与审计应用研究间的关系从"模仿与转换"惯例转变为"先对比后转换"方法。因此，关注点从强调普适判断任务与应用判断任务间的相似点转为强调它们的不同之处或"与众不同的属性"（例如，Libby，1990；Smith and Kida，1991；Bonner and Pennington，1991）。这就是前面所说的"理解任务"的一个中心内容。

强调会计和审计任务的差异性属性，不仅可以帮助研究人员对操纵、控制和测量实验研究中的那些变量有更清楚的认识，还能帮助他们更好地理解普适研究与会计审计研究结果的差异性。例如，对过度自信和函证偏误的敏感度较低，对基本利率和来源可靠的信息的敏感度较高，要求更多的一致性和结构信息处理、更好的标度，更看重负面信息而不是正面信息。

转变为"先对比后转换"方法的一个关键特性是，将激励纳入之前几乎是采用"纯认知"方法的会计和审计判断问题中（例如，Ashton，1990；Awasthi and Pratt，1990；Libby and Lipe，1992）。尽管人们早就意识到，要对会计和审计的判断与决策绩效有全面认识，需要对经济和社会激励有足够的关注，但是我们在研究中迟迟未能将激励很好地融合进来。然而，职业环境中的判断表现是由认知和激励的共同作用决定的，这一点显而易见。判断研究的实验方法以及它们创造、控制及操纵相关变量的便利性，使得我们有一个较特殊的视角去结合其他会计研究范式识别判断表现中认知和激励的不同作用。

将经济和社会激励融入判断研究，使得研究从之前占据主导地位的"个体孤立"（individual-in-isolation）模型中转换过来。这一转接点（juncture）的一个重要问题是，当分析范围扩展至工作组、组织、职业和市场等固有的经济和社会激励对判断决策制定的影响时，现有的研究成果（主要基于个体孤立模型的成果）将如何转变。目前，这个领域对市场固有的（经济）激励关注的较多，对工作组、组织和职业固有的（经济和社会）激励关注的较少。这可能要归咎于我们一直以来与经济学的关联要强于与社会学或其他"宏观行为"传统的关联。

不过，即使是在市场环境中，几乎所有的关注都集中在财务环境中的产权投资市场，而不是诸如管理环境中的劳动力市场或者审计（或相关）服务市场。但是，对产权投资市场的关注不仅仅强调会计和审计判断中的多人属性，而且强调这些判断的多期属性。Waller（本书第 2章）和 Young and Lewis（本书第 3 章）都已注意到了管理会计环境中的多期实验，而审计研究中还没有出现这一情况。

虽然近期在判断研究中开始考虑经济激励、市场力量、学习机会以及诸如受托责任要求和复核过程之类的组织惯例，但一般都是一次只考虑加入一个变量。虽然大家都非常清楚地知道这些变量中的许多变量（还有其他一些变量）共同刻画了自然的（natural）决策环境，但是几乎没有研究同时考虑这些变量中的两个或更多变量以及变量间可能有的互动作用。就这一点而言，Waller（本书第 2 章）提出的管理会计转变为"行为经济学"的观点，以及 Berg，Dickhaut and McCabe（本书第 5 章）为理解集合体决策效果而构建的框架可能极具潜力。Waller（1994）新近提出了审计中的行为经济学研究方法。

虽然近期研究的范围有所扩大，但是并没有系统地处理当今企业（和商学院）看到的许多问题。现代生产规范和跨文化信息处理差异对决策制定的影响有两个例子（入门资料参见 Young and Selto（1991）以及 Chow et al.（1991））。还有一个例子是关于信息技术对决策制定的影响的。考虑到来自受托责任和相关性的强大压力——当今商业和高等教育的特征，未来的研究人员可能会对这些问题给予更多的关注。在这种压力之下，目前判断研究的相关性与严格性之间的对立程度很可能会进一步加剧。

随着研究继续沿着摆脱个体孤立模型的方向改变，将融入更多的经济、组织和职业力量，所使用的研究方法也需要得到扩展。尽管个体层面的实验研究在可预见的将来还将继续占据研究方法的主体地位，但是为了有效地研究诸如财务会计环境中的披露、管理会计环境中新生产规范的使用和审计环境中决策辅助手段的应用等问题，实地调查式研究方法的使用会逐渐增多。此外，为了研究集合体行为以及个体行为与集合体行为间的关系，需要更多地使用实验经济学方法。

职业环境中的除偏判断

本书有几章讨论了从 20 世纪 80 年代早期开始的变化，从记录判断错误、偏误和非一致性到开始了解它们。近期，更进一步的转变——消除或降低实验环境中发现的错误、偏误和非一致性的影响的显式除偏技术——获得了发展动力。到目前为止，这个转变中有很强的迹象表明，该领域已经开始准备应对将研究结果应用于实务中可能会遇到的难题。

但是，近期所有关于除偏的研究实际上都发生在审计领域中，即使在审计中只取得了有限的成果。

令人啼笑皆非的是，随着先前讨论的各种多人/多期问题更多地纳入研究中，对显式除偏法的关注可能会变得不那么重要。也就是说，对于某些偏见来说，会计和审计环境中的多人或多期特性可能通过"自然控制"控制住了这些偏见，所以也就不需要运用显式除偏技术了（参见Kennedy，1993）。而对于其他偏见来说，情况可能就不是这样了（参见Kennedy，1995）。当自然控制有效时，研究重点可能会转向理解使判断偏误消失或降低的机制，获得额外信息、多人或多期环境的结构特征、学习和竞争的可能结果。当自然控制无效时，研究显示，除偏法可能在实际的职业领域极为有用。

与本章这一部分讨论的其他主题类似，除偏很可能是未来研究中一个大有作为的方向，其原因是多方面的。第一，要明确判断中的哪些缺点需要除偏。我们前面提到过，随着判断研究范围的继续扩大，对多人和多期问题的考虑增多，可能会发现一些"自然除偏效果"。此外，还可能发现，某些环境中容忍判断偏误的成本非常小，除偏工作甚至是完全没有必要的（参见Lewis et al.，1983）。

第二，当开发和使用显式除偏法存在潜在理由时，可能会有大量的技术可供选择：一些与新的激励（经济方面或其他方面的）条件有关的除偏方法；其他与普遍教育、任务特训或者可获得某种决策辅助手段（范围从简单的决定性算法到专家系统）相关的除偏方法；与重构判断任务相关的使其与现有激励或决策者能力更协调的除偏方法。Fischhoff（1982）为考虑上述及其他类型的除偏方法提供了极好的框架。

第三，测量替代除偏技术的效果是一件复杂的工作，至少与测量无辅助判断绩效一样复杂。准确性和协议式效果衡量方法与效率式衡量方法是相关的，都必须考虑与开发和使用除偏技术相关的成本（财务的和非财务的成本）。此外，某种除偏方法的正面效应（可能是未预测到的）可能会被负面效应抵消（参见Kachelmeier and Messier，1990）。

一般来说，不同的除偏技术（包括决策辅助手段）绩效评价所用的标准都应该与无辅助手段的人为判断绩效评价所用的标准一致。Ashton and Willingham（1989）详细阐述了这个理念。当然，随着评估无辅助判断的标准日益扩展，评估判断除偏技术的标准也应随之扩展。最终，与具体环境最适宜的除偏技术的选择必须源于对判断偏误原因的理解。Arkes（1991）为寻找判断偏见与其基本原因及具体除偏方法类型之间的关联提供了极好的框架。

第四，至少可以这样说，将决策辅助手段和其他除偏方法运用于实际组织的政治和势力结构中是一项艰巨的任务。不过，如果既不应用研究的特定结果，也不应用这些研究的一般推论，判断和决策研究在应用领域（如会计和审计领域）中的实践目标是不可能达到的。在考虑除偏技术的评价和应用时，研究（发现新知识）和发展（将已有知识应用于实践）之间的界限逐渐变得模糊。研究和发展的作用一直以来都是我们的研究领域中的——至少是审计领域中的——应景性纪事主题（Kaplan，1977；Ashton，1981b；Ashton and Willingham，1989）。虽然本书关注研究，但是没有任何章节是为了研究而研究；相反，希望在实际决策中与众不同是我们设计和完成每章的潜在动机。我们相信，这一愿望能够也必然对未来会计和审计中的判断与决策研究产生重大影响。

结束语

包括判断任务、绩效标准、分析范围和除偏技术在内的诸多问题对于会计和审计中的判断与决策研究的发展起了至关重要的作用。冒着过于简单化的风险，20 年前的研究反映出来的研究主题、研究方法和理论观点的范围都相对狭窄，与其他会计研究范式、会计人员和审计师在实践中所关注的问题也存在较大的隔阂。相比之下，当前的研究展示了更丰富的主题、方法和观点，与其他会计研究范式的联系也多种多样，就审计来说，已有的研究对实践产生了重大影响（Bell and Wright，1994）。当前该领域所面临的挑战是——转述 Gibbins and Swieringa

（本书第 9 章）的最后一段——确认重要的主题，对这些主题采用严谨的研究方法以保持它们的技术、组织、经济和制度特点，正是这些特点使其对于执行这些研究主题的会计人员和审计师以及依赖这些结果的人来说是重要的。

致 谢

感谢 Laureen Maines 和 Ira Solomon 对本章早期版本提出宝贵意见。

第 2 部分
涉及会计信息运用的判断与决策研究

第 *2* 章　管理会计中的决策研究：
重返行为经济学基础

William S. Waller

引　言

　　基于经济学视角和基于心理学视角的会计研究间有一个存在已久的犹如大峡谷般的鸿沟。这一鸿沟最初是由一位行为会计研究者先驱（Caplan，1966，1971）描述的，非行为研究方面的调查员近期发现该鸿沟还保持原状（Burgstahler and Sundem，1989）。与所有经验现象一样，该鸿沟也有因有果。鸿沟的成因是心理学方面的。会计研究人员和博士生在信息处理方面具有局限性是一个不争的事实（a hard-wired fact）；他们必须在某一特殊研究领域进行专门研究，以获得一定的学术能力。鸿沟导致的结果是经济方面的。智力资源都配置在机构（例如大学院系或期刊编辑委员会）中，这在某种程度上导致鸿沟保持原状或逐步扩大。这一模式还会继续吗？悲观主义者可能会提起时常发生的事情：新的博士生会迅速固定他们的思维，要么以经济学为基础，要么以心理学为基础，而不是将二者同时作为基础。而乐观主义者可能从相同的事情中看到希望，看到有潜质的博士生。只要（部分）会计研究人员能开阔视野、拓展其职业培训，事情可能会发生转变，鸿沟可能被逾越。

就像跨越大峡谷一样，逾越经济学—心理学鸿沟的尝试是不可能一蹴而就的。更可行的计划是从一边开始，慢慢地找寻更低层次的路径，再想办法爬上另一边。此外，除非对两边都有详尽的了解，不然最好还是坚持已有的路径，尽管有时较为崎岖。对会计研究人员来说幸运的是，经济学—心理学之间的鸿沟已经有了一个相互链接的网络路径。这些路径是由 Simon（1982），March（1988）和他们的同事开拓出来的，称为"行为经济学"。行为经济学通常关注的是新古典经济学的基本假设的经验有效性；当这些假设在经验上不成立时，它关注的则是解释和预测人类行为以及经济机构的运转。

尽管行为经济学的早期工作（March and Simon，1958；Cyert and March，1963）对行为会计学的早期工作有重要的影响（参考 Birnberg 和 Shields 在 1989 年的综述），但这种影响在 20 世纪 70 年代慢慢被削弱了。这或许是由于行为会计学采用了透镜模型以及贝叶斯范式的研究（例如，Barefield，1972；Dickhaut，1973；Ashton，1976）快速发展并占据主导地位。不管原因是什么，它并不表示行为经济学的发展有所停滞。相反，自从 Caplan 1966 年进行开拓性研究以来，这一领域获得了巨大的发展。在这个领域中发表了很多著作（例如，March and Olsen，1976；Liebenstein，1976，1987；Gilad and Kaish，1986；Kaish and Gilad，1991；Thaler，1992）以及众多经济学和管理学杂志上的文献（见本书参考文献和 *Journal of Economic Behavior and Organization*，*Journal of Behavioral Economics* 或 *Administrative Science Quarterly* 上的文章）。另外，行为经济学的一些基本概念（例如"有限理性"），包含在很多主题的主要理论中，这些主题包括经济组织（Williamson，1975，1985）和经济变化（Nelson and Winter，1982）。

行为经济学的内容与本书读者熟悉的其他领域，尤其是行为决策研究（Bell et al.，1988）和实验经济学（Smith，1991）有很大的重叠。例如，个体层面的期望效用理论及其衍生理论的实验测试（Kahneman and Tversky，1979；Chew and Waller，1986；Camerer，1989）以及个人行为与市场现象间关系的实验测试（Camerer，1987；Camerer et al.，1989）都可以合理地归集到这三个领域中。在 1985 年于芝加哥大学召开的一个关于经济理论行为基础的会议上，总结了行为经济学家、行为决策研究者和实验经济学家的贡献（Hogarth and Reder，1986）。尽管这些领域有很多共同的基础，但它们并非完全重叠。行为决策研究包含了很多研究，对心理学理论的涉足非常深入，对经济学理论的涉及则很浅（Payne et al.，1992）。实验经济学的检测通常包括新古典经济学理论的假设，而并不依赖心理学（Cox and Isaac，1986）。行为经济学的独特起源将在下一部分阐述。

本章有两个目的：回顾过去管理会计中的决策研究，并预测在行为经济学基础上建立管理会计研究范式的前景。关于第一个目的，本章的实验研究的（精选）综述是为了帮助读者（包括只有很少甚至没有会计基础的读者）理解此处提到的论题，以及行为经济学中该领域研究者所用的方法。遗憾的是，好像除了定价决策的研究外，这个领域仍处于停滞状态。我们一致认同这个结论是基于以下两个理由。其一，尽管没有经验证据的支持，但是与很多决策相关的企业内部政策的问题在管理会计教材中都有大量讨论。行为会计研究者可以提供这样的证据，并通过教育渠道潜在地影响相关实务。其二，相对于实验研究的停滞状态，一种充满活力和创新的氛围弥漫于当今的管理会计实务中（Cooper and Kaplan，1991）。现在从业者在他们的组织中进行的实验（某种意义上）比大学研究者在实验室中的实验还多。行为会计研究者可以通过对某种管理会计信息系统的效果进行系统观察来实现价值增值。

关于第二个目的，本章支持的观点是，转向行为经济学基础的潜在收益是非常可观的，至少管理会计的决策研究是这样。如回顾所示，过去管理会计的实验研究试图将经济学和心理学的概念进行整合。然而，在各种情况下，这种整合都在某方面有缺陷：（1）倘若不洞察心理过程的因果关系的作用，这种研究也只能是对真实行为和经济模型预测行为差异的一种记录；（2）在这种研究中，没有理论可以解释为什么某一会计信息系统会出现并帮助经济决策制定者克服他们的认知局限；（3）目前看来，这种研究采用的经济模型在先验基础上有缺陷；（4）这种研究的"整合"仅仅是放宽了经济术语的使用范围。重返行为经济学基础会产生更多更有意义的整合，并将最终为会计研究提供另一种融合了经济学和心理学的基础。

在进一步对此问题予以论述之前，我们在此为不熟悉管理会计的读者做简单的解释。管理会计的功能是为组织决策制定者（主要是经理）提供有用的信息，组织决策制定者的行为决定了组织的资源分配，在一定程度上也决定了组织外的资源分配。与会计信息相关的管理决策涉及产品价格、输入输出的类型和数量、分散经营的控制。为了取得实效，管理会计师必须考虑替代信息系统的收益和成本，例如测量交易或事件以及将测量结果传递给决策制定者的方法。这样的信息系统可能产生两种广泛的影响：决策易化和决策影响（Demski and Feltham，1976）。决策易化是关于解决某种不确定性信息的预先决策，例如，在给定输出数量的条件下预计单位生产成本。决策影响是关于组织从属单元或员工表现的决策后信息。如果与合理设计的奖惩计划配合使用，这种决策后信息的预期会提供一种影响被评估员工决策的激励。决策易化和决策影响的效果是相互关联的。例如，生产线经理对某种预先决策信息（例如，预期产品成本）的请求可能是被某种决策后信息（例如，生产线收益）驱使的，而这种决策后信息又被用在对其绩效的评价中。尽管它们有关联性，研究者和教材编著者通常将这些效果分别对待。同样地，本章主要关注管理会计的决策易化效果的研究，而 Young 和 Lewis 撰写的章节（本书第3章）主要关注决策影响效果的研究。

本章其余部分的结构如下。第一部分对行为经济学做了概述。第二到第四部分回顾并批判了三个重要的管理会计学问题的实验研究：信息系统选择、成本差异研究决策和定价决策。对于每个问题，都详细描述了一两个具体研究，并从行为经济学方面评价了所采用的方法。最后一部分给出了一些总结性评述。

行为经济学

与行为会计学一样，提到行为经济学通常会引发如下问题：既然所有的经济学都包括了行为，那么与行为经济学相对的非行为经济学是什么？解答此问题的着手点就是关于新古典经济学理论基础——人类行为——的假设（Simon，1987a）。该假设假定个体会遵循最大化期望效用的原则采取任何行动。[1]也就是说，个体偏爱被认为是一种给定的、连续的、能被表达的效用函数。个体预先知道可选的行为并选择产生最大效用或期望的行为。一旦行为结果存在不确定性，个体可以根据他的知识来估计其概率分布。如果新的信息可以从环境中获取，个体知道该信息的可能内容，则根据贝叶斯定理，个体可以结合这些内容以及根据个人先验知识来估计概率分布。行为经济学提出了三个与新古典经济学理论的背景相悖的相关问题：（1）在直接检验时，新古典经济学理论关于人类行为的假设的经验有效性是什么？（2）产生这种行为的实际过程是什么？（3）假如有了以上问题的答案，新古典经济学理论应如何加以修改，以提高其预测和解释能力。

经济学中一直存在一个争论，是关于一个理论之假设的经验有效性的科学关联的（具体讨论见 Blaug，1980）。Friedman（1953）提出观点：一个经济理论纯粹是预测的工具，与其假设对应的实际情况是几乎不相关的。[2]虽然 Friedman（1953）并没有明确地加以区分，但假设不相关性的论题至少有两方面变化。第一，任何理论的假设必须从复杂的经验现象中抽象出来，而且，就此意义而言，大多数的社会科学家承认假设都是不实际的。第二，与对人类思想能力的理解相比，从直觉或认知心理学来看，一个经济理论的假设是不实际的。Friedman（1953）通过"台球玩家"的例子来论证这种变化。这个例子值得我们在此处用较长篇幅来介绍。

现在，让我们来考虑一下一位台球高手对击球情况进行预测的问题。下述假设似乎并非毫无道理：绝妙的预测通常都是通过这样的假说来取得的。这种假说认为，这位台球高手的击球活动就犹如他知晓将会给出最佳运行方向的那个复杂的数学公式一般。而且这一数学公式可以通过眼睛对角度的观察以及确定该球所在的位置等精确地进行计算。这位台球高手通过该公式进行闪电般的计算，然后使球按该公式所指定的方向运行。我们相信这一假说并不是基于这样一种观点：台球手（即使是台球高手）可以而且确实经历过前面所描述过的过程；相反，我们相信该假说是缘于这样一种观点：除非这些台球手可以通过这样或那样的方法取得与上述过程同样的结果，否则，他们事实上就不是台球高手。这仅是一小步……引申出这样的经济假说：在许多情况下，单个企业常常是如此行事的，犹如它在有计划地使其预期回报最大化，而且掌握着为成功地实现这一目的所必需的全部数据资料。

当然，数学经济学家觉得表述这个假设很容易，事实上商人不能解出这个联立方程系统……台球手进行复杂的数学计算……如果一个台球手被问到他如何确定在哪里击球，他可能会说"就是这么算出来的"，但他仍要煞有介事地示范一番予以证实。而如果一位商人被问到是如何决策的，那么他可能回答是以平均成本来定价的，而且当市场情况发生变化时，必然会出现一些微小的偏差。这一表述与前一个表述几乎是同样有帮助的，但其中没有一个表述与对有关假说进行的检验有联系。

人们对上述回报最大化假说的信赖是由有关不同性质的证据所证明的。在某种程度上，这一证据与关于台球手行为的假说中所引证的证据是非常相似的——也就是说，除非商人可以通过这种或那种方法使其行为近似于与成果最大化相一致的行为，否则，他们似乎不可能长久地维持他们的生意。不管明显地、直接地决定商业行为的因素是什么——习惯性的反应，随机性的机遇，或难以归类的一些东西——结果都是一样的。不论什么时候，只要这一决定因素碰巧导致了与合理的、有实际根据的成果最大化相符合的行为，生意就会兴隆，进而要求获取资源以扩大经营；反之，只要这一决定因素不能带来与合理的、有实际根据的成果最大化相符合的行为，生意就会亏损，且只有从外部引入新资源才能维持生存。这样一来，"自然选择"过程促使该假说合理化，或者说在自然选择既定的情况下，该假说的接受很大程度上取决于人们关于该假说是否恰如其分地概括了生存条件的判断。

总之，这个例子反映了三个关键点：（1）理论的目的是预测，仅此而已，而理性假设有助于预测；（2）因为理性假设与公认的认识局限这一事实或通过直接调查实际决策过程缺乏一致性，所以理性假设的有用性并不受此影响；（3）根据进化论类推理性假设可进一步得到证实，只有成果最大化者才能在经济系统的选择过程中生存。在过去 40 年新古典经济学理论的无数应用中，为维护行为最大化假设，其间的争辩已经或明或暗地援引了这一假设不恰当性论点的变形（物）。

行为经济学家拒绝假设不恰当性论点。事实上，他们是根据一个相反的观点——即经济理论的假设应该能够直接被经验检测——来安排他们的研究议程的（Simon，1987a）。下文要阐述的论点在行为经济学文献中经常提到。

第一，预测并不是理论的唯一目的。理论的另一个目的是解释，尤其是对根据因果过程得出的结论（预测目标）进行解释（例如，Harre and Secord，1972）。因果解释有助于分辨真假关联、解释理论预测中的反常情形、形成改进过程的政策、传达关于世界如何运转的知识。如果将理性假设严格地看作新古典经济学家的预测工具的一部分，则无论这个工具是否得出正确预测，理性假设都没有超越如果性解释（as-if gloss）的非解释性角色（Nagel，1963）。当经济学家试着从理论预测的成功中给理性假设一个更强的解释性角色时，这个假设已经从一个孤立的理论性术语转化为一个可以且应该可以直接检验的经验假设。这一转化同样有可能存在逻辑错误，即尽管 A（理性假设）蕴含了 B（预测行为），但是 B 并不蕴含 A。

第二，了解经济行为者的内在特点可能会有助于适当修正关于他们行为的预测，尤其是在复杂或不稳定的环境中。使用 Simon（1959）的比喻，假设我们的任务是预测液体被倒进不规则形状碗里时的行动。如果碗是保持不动的，那么预测液体的停止位置不需要知道其内在特点。

根据重力使液体的重心降到最低的假设以及碗的具体形状，就足以进行预测。而如果碗是摇动的，或者预测关注的是液体在停止前的行动，就需要了解更多关于内在特点的知识（例如，液体是水还是糖蜜）。相似地，预测一个完全有自适应能力的个人在稳定环境中的均衡行为，只需要知道他的目标和环境。[3]但是预测个人达到均衡行为前的行为或在复杂、不稳定的环境中的行为，则需要了解更多关于内在特点的知识。当个人的主观意愿与客观环境间可能存在分歧时，运用期望效用理论认可的概率（Savage，1954）、了解内在特点就是进行预测必不可少的。

第三，了解实际决策过程就其本身来看是很重要的。Simon（1976a，1978a，b，1986）强调了经济学家对实质理性的理解与心理学家对过程理性的理解之间的差别。实质理性是指在给定环境中有利于达到给定目标的行为。给定成本和需求曲线、实现最大化利润的生产数量就是实质理性（不考虑用于选择数量的实际程序）。过程理性是指在给定的有限计算能力的条件下用于选择行为的程序的有效性。象棋选手启发式地快速放弃一些无效的走法，集中考虑少数几个有希望的候选方案，就是过程理性。这与完全枚举和评估所有可能的走法是相对的。在实质理性行为非常明显的简单环境中，过程理性不重要。然而在复杂环境中，对过程进行"完全"分析（Demski，1980）会远远超出计算能力，此时过程理性就非常重要。行为经济学家认为大多数现实世界中的环境都属于后者，因此解释过程理性的合理出发点是系统描述在该环境中做决定的个体的实际处理过程。

第四，只有成果最大化者才能在经济系统的选择过程中存活下来，这一结论一般与进化论不一致（Simon，1983）。达尔文提出，进化由变异、产生新物种、选择——适应环境的物种生存下来——相结合的过程组成。这些过程不保证生存者是最大化者。一个物种如果要被选择，它首先必须产生，而最大化者从不会出现。在对某种具体的小生境（niche）的争夺中，生存者只需在竞争中获胜而通常不需要最大化（"更适合者生存"比"最适合者生存"更为恰当）。同样，物种可以通过辨认并开发新的小生境来生存下去。生存取决于小生境系统及其长时间的"精心制作"（elaboration），而不仅仅是竞争优势。进一步说，当通过短期竞争优势来选择物种时，进化是缺乏远见的。在复杂或不稳定的环境中，"当地"最大化者可能不是"全球"最大化者；除非只有一座山峰，爬上当地的山峰就能保证达到世界的顶峰。而且，在不确定性条件下，具体的演进可能会违背成果最大化原则来进行选择。

举一个关于概率匹配的心理学研究的例子，假设有人被要求猜红灯还是绿灯会亮，其中 $P_{red} = 0.70$ 且 $P_{green} = 0.30$。最大化者始终会猜红灯。相反，多数人会是局部最优者，70％的时间猜红灯，30％的时间猜绿灯。忽略人体研究委员会（Human Subjects Committee）的限制，进一步假设正确的奖励是生存而错误的惩罚是灭绝。如果绿灯亮了，一些局部最优者会生存，而最大化者会灭绝。最终，即使只有最大化者生存下来，这些生存者到底做了什么才生存下来是一个有价值的科研问题。

行为经济学家拒绝不相关假设的论点，他们检验新古典经济学理论假设的经验有效性，给出真实决策过程的描述，建议对理论进行修改以接纳这些描述。这些努力大多数属于"有限理性"的范畴。此术语的意思是，在给定决策制定者知识和计算能力的认知局限下的理性选择（Simon，1987b）。有限理性的具体理论通过对比实质理性的新古典经济学观点与过程理性的心理学观点得到发展，而后者包括了实际决策过程的描述。比如说，行为经济学家没有假设个人预先知道可选的行为并选择了期望效用最大的行为，而是提出一个理论，该理论关注的是对可选行为的搜寻，包括涵盖了"满足"而非最大化的停止准则（例如，选择第一个超过可接受域值的可选项）（Simon，1955，1956，1976b）。行为经济学家没有假设个人可以根据个人知识估计概率分布，而是提出一个处理非概率问题的不确定性启发式理论（Simon，1957）。行为经济学家没有假设个人的偏好是给定的、一致的、可用效用函数表示的，而是提出一个关于偏好形成和变化的理论（March，1978）。所有这些理论都源自人类思想和选择过程的经验知识。

Simon（1959）提出一个问题："经济学需要多少心理学？"由于前

文所讨论的与假设不恰当性论点相关的原因，行为经济学家一直回答："比我们过去看见的要多。"尽管新古典经济学理论的范畴一直在扩大（例如，Becker，1976；Eggertsson，1990），也有证据表明很多更靠近主流的经济学家同意行为经济学家的答案。一个证明是，Simon 之所以在 1978 年获得诺贝尔经济学奖，是因为"他在经济组织的决策制定过程方面的前沿工作"。一个更有说服力的证明是，理论学家付出很多努力来拓展新古典经济学理论，使之吸收行为经济学的研究结果；比如，期望效用理论扩展到允许考虑昂贵信息，出现了代理理论以考虑和分析公司内部矛盾和公司结合体的形成（March and Sevon，1988）。自然地，行为经济学家支持这种扩张的细节，尤其是理性假设的保留（Simon，1979）。但是在这种持续的争论中，最好不要将理论的竞争看成是生存的斗争。事实上，新古典经济学家与行为经济学家间的紧张和调整适应的整个过程可以看成是产生了一个更丰富的、足以维持两种物种的智能小生境系统。

信息系统选择

20 世纪 70 年代对管理会计思想的一大贡献是针对管理会计师必须考虑另一可选信息系统的成本效益这一观念的决策理论解释（Feltham，1972；Demski and Feltham，1976；Demski，1980）。这一解释是基于这样一个假设：决策制定者可以正确地确定一个完全的决策模型 $\{A, S, P, U \mid K\}$，其中，A 是可选行为的集合，S 是决策制定者无法控制的自然状态集合，P 是不同状态下的主观概率分布，U 是源于行为和状态的结果的效用函数，K 是决策者在特定时间所具有的知识。此处所指的"正确地确定"并不表明决策模型与客观环境完全对应，实际上是表示如果分析发现 K 的成本为 0，则 $\{A, S, P, U \mid K\}$ 将是决策模型。[4]如果没有额外的信息需要处理（相当于零信息系统），决策制定者就会选择使期望效用最大化的行为：

$$E(U \mid a^*) = \max E(U \mid a)$$

$$= \max \sum U(s,a) P(s) \tag{1}$$

式中，a 和 s 分别是 A 和 S 的元素。运用等式（1）中第二个等式，我们可以评价可供选择信息系统的效果 N，它将不可观察的状态投影到可观察的信号 Y。令 n 代表可获得的信息系统。对于每一个 n 的可能信号，可以计算：

$$P(s \mid y,n) = \frac{P(y \mid s,n) P(s)}{P(y \mid n)} \tag{2}$$

以及

$$E(U \mid a^*, y, n) = \max E(U \mid a, y, n)$$

$$= \max \sum U(s,a,n) P(s \mid y,n) \tag{3}$$

等式（2）表明新信息的作用是通过贝叶斯条件概率修改决策制定者的主观概率。等式（3）表明 n 的效益来自它的信号对 a^* 的影响，它的成本表示为 U（…）的自变量。代入可能的信号集合，可以得到：

$$E(U \mid n) = \sum E(U \mid a^*, y, n) P(y \mid n) \tag{4}$$

因此，在 $\{A, S, P, U \mid K\}$ 中当且仅当 $E(U \mid n) > E(U \mid a^*)$ 时，n 是值得决策制定者去获取的。通过分别对 n 和 a 予以选择，这一基础模型的扩展介绍了管理会计师的作用。即，考虑到 n 释放的信号对决策制定者选择 a 值的影响，管理会计师作为"信息评估员"会选择最大化其期望效用的 n 值。会计师的选择是：

$$E(U_i \mid n^*) = \max E(U_i \mid n)$$

$$= \max \sum P_i(y \mid n) \sum E(U_i \mid a, y, n) P_i(a \mid y, n) \tag{5}$$

式中，i 表示会计师的观点；$P_i(a \mid y, n)$ 代表会计师认为 y 对 a 的影响。

　　管理会计的决策理论观点在 1980 年前后引发了很多实验研究。最早的研究是 Uecker（1978）做出的，他检验的问题是：管理会计师（实际上被试者是学生）若运用上述信息模型，是否会从可选信息系统中进行选择。Uecker（1978）意识到等式（5）最后一项的重要性，操控（模拟的）决策制定者在给定信号下的行为选择策略，观察此操控是否会影响被试者的信息系统选择。下面将具体描述这一方法和具体的实验结果。

与早期贝叶斯模型下的行为决策研究（综述参见 Slovic and Lichtenstein，1971；Rapoport and Wallsten，1972）相比，这项实验将可选信息系统作为样本规模（抽自二项式总体）来操作，将系统信号作为观察到的样本比例来操作。每个被试者作为两个模拟决策制定者中的一个，执行 40 次试验，而事先并不知道测试的次数或不知道决策制定者在给定信号下的行为选择策略。在每次试验开始时，从 10 个壶中随机选出一个壶。被试者被告知每个壶里有 100 个黑色或白色的弹球，其中，两个壶里有 90 个黑弹球，四个壶里有 70 个黑弹球，三个壶里有 50 个黑弹球，一个壶里有 30 个黑弹球。这个信息给出了可能自然状态下的先验概率分布，即一个壶中黑弹球的比例。被试者还知道决策制定者是模拟的、具有同样的先验知识、面临同样的支付并希望使期望值最大化。

每一个被试者的任务是确定应抽取的样本规模（用所选的壶替代）——从 0 到 50。计算机程序选出一个具体的样本规模，并将样本结果给予被试者。模拟决策制定者处理这些结果并预测自然状态。这个预测包含了决策制定者的行为选择。若预测正确，被试者赢得的金额为：0.5 美元减去样本规模×0.01 美元。若预测错误，被试者输掉的金额为：0.5 美元加样本规模×0.01 美元。每个被试者最初都得到 3 美元的赌注。最终每个被试者累计赢得大约 1.50 美元。这个实验费时大约一个小时。

就处理样本结果的规则来说，模拟决策制定者是各不相同的。一类决策制定者是贝叶斯主义者，将遵循等式（2）修正其概率。另一类决策制定者则是保守主义者，对涉及等式（2）的概率修正是保守的，确切地说是贝叶斯后验概率的加权函数（0.25）。决策制定者类型的出现次序随被试者的不同而不同。对于贝叶斯型决策制定者来说，最优的样本规模是 16，被试者的预期支付是每次试验 0.054 3 美元。保守型决策制定者的最优样本规模是 24，被试者的预期支付是每次试验－0.031 9

美元。总体来说，在给定最优反应的条件下，被试者的预期支付是 0.896 美元。

被试者的绩效可以用以下三种方式衡量。第一，对于每个被试者来说，可以计算以下变量的 Spearman 秩相关系数：（1）给定决策制定者在每次试验中所选样本规模与最优样本规模的绝对差；（2）试验数量。一个显著的负相关系数可以表明试验收敛于最优反应，相反的结果表明相关系数均值并不显著地小于 0。第二，对于每个被试者来说，前面提到的绝对差对于给定决策制定者来说已被平均化了，决策制定者类型对绝对差均值的影响要针对不同被试者进行估计。贝叶斯型决策制定者的绝对差均值要显著低于保守型决策制定者的绝对差均值，这意味着贝叶斯型决策制定者的被试者所选样本规模的误差较小。第三，对于每个被试者来说，每一决策制定者的具体样本规模均已平均化了，决策制定者类型对样本规模均值的影响要针对不同被试者进行估计。贝叶斯型决策制定者的具体样本规模均值（$x=16.9$，$s=6.1$）要显著低于保守型决策制定者的具体样本规模均值（$x=19.4$，$s=6.6$）。与上述第二种方式得出的结果一致，贝叶斯型决策制定者的反应均值更接近于最优样本规模。然而在 Uecker（1978）的讨论中强调了第一种方式得出的结果，该结果意味着"会计师无法为决策制定者发现最需要的信息系统"。

四项后续研究使用了相似的实验任务和背景。Uecker（1980）检验了预先告诉被试者决策制定者在给定信号下的行为选择策略所产生的影响，得出的主要结果是，这种知识在实验中对任务执行与改进没有影响。Hilton et al.（1981）研究了信息系统准确性（如样本规模）及其被人意识到的价值之间的关系。[5]被试者有机会以确定的价格购买一个预先确定规模的样本。在实验中，可能可以将每个被试者的信息购买决策转换成一个货币需求价值的向量，该向量对应一个六种样本规模的向量（5，10，…，30）。总之，平均需求价值非常接近最优（例如期望价值最大化）反应。然而，如果根据一般反应模式将数据分为三组，只有一组接近最优，其他组对样本的估计要么过高要么过低。在一项紧密相关的研究中，Hilton and Swieringa（1981）检查了由先验概率表示的初始不确定性和样本信息需求价值之间的联系。总的来说，平均需求价值与最优反应有显著差异。如果根据一般反应模式将数据分为三组，一组高估（低估）较小（较大）的样本，其他组则不同程度地高估样本。

最后，Hilton and Swieringa（1982）检查了"决策灵活性"（例如决策制定者的选择集合的大小）与样本信息的需求价值之间的关系。在实验环境中，最优信息价值随决策灵活性单调递增。可根据所选壶中黑弹球的比例，改变预测集来操作决策的灵活性。例如，在灵活性处于最低层次时，尽管状态集合中包括六种可能的比例，决策制定者也只能预测两种比例的一种。平均来看，被试者的需求价值与最优反应有显著差异。当数据分为三组时，第一组的价值方向正确但低于最优，第二组的价值方向正确但高于最优，第三组的价值方向不正确并高估了信息。比较最近三项研究可以发现，识别信息价值与准确性之间关系的任务明显比识别信息价值与初始不确定性或决策灵活性之间关系的任务要容易。

实验研究对信息系统选择的贡献在于它们将经济与行为方法整合在一起的创新尝试。当时，很多学者提出需要整合会计中的规范模型与描述性模型（例如，Mock and Vasarhelyi，1978；Hilton，1980；Sundem，1981），上述研究回答了这个问题。然而，关于这种整合的一般论点需要分类（Waller and Jiambalvo，1984）。一种观点认为，微观经济学与行为科学之间没有界限，整合问题根本不存在。比如，期望效用理论可以看成是个人行为的描述性或实证性理论（Schoemaker，1982）。此观点并不是上述研究的基础，上述研究一致将期望效用理论解释为规范性理论。另一种观点认为，心理学是行为科学的核心，而经济学处于其边缘或超出了其边缘。如果采纳这个观点，在上述研究中经济学与心理学的整合程度就被限于 Uecker（1980）的观察中，即被试者在具体确定样本规模时使用了锚定—调整启发法。最后，对整合的主张不能依赖于实验的运用，它并不仅仅存在于行为科学中（例如，Smith，1991）。相反，上述研究中的整合意味着，可依据对规范性模型的遵循或偏离来描述被试者的任务执行情况。这与1970年前的行为决策研究非常类似，它必然属于（light on）心理学范畴（Pitz，1970）。记录这种遵循或偏差只是形成信息系统选择的行为理论的出发点。由于自 1982 年起就缺乏相关研究，对于这一出发点是不是最好的起始点存在争议。

行为经济学方法与上述研究不一样，如下所述。我们要知道，就选择问题的复杂性而言，管理会计的知识和计算能力是有限的，行为经济学方法需要设法构建一种过程理性的模型。行为经济学方法没有用实质理性模型作为经验描述的底线，而是将模型的基本假设和信息评估进行对比，该信息评估可由有限理性会计师来完成，他们的分析成本远远大于 0。对于这样的会计师来说，他不可能具体确定与决策制定者相关的行为、状态和结果集合。会计师也无法具体确定他自己的不同结果的效用函数，更不用说决策制定者的效用函数了。会计师还无法在不考虑环境时具体确定可用的信息系统集合。对于给定的信息系统，会计师无法得出其信号对决策制定者行为选择的可能影响，尤其是当决策制定者同样也可能从其他来源得到决策前信息时。更深层次的问题源自一种典型需求，即管理会计信息系统必须在多个背景中服务于多个决策制定人。

有趣的是，由需要成本的分析引发的复杂性被会计研究者所认识，这些研究者最早提出信息评估的决策理论观点（Demski，1980），他们将这种复杂性称为相对于完整模型而言的"简化"，并强调简化分析中信息的作用远远超出了概率修正。具有讽刺意味的是，基于经济学的研究者讨论的"简化"可能与信息系统选择的行为理论更相关，而与行为会计研究者的实验研究不那么相关。

这并不是说实验研究与这种理论无关。虽然实验的任务和背景是对管理会计师所面临的现实的抽象，但是它们还是非常复杂的。表 1 说明了这一点。假设决策制定者是一个贝叶斯主义者（而且使用纸、铅笔、手用计算器、累积二项分布表），表 1 使用了 Uecker（1978）的参数来计算样本规模为 4 的期望价值。对较大样本规模的计算需要更多的步骤，而且考虑决策制定者类型的不确定性会增加计算的复杂程度。无法想象被试者会在规定的时间内使用类似表 1 的计算程序，不管他们的初衷是什么。[6]

表1   使用 Uecker（1978）的参数计算的样本规模为 4 的期望价值

y	s	$P(s)$	$P(y\mid s)$	$P(s,y)$	$P(s\mid y)$	决策者的选择（美元）			
						90B	70B	50B	30B
0B	90B	0.20	0.000 1	0.000	0.00	0.46	−0.54	0.54	−0.54
	70B	0.40	0.008 1	0.003	0.07	−0.54	0.46	−0.54	−0.54
	50B	0.30	0.062 5	0.019	0.41	−0.54	−0.54	0.46	−0.54
	30B	0.10	0.240 1	0.024	0.52	−0.54	−0.54	−0.54	0.46
		1.00		0.046	1.00	−0.54	−0.47	−0.13	−0.02*
1B	90B	0.20	0.003 6	0.001	0.01	0.46	−0.54	−0.54	−0.54
	70B	0.40	0.075 6	0.030	0.20	−0.54	0.46	−0.54	−0.54
	50B	0.30	0.250 0	0.075	0.51	−0.54	−0.54	0.46	−0.54
	30B	0.10	0.411 6	0.041	0.28	−0.54	−0.54	−0.54	0.46
		1.00		0.147	1.00	−0.53	−0.34	−0.03	−0.26
2B	90B	0.20	0.048 6	0.010	0.04	0.46	−0.54	0.54	−0.54
	70B	0.40	0.264 6	0.106	0.42	−0.54	0.46	−0.54	−0.54
	50B	0.30	0.375 0	0.113	0.44	−0.54	−0.54	0.46	−0.54
	30B	0.10	0.264 6	0.026	0.10	−0.54	−0.54	−0.54	0.46
		1.00		0.255	1.00	−0.50	−0.12	−0.10	−0.26
3B	90B	0.20	0.291 6	0.058	0.19	0.46	−0.54	0.54	−0.54
	70B	0.40	0.411 6	0.165	0.54	−0.54	0.46	−0.54	−0.54
	50B	0.30	0.250 0	0.075	0.25	−0.54	−0.54	0.46	−0.54
	30B	0.10	0.075 6	0.008	0.02	−0.54	−0.54	−0.54	0.46
		1.00		0.306	1.00	−0.35	0.00	−0.29	−0.26
4B	90B	0.20	0.656 1	0.131	0.53	0.46	−0.54	0.54	−0.54
	70B	0.40	0.240 1	0.096	0.39	−0.54	0.46	−0.54	−0.54
	50B	0.30	0.062 5	0.019	0.08	−0.54	−0.54	0.46	−0.54
	30B	0.10	0.008 1	0.000	0.00	−0.54	−0.54	−0.54	0.46
		1.00		0.246	1.00	−0.01	−0.15	−0.46	−0.54

* −0.02×0.046−0.03×0.147−0.10×0.255−0.00×0.306−0.01×0.246＝−0.033 3

尽管 Uecker（1978）提出了悲观的结论，但是，总的来说，被试者在环境中的表现非常好，至少贝叶斯型决策制定者是这样。详细解释被试者是如何处理实验任务和背景的复杂性的，可能会为管理会计师如何处理选择性问题的复杂性提供线索。

除了严格检查基本假设外，基于行为经济学的方法尝试整合在实际环境中对真实信息系统选择的观察。遗憾的是，对管理会计研究者来说，获取现场数据存在时空限制。然而，近十年来，出现了很多"详细"描述信息系统选择的实际案例（Cooper and Kaplan，1991）。虽然这些描述对于理论测试的目的来说是不充分的，但它们在理论发展的早期还是有用的（Swieringa and Weick，1982）。比如，有关 John Deere Component Works（JDCW）公司的案例说明了数量基础成本系统向作业基础成本（ABC）系统的转变。在老的系统中，制造费用分成三种成本库，并根据相关的数量应用于各种产品。例如，与机器相关的制造费用设定为每机器小时 27.56 美元；消耗 0.31 机器小时的产品的成本是 8.54 美元。在作业成本系统中，制造费用被分成七种成本库，并根据相应的"成本动因"（例如预先导致库中产生成本的活动或交易）应用于各种产品。作业成本系统被普遍认为可以比传统系统提供更精确的产品成本信息（参见 Brinker，1990）。这一改变是 JDCW 公司在针对新订单的成本基础竞价规则中形成的。它可以在高效生产的大批量产品的竞价中失败，而在相对低效生产的小批量产品的竞价中成功。是不是 JDCW 公司的管理会计师在执行前就解决了新系统对行为选择（比如竞价）和相关结果的影响？这个案例提供了 44 个产品样本的成本详细数据和竞价数据（13 胜，31 负）。虽然在这个案例中未进一步对这些数据进行分析，但相关分析允许我们在作业成本系统中决定假设结果：失败的竞价包括原始的 31 个和先前赢得的 7 个（Morris and Noreen，1991）。这个案例并不允许根据真实的和假设的竞价结果计算利润。但是，作业成本系统显然不提供易化竞价决策的有效信息。事实上，JDCW 公司很快转向另一个不以成本为基础的竞价方法。如果管理会计师不解决信息系统的信号对行为选择的具体影响，那么他们将运用什么程序呢？与一个假设期望效用最大化的信息评估者的实质理性模型相比，一个假设有限理性管理会计师的过程理性模型更可能给出一个满意的答案。

成本差异研究决策

很多管理会计问题可看成是由信息系统选择这一主题变化而来的，比如，为经理的控制决策提供成本差异信息就是如此。在应用"例外管理"（management by exception）原则时，管理会计师设计的信息系统要包括：（1）根据会计变量（例如成本、利润或投资回报）建立预算、标准或目标，使之反映组织子单元的绩效；（2）测量会计变量的已实现价值；（3）向负责控制子单元的经理报告差异或"变化"。收到变化报告之后，经理必须决定这个变化是否重大以至于必须加以调查，而且在必要时还需指出其错误的起因。考虑到责任经理的调查问题，这种有关变化的信息有助于决策。另外，考虑到经理的下属会有动机去取得其喜欢的变化，这个信息同样会影响决策（参考 Young 和 Lewis 撰写的本书第 3 章）。这种系统在分权组织中很常见，而且被用于很多层次，包括生产线或单元、车间及部门。

在 20 世纪 60 年代和 70 年代后期，管理会计研究者提出了各种用于解决差异研究问题的定量模型（参见 Kaplan，1975；Demski and Kreps，1982）。一个典型的模型用贝叶斯形式表示了这一问题（参见 Lewis et al.，1983）。令 a_1 表示待研究的决策，a_2 表示不研究的决策，s_1 表示"控制中"过程的状态，s_2 表示"控制外"过程的状态，y 表示一个信息系统 n 的变化报告。经理当且仅当处于以下条件时才会去调查：

$$E(U \mid a_1, y, n) > E(U \mid a_2, y, n)$$

$$\sum U(s, a_1, y, n) P(s \mid y, n) > \sum U(s, a_2, y, n) P(s \mid y, n)$$

(6a)

简化一下，令 $c_1 = U(s_2, a_2, y, n) - U(s_2, a_1, y, n)$，表示过程失去控制时未进行调查的机会成本；令 $c_2 = U(s_1, a_1, y, n) - U(s_1, a_2, v, n)$，表示过程处于控制中时进行调查的机会成本。这样，经理

当且仅当处于以下条件时才会进行调查：

$$\frac{P(s_1 \mid y,n)}{P(s_2 \mid y,n)} > \frac{c_1}{c_2} \tag{6b}$$

其中：

$$\frac{P(s_1 \mid y,n)}{P(s_2 \mid y,n)} = \frac{P(y \mid s_1,n)}{P(y \mid s_2,n)} \times \frac{P(s_1)}{P(s_2)} \tag{7}$$

与之前的分析一样，会计信息的作用是通过贝叶斯条件式将经理的先验概率更新为后验概率。这一基本模型的扩展考虑了诸如未来期间运营失控的后果和复合处理及其相关成本（例如，Magee，1977）。

作为对建模成果的补充，行为会计研究人员使用与调查问题类似的方法进行了大量实验。Magee and Dickhaut（1978）发现，被试者的成本控制启发式方法（cost-control heuristics）（如，引发投资的成本阈值）受到可选报酬计划的影响。Brown（1981）控制规范模型的几个参变量（如，分布信息的存在或者不存在、控制中和控制外的重叠部分以及机会成本结构），根据整体的费用效率以及其他标准观察了被试者的表现。实验的主要结果表明，被试者的表现与最优表现之间的差距并不大，差距介于给定最优总成本的 $4\% \sim 9\%$（也可参见 C. Brown，1983）。Lewis et al.（1983）使用（心理学的）口语报告分析法（verbal protocol analysis）推测被试者的控制启发式方法，并且通过长期模拟来比较使用这种启发式方法的结果与规范模型中的总成本，所得的结果与 Brown（1981，1983）的结果非常相似。Shields（1983）使用了一种新方法，被试者可以从"信息布告牌"（如，一个配有各种具体变量报告的大硬纸板）中挑选所需的变量信息。Shields 检验了被试者对这些信息的"需求"及其与判断准确性和一致性之间的关系。最后，Waller and Mitchell（1984）发现，被试者对信息系统的选择决定受到调查问题的重要性及其报酬计划结构的影响。Lewis et al.（1983）的研究详述如下。

Lewis et al.（1983）列示了一个用以评价人类判断和决策辅助建议的框架，及用以示例该框架部分特性的实验。[7]这个框架十分有趣。相对于规范模型，它的基本观点是明确决策辅助的先决条件不再是记录人类的次优表现。另外，如果机会成本显著，研究人员应该能够评估机会成本以及次优表现的原因。为使阐述更详尽，假设研究人员已经确定了一个可适用于这一问题的规范模型。接下来，研究人员需要考虑的是，决策制定者的目标、线索集以及针对已有线索的策略是否与模型相符。如果不符，研究人员就要评估这一差异的机会成本。如果这种机会成本很高，研究人员应该根据差异来源的不同采取相应的应对方法，例如，差异涉及线索集时，就应该使用核对清单或者故障树（fault trees）。

实验中有十个被试者，每个被试者都被设定为生产主管，负责一种新机器的精密加工部分的生产成本控制。机器的运转状态要么是控制中要么是控制外，先验概率已知。无论是哪种状态，单位量（unit weight）（控制变量）符合正态分布，已知均值和标准差。控制外状态的均值较高。在实验开始时，每个被试者从随机样本中获取均值报告。[8]如果被试者通过详细检查得知状态不处于控制中，则要对机器进行重新调整以使之处于控制中状态，并在实验的剩余时间里保持这种状态。如果被试者没有对此进行详细检查，且状态又不处于控制中，则保持那种状态直至之后某期对其进行详细检查后再调整。七个实验期过后，每个被试者都会被告知在这个过程中成本和先验概率的变化，并接着进行了五个实验期。也就是说，机会成本结构和先验概率一起在组内（within-subject basis）予以控制，控制中的顺序安排因被试者的不同而不同。

研究者录下被试者执行任务期间发生的对话，分析录音以根据他们的控制启发法对被试者进行分类。八个被试者被划分为使用"控制表"启发法一类，其阈值设置介于处于控制状态与不处于控制状态的均值之间；如果所报告的单位权重（unit weight）超出阈值范围，则要进行详细检查（参见 Magee and Dickhaut，1978）。一个被试者使用了锚定—调整启发法，另一个被试者则是根据其预期价值而行动的。被试者的启发法没有因为过程参数的变化而变化。对于给定的试验结果，在每个试验层次上，研究者都要模拟 5 000 期以上，以评估"控制表"启发法的

表现，其域值等于处于控制状态的均值加上标准差，与规范模型（等式
(6b)）相反。总的来说，与启发法相对应的机会成本为规范模型总成本
的 4% 或 9%，具体取决于试验参数。从研究者的框架来看，模仿的结
果指出，相对低的机会成本不能表明针对这个问题给出的决策辅助建议
是合理的。

从行为经济学的观点看，Lewis et al.（1983）使用的方法朝正确
的方向迈出了一步：不再仅仅记录人类次优表现，开始描述实际的决策
过程。实际上，研究者的框架提出了管理会计中的行为经济学研究议
题。在过去的 20 年里，心理学和应用领域的无数研究说明了简化后的
认知过程和启发法的使用相对于规范模型是怎样产生系统误差的。这些
研究的开场白一般都是这样的："一般来说，这些启发法是很有用的，
但是有时它们会导致严重而又系统的误差"（Tversky and Kahneman，
1974）。在这些研究中，误差都是关联现象，启发法则是对它们进行认
知解释的核心。Lewis et al.（1983）非常公正地指出，在给出纠错机
制前，研究人员必须考虑误差的后果——在具体环境中使用启发法的机
会成本。从行为经济学的观点看，可能会进一步地主张无误差——即与
规范模型一致——也是由关联现象导致的。既然知识和计算能力的有限
性迫使人们在复杂环境中使用启发法，那么为什么他们仍然能够表现得
如此好？无误差是不是由于启发法与包括经济机构在内的情景变量之间
的相互作用而导致的？是不是同一种启发法与可供选择的经济机构一起
运用时导致了"严重而又系统的"误差？很明显，追寻这些问题的答
案，可能会使得行为会计研究人员跳出决策辅助范围，检验经济机构如
何缓减启发法的影响，以及个体有限理性是怎样对某些特定经济机构的
产生作出贡献的。

不过，在对成本差异调查问题做进一步研究之前，必须认真考虑贝
叶斯模型是否如前所述确实适用于这个环境。该模型有三个局限与这个
讨论有关。第一，正如前文所述，受控制的过程（process subject to
control）中可能包括部分对控制系统特征——比如由信息系统和管理层
的调查规则所衡量的变量（Demski and Feltham，1978）——有反应的

人。在这样的策略环境中，忽视研究规则而谈及处于控制状态和不处于控制状态的先验概率是不合适的。第二，在实地环境中，管理层的信息来源绝不仅限于管理会计报告。举例来说，工厂经理在看成本差异报告前，可能会到生产车间与机器操作人员进行交谈来获取信息。如果平行信息系统及其信号不能预先确认，那么等式（6a）、等式（6b）和等式（7）的正常顺序（normative status）就要颠倒了。[9]第三，对现实描述问题的描述方式一直在变。举例来说，专业文献中经常提到诸如"全面质量管理"、"零库存"和"持续改善"这样的目标。从字面上来看，这类表述暗示着不处于控制状态的先验概率为1，在贝叶斯模型中没有任何新的信息可以改变这一极端的信念。至少这一组状态集需要重新加以表述，以使其与现行管理实践保持一致。

定价决策

对于需求和（经济）成本函数的认识全面且确定的短期、单一产品环境来说，定价决策是微不足道的（trivial）：就是寻找使得边际收益等于边际成本的价格。但是，在其他环境中，有关需求或成本的认识不全面且不确定，价格变量只是影响市场营销策略的因素之一，企业生产多种产品且产品的需求和成本函数互相影响，如果需要考虑诸如新竞争者进入等长期要素，定价决策就要复杂得多。为了应对这种复杂情况，人们经常使用诸如成本加成定价的启发法进行定价，比如，初始价格等于每单位会计成本加上利润加成，其中会计成本可能包括全部成本（即变动成本和固定成本），也可能仅仅包括变动成本（Hall and Hitch，1939；Kaplan et al.，1958）。因为这种启发法并没有明确地包含需求，所以看上去与边际定价法不一致，Hall and Hitch（1939）对成本加成定价法的早期观测在经济学家中引发了相当激烈的争论，也引发了对理论和实践的许多调解尝试（Machlup，1946；Friedman，1953）。虽然在一定的条件下成本加成定价法与边际定价法在数学意义上是相同的

（例如，Nicholson，1983），但更具说服力的调解是：在初始不知道需求的情况下，"弹性"成本加成定价法（即基于初始成本的价格随着市场条件的变化而调整）应该是一种有用的利润最大化的试错法。不过，有关成本和需求对价格的影响问题仍然吸引着经济学家的关注，他们尝试用各种经验方法来解决这些问题（参见 Coutts，1987；Dorward，1987）。成本与价格之间的关系问题也引起了行为会计研究人员的关注，不过他们主要关注的是全部成本计算与变动成本计算的影响——这是信息系统选择问题的另一个演变形式。

Ashton（1976）使用透镜模型方法研究了被试者的定价决策是否会受成本计算系统变化的影响。每个被试者使用三个未更正的线索为60 种假想的产品定价，三条未更正的线索是：单位成本、需求弹性和竞争者的响应。对于四个实验组中的每一组，成本计算系统（全部或变动）在前 30 个产品价格定下后，在组内予以控制，系统次序随被试者不同而变化。以变动成本（全部成本）计算作为开始的被试者也会被告知系统的变化会因为包含（去除）单位固定成本而导致有效成本信息减少（增多）。另一个被试者变量是关于系统变化的信息程度，也就是有无关于成本和价格的目标相关性说明。增加使用全部成本计算法或变动成本计算法的两个实验组，将其作为控制组，其中，1～30 种产品的单位成本与 31～60 种产品用同一种方法计算。

对每个被试者，根据前 30 种产品构建有关三条线索的他（或她）的预变化（prechange）定价策略回归模型。对于后 30 种产品，计算出被试者的实际定价与基于预变化定价策略的预期定价之间的差异。差异的绝对均值除以预期定价的平均数（测量被试者定价差异）得到的商用来衡量被试者对成本计算系统变化的敏感度。结果显示，实验组的差异显著高于控制组，这表明被试者对系统变化很敏感。但是，与实验对照组相比，实验组中将近一半被试者的差异分布往正向偏移。此外，基于中数测试，四个实验组的差异没有变化。

Libby（1976c）在一篇批判 Ashton（1976）的文章中对成本计算系统变化的混乱操作、所声明的有用性以及对实验组与控制组之间成本数据的差异给予了关注。作为对 Libby（1976）的关注的回应，Swier-inga et al.（1979）重复了 Ashton（1976）的实验，控制成本计算系统的变化，保持各实验组的成本数据不变。Swieringa et al.（1979）发现，经历过成本系统变化的被试者比控制组的被试者更多地调整了他们的信息处理过程。另外，关于变化的信息又会缓和这样的调整，但是调整的方向与预期的方向不一致。接收到一些或大量关于变化的额外信息的被试者比没有接收到这类信息的被试者更少地调整了他们的信息处理过程。Dyckman et al.（1982）在重复另一个实验时，使用了对会计更为了解的资历更深的被试者，得出了类似的结果。

为了跟上重试和扩展其早期成果的主流，Ashton（1981a）在一个研究中使用了相同的定价任务（pricing task）链接透镜模型方法和有关信息评价的决策理论的观点。使用透镜模型标准（即配比和一致性系数），Ashton（1981a）从信息评价者的角度为那些随着可预测性的变化而改变定价策略的决策制定者评估了被试者。整个实验控制了反馈性质。结果表明，被试者能获取和运用决策制定者的策略知识，且这种能力会被决策制定者的可预测性削弱，但是不受反馈操控的影响。

最后，在行为会计这一领域的近期发展中，Hilton et al.（1988）采用替代方法进行定价决策，该方法更贴近行为经济学。在实验中，Hilton et al.（1988）检验了 Lere（1986）基于成本的定价模型（参见 Dickhaut and Lere，1983）的预测。Lere（1986）提出，在决策制定者的边际成本认知有限时，会计成本可能是一种有效的替代。在该模型中，决策制定者使用包含下列步骤的启发式定价法：首先，决策制定者给会计人员一个价格，即 p；其次，会计人员测定该价格条件下的预期需求数量，即 $E[q(p)]$，并报告单位会计成本，即 c；再次，决策制定者依据等式（8）评价会计成本：

$$c = \frac{E[pq'(p) + q(p)]}{E[q'(p)]} \tag{8}$$

最后，重复这个过程直至等式（8）成立。[10] 这一启发式定价法与边际定价法的接近程度取决于会计人员报告的是全部成本还是变动成本、需求函数类型、成本函数特征以及决策制定者的风险偏好。给定一个线性的、确定的成本函数（需求函数可以是随机的，也可以是确定的），可变成本计价法得出的定价比全部成本计价法更好，也就是说，启发式定价法更接近边际定价法。给定一个现行的随机成本法函数（和确定的需求函数），变量定价法更适合风险中性型决策制定者定价，全部成本定价法则更适合风险规避型决策制定者定价。给定非线性成本函数时，一般更适合采用全部成本定价法定价。

在 Hilton et al.（1988）的实验中，被试者对 12 个试验逐一确定价格，每六个试验中都有两个试验反映了 Lere（1986）的预测结果。在一个确定的试验中，每个被试者都被告知需求函数（如果是确定的）或者可能的需求函数（如果是随机的）。每个被试者同样被告知成本函数（会计师用来计算单位成本）是线性的还是非线性的、是确定的还是随机的，但是被试者不知道真实的成本函数。每个被试者都要确定试验中要用到的成本系统类型（变动成本或全部成本），并有多达十次重复机会（得到成本报告，设定尝试价格，等等）来为试验设定最终价格。最后，每个被试收到一份关于需求、收益、成本、利润的事前及事后报告（ex post report）。该实验的结果仅对 Lere（1986）的预测提供了有限的支持。被试者指定的价格与基于启发法的价格存在显著差异，与边际价格也存在显著差异，但是其模式并非与 Lere（1986）的预期一致。在变动成本与全部成本之间，被试者（尤其是那些使用分离测量归类为风险规避型的被试者）通常更喜欢全部成本。[11] 在一项涉及数量决策而非定价决策的相关研究中，Turner and Hilton（1989）为 Dickhaut and Lere（1983，见注释 10）的启发法提供了更强的支持。与 Hilton et al.（1988）类似，Turner and Hilton（1989）发现了最优化决策与风险规避被试者趋于偏好完全成本计算法之间的显著分歧。

市场竞争在经济学中是一个模糊的术语。与个体层面的程序理性和实质理性间的差异类似，市场竞争也可以指代一个经济过程或该过程的结果。尽管竞争的这两种含义都已被所有的经济学家所认可，但是关于经济分析的对象应该是过程还是过程的结果却存在两种截然相反的观点。新古典经济学理论的主流观点强调竞争是过程的结果，例如，完全竞争中的均衡价格和资源配置（Stigler，1957，1987）。Friedman（1953）认同这一观点，其理论关注预期均衡结果（outcomes），并对实际过程导致的结果表示了明确的漠视（positive disregard）。相应地，得到的理论就是一个不能解释价格形成的价格竞争理论（Roberts，1987）。相反的观点强调竞争是过程。Hayek（1948）提供了一个早期表述：

> 竞争的现代理论几乎毫不例外地面对一个被称为"竞争均衡"的状态，一个假定不同个体的信息均已根据对方予以充分调整的状态，因此在这种状态下，需要解释的问题是信息调整过程的本性……
>
> 竞争在其性质上是一个动态过程，但为了支撑静态分析的基本假设，其本质特征却消失了。

虽然持有竞争是过程的观点通常是奥地利学派（Austrian school）的标志（Kirzner，1973，1979），但是这一观点与许多经济学分析有着密切关系（Schumperter，1976；Nelson and Winter，1982；Demsetz，1982；Langlois，1986；Loasby，1990）。显然，竞争是过程的观点也与行为经济学的观点相一致。但是不要忘记，行为经济学方法是通过与新古典经济学理论的对比而进一步发展的，因此它与新古典经济学理论也有本质上的联系。这种关联预示着一种互补，行为经济学以及行为会计学都可以提供上述理论的缺失部分——价格的形成——的解释说明。

遗憾的是，在过去的行为会计的定价决策研究中并没有涉及竞争是过程的观点。尽管自 Ashton（1976）的一系列研究开始，被试者线索都包括了代表市场条件的变量（即需求弹性和竞争者响应度的指标），但是相对成本信息而言，学者们极少分析这些变量可能带来的影响。更重要的是，学者们检验被试者在静态环境中的定价决策（除了成本计算体系中的变化之外），而不考虑自然存在的反馈，即顾客和竞争者针对特定市场机制中提供的价格作出的反应。如果成本加成定价法可以作为一种有效的试错启发法，那么研究人员需要将被试者作为价格制定者置于具有恰当的反馈和激励的动态实验市场环境中。最近的研究（Hilton et al.，1988；Turner and Hilton，1989）中有一些受人关注的特征，具体包括认可关于边际成本和恰当激励的有限理性。但是，研究局限于只在企业内部决策制定者与会计人员之间而不是在市场环境中重复试错的启发法。研究还保留了需求是已知的、确切的或者符合某一概率分布的这一前提假设。逐步放松实质理性的假设有一个优势：在增加现实意义的同时又不会完全失去研究的可操作性（tractability）；但是也会存在劣势：任务是奇怪的混合物（部分边际分析，部分简化分析）和需要得出属性的实验测量，这里属性是指诸如基于效用的风险偏好等存在于理论中而不存在于被试者之中的东西（March and Shapira，1987，1992）。作为一种更激进的改进，行为会计研究人员可以从 Friedman（1953）中获得经验：就像实际过程的描述看上去可能与预期产出毫不相关一样，"最大化模型"可能看上去也与描述实际过程毫不相关。

结　论

正如上述回顾中描述的那样，对管理会计决策易化效果的实验研究在 20 世纪 80 年代初期达到高峰。从那以后，这一领域的活跃度骤降，至少是与管理会计决策易化效果相关的领域活跃度骤降（参见 Young and Lewis，本书第 3 章）。为了使这个领域恢复活力，本章提倡重新以行为经济学为基础。总的来说，行为经济学的特点在于它关注的是新古典经济学基本理论假设的正确性（特别是"最大化假设"），它强调的是描述和评估实际过程产生经济结果的程序理性（与对结果的实质理性的有限关注相对），它提出了解释以下问题的线索：经济机构的运行、修正新古典经济学理论、系统表达公共政策（Simon，1987a）。

对于会计研究人员来说，重新以行为经济学为基础可以带来几个好处。第一，他们能接触到更多发人深省的文献，这些文献深度考察了经济环境中决策制定者个体的认知局限或者说有限理性的含义。本书的许多读者都熟悉判断与决策中的认知心理学文献（例如，Kahneman et al.，1982）。最近的文献也在深层次上考察了决策制定中认知局限的含义，但是一般在一个更普通的方向上运用一般任务和环境而不是特别的经济决策任务和环境。过去行为会计研究人员将认知心理学应用于会计问题的尝试遇到了批判——缺少关键的经济学条件。任何一个这样的缺陷都对会计研究不利，因为会计研究必须以行为经济学为基础。

第二，为增进教研之间的整合，许多大学的会计学者压力倍增。行为经济学文献强调实际决策过程——至少是在"模式化事实"（例如，成本加成定价法）的抽象形态中——以及对呈现这些过程的制度环境的系统观测。这样做的一个直接的益处是：与研究问题和实验设计更加贴近。另一个益处则是作为教师的会计学者会有一个更加丰富的知识根基。至少在向学生传授有关实际决策过程和制度细节的知识时，他可以提出比下述建议更好的建议："无论你做什么，就像你要最大化其效果一样去做。"

第三，正如引言部分介绍的，对于那些看到了经济学和心理学研究之间的鸿沟并认为鸿沟可以逾越的会计研究人员来说，行为经济学为他们的行动提供了指南。从行为会计研究人员对认知和社会心理过程的兴趣来看，他们在检验包含有限理性个体的经济过程中，比那些思想受到均衡模型和实质理性假设束缚的研究人员更有优势。阅读行为经济学文献能激发前者利用他们的优势，处理诸如管理会计信息系统在价格形成竞争过程中的作用之类的问题（Sevcik et al.，1995）。

最后，重新以行为经济学为基础并不局限于对管理会计决策易化影响的研究。其他潜在的研究领域包括财务会计信息系统对于个体投资者和资本市场的作用，以及公共会计师事务所的审计任务结构。最有研究前景的也许是基于行为经济学基础检验管理会计决策易化和决策影响效果间相互影响的研究。十年后再编辑此类图书时，或许不会将管理会计中有关决策相关影响的研究分为两章来写。

【注释】

[1] "如果"（as-if）这个限定词很重要，因为在很多经济学家看来，这个词确保他们没有关注产生行为的实际过程。

［2］Friedman（1953）在区分规范经济学和实证经济学的环境中提出了他的工具主义观点；他主要关注的是经济政策应该由正确的经济科学指引。在随后关于这一观点的讨论中，关注的重点在于实证方，而不是与之相联系的规范方。

［3］存在例外。在许多双人博弈中，每个参与者的目标都是清晰的，且环境稳定时，新古典经济学理论仍然能预测多重均衡（Kreps，1990）。与行为经济学观点一致，引入参与者内部属性的知识能帮助解决这类模糊问题。

［4］Brown and Lindley（1982）讨论了决策分析中的当前知识：

> 决策制定者被称为被试者（S），任一时点 S 的特性都可以用心理场来描绘，包括他全部的认知过程、经历、记忆，或者说任何实际或潜在存在于他脑海中的事物。当然，我们也对 S 的心理场中的某些部分尤为感兴趣，该部分可能对他的概率、效用或者选择判断产生影响。通常 S 只会考虑自己心理场中的一部分，但是会通过收集额外资料来扩充这一部分。这种扩充被称为"挖掘"。

分析成本为 0 的前提假设意味着决策制定者在"挖掘"其心理场时没有约束，完全分析的前提假设则意味着任何值得从心理场中挖掘的东西都在模型 $\{A, S, P, U \mid K\}$ 中得到了反映。

［5］Hilton et al.（1981）将 Green et al.（1967）和 Snapper and Peterson（1971）所用实验程序中的缺陷作为研究的一部分。在最近的研究中，每个被试者都具有双重角色：信息评估者和决策制定者，并且有关被试者作为信息评估者的表现推断设定为他或她作为决策制定者的最优表现。这一前提以及基于该前提作出的推断都是有问题的。因此，除了澄清管理会计的职能之外，分离信息评估者和决策制定者的角色为完善关于信息评估的行为决策研究方法作出了贡献。

［6］关于激励，被试者不仅所得到的报酬较低（每小时少于 1 美元），而且还面临着上限限制，也就是说，预期收益对较广范围的样本容量不敏感（参见 Uecker，1978）。

［7］决策辅助在审计中受到的关注远远超过在管理会计中受到的关注（参见 Messier 撰写的本书第 8 章）。

［8］样本规模未告知被试者（参见 Lewis et al.，1983）。但是，作者在文章中对随机数发生器的描述表明样本规模为 1。

［9］这在信息系统选择的贝叶斯表述式中被认为是一个普遍且严重的局限性。回想决策制定者模型 $\{A, S, P, U \mid K\}$，受到具体时间、他（或她）的知识

会计和审计中的判断与决策

（K）的限制。类似地，他的概率评估也受到 K 的制约，这样 $P(s\mid y,n)$ 就可以更准确地表述为 $P(s\mid K,y,\ n)$。在模型设定和从给定信息系统中收到信号之间的时间段内，如果决策制定者的知识发生了变化且该变化无法预先确定，那么该信息系统价值的预后验分析（preposterior analysis）就完成了（参见 Shafer, 1985；Waller and Mitchell, 1991）。

［10］Dickhaut and Lere（1983）提供了一个虽然简单但是类似的启发法，决策制定者通过关注利润的变化来评估会计成本。

［11］Hilton et al.（1988）通过使用统计程序将被试者划分为风险规避者和风险中性者，该统计程序根据被试者对包含十种假定游戏的后实验装置的反应来确定各自的效用函数。

第 *3* 章　管理会计中的实验激励
——签约研究

S. Mark Young，Barry Lewis

引　言

　　有关判断与决策的激励效果的研究已在不同的背景下进行，包括记忆和关注（Craik and Tulving，1975；Nilsson，1987）、判断（Arkes et al.，1986；Wright and Aboul-Ezz，1988；Camerer，1987）、选择（Grether and Plott，1979）、学习（Hogarth et al.，1991）以及目标设定（Locke and latham，1990）。管理会计中关于激励的实验研究所关注的问题与目标设定文献中的研究最密切相关。但是，管理会计研究与目标设定文献的区别在于实验背景和所研究的激励种类不同。

　　管理会计中的研究主要集中在激励是如何影响控制系统内的员工（一般是下级）决策的（见第 2 章，有关管理会计领域内更广范围决策的讨论）。控制系统包括用来评价员工的一组工作标准或者一系列工作标准（Hopwood，1976；Lawler and Rhode，1976）。例如，在制造业中，生产被分解为具体的工作标准，例如单个个体或部门生产的产品数量。一旦任务得以执行，（任务）反馈将提示工作效果所处等级的原因并给出相应的改进建议。激励通常都与实现标准相关，以提高积极性和减少引导行为所需的反馈量。

在最近的十年中，管理会计研究人员研究了鼓励实现标准或惩罚未能实现标准的激励。在研究一些诸如计件工资和固定费（与目标设定文献中的一样）等著名激励方案时，管理会计文献在检验诸如基于预算方案之类的行为经济学理论衍生的激励效果方面已经有了革新。这一类研究成果现在通常被称为激励签约文献。

本章综述此类文献的方式如下：前两部分介绍此类文献发展的影响，接着描述核心经济学理论——代理模型，然后介绍和评论主流研究的两个主题。最后一部分总结本章并提出研究的新方向。

文献发展

激励签约文献的发展主要受到两方面的影响。一方面的影响是来自芝加哥社会学派的工业社会学家（参见 Bulmer，1984），例如 William Whyte（1955）和 Donald Roy（1952，1954），他们研究了工业环境中的计件工资的激励效果、工作标准的难点（difficulty of work standards）以及组内规范对个体和小组行为的影响。这些研究影响了早期的会计研究，包括 Stedry（1960）有关标准设定的研究、Becker and Green（1962）有关参与制定预算的理论文章以及 Ronen and Livingstone（1975）关于预期理论和标准的难点的文章。另一方面的主要影响是 Demski and Feltham（1978）将代理理论引入会计文献。通过构建行为分析模型，代理理论更加清晰地阐述了激励的作用及其对动机和绩效的影响。

这两种影响是相互重叠的。例如，工业社会学研究发生在制造业环境中，而许多代理的例子也出现在传统制造业背景下（参见 Baiman，1982）。同时，两种文献都关注不同激励形式的影响，却衍生出了不同的研究惯例。例如，工业社会学研究主要使用归纳实地研究方法，而代理研究主要依靠演绎分析方法。

但是，研究方法的不同为试图整合两种文献的研究人员提供了更深的认识和协同作用。虽然工业社会学研究中的实地工作使得这一研究令人信服，但是因为实地研究的描述性属性和无法观测想要观察的变化，要确定激励对人类行为和表现的影响还是很难的。另一方面，代理理论提供了一个缜密的框架，并且明确地说明了关于各种激励合约影响的理论，但这一切都是以关于人类决策和行为的严格的假设为前提。本章文献回顾所涉及的研究都试图结合描述性行为研究中的深刻见解和代理理论中的变量，构建管理会计环境中的激励研究框架。

上述两种主要影响引发了两类主要的激励签约研究：(1) 自我选择和激励合约对绩效的影响；(2) 参与标准设定、各种激励及其对行为和绩效的影响。这两个主题的研究主要是在单个上级对单个下级（single superior-single subordinate）的生产环境中进行的。接下来概述代理模型。

代理模型简介

正如上文所提到的那样，关于不同激励形式效果的经验研究受到了代理理论的严重影响。代理模型是一个规范模型，模型中的雇佣关系涉及两方，一方是委托人（雇主或者上级），另一方是代理人（员工或者下级），双方都是预期效用最大化者（Ross，1973）。欲了解更加细致、更加技术性的代理模型描述可以参阅 Baiman（1982，1990）和 Levinthal（1988）。委托人雇用代理人执行任务。在决定他们的雇佣合同之前，假定双方具有相同的自然（环境）的信息和信念。一般而言，委托人是风险规避者或风险中性者以及消费最大化者，代理人则是严格的风险规避者且付出的是（经济）负效用。基本的代理问题是在单期背景下予以模型化的。

委托代理双方都是巨大的劳动力市场中的一部分，代理人具有额定工资，如果该额定工资没有在双方之间达成一致，会导致代理人离开该公司。由于个体追求自身利益最大化，并假定所有其他各方都是如此，因此，委托人希望设计一个能利用代理人自利行为的合同和监督系统。此外，委托人不能直接观察代理人的行为选择。考虑上述因素，解决代理问题的方法是自我约束（精炼纳什（perfectly Nash））和一套可行的帕累托最优合约（一方的预期效用最大化并不使另一方的效用低于某一指定水平）。

代理模型中出现的好几个问题都是实验研究曾经追踪研究过的。其中一个问题与委托人和代理人之间的信息不对称相关。Arrow（1985）讨论了两种不对称，将其分别称为"隐瞒信息"（或逆向选择）和"隐瞒行动"（或道德风险）。隐瞒行动问题是由于委托人不能直接观察到代理人而产生的。

隐瞒信息问题，或者与委托人无法观察员工技能相关的问题，引发了逆向选择中一个方面的问题——"自我选择"问题。因为雇主不能在签约前观察到员工的技能水平，解决自我选择问题的一种办法是给未来员工提供合约供他们选择，以便通过他们选择的合约类型来了解他们的技能水平。另一种解决方法是允许代理人与委托人进行沟通交流，以便将其私人信息传递给雇主。十分有趣的是，本章文献回顾所涉及的研究本身的目标并不是检验代理模型本身。关于这一点在文献中也存有一些困惑和争议。如上所述，代理理论既想成为解释人类行为的规范性理论，也想成为这一方面的描述性理论。不过，为了使得该理论成为描述性理论，研究者必须接受许多"如果……那么……"假设（包括预期效用理论）作为模型基础。因为预期效用被许多判断决策研究人员拒绝作为个人行为的描述性理论，所以直接检验代理理论是有问题的。[1]因此，激励签约研究的立场是将代理变量和行为变量融入可测试的描述性模型中，而不加入任何限制性行为假设。

自我选择与激励合约

Chow（1983）的实验是会计学中第一个调查报酬合约对绩效影响

的经验研究。Chow 的研究建立在 Demski and Feltham（1978）之上，改变了工作严格度或难度的两个层次（平均对严格（average vs. tight））以及三种设定的报酬计划方案（固定报酬、计件工资和预算报酬）。[2]通过使用预测试绩效来度量控制技能，Chow 发现工作严格度（严格的标准带来更高的绩效）和报酬（计件工资在三种报酬方案中占主导地位）的主要影响，但是没有发现报酬与标准严格度相互作用对绩效的影响。

Chow（1983）还研究了个体自我选择其渴望的工作激励方案类型的影响。研究中额外增加了一些被试者，分配到两个新的单元中，这两个新单元使用严格和一般两种工作标准，并允许被试者从固定报酬方案和预算报酬方案中选择他们的报酬形式。研究中使用惯用的二阶段博彩法评估风险态度。因为被试者样本较小，Chow 早期使用的计件工资激励没有纳入实验的报酬选项。

正如假设的那样，使用预测试绩效作为技能度量时，技术较熟练的被试者选择了预算报酬方案，技术相对不熟练的则选择固定报酬方案。风险态度对报酬方案的选择没有影响。最后的假设预测，相对那些指定固定报酬和预算报酬的被试者而言，可以自我选择报酬方案的被试者会表现得更好。在对技能水平加以控制后，实验结果显示，在平均难度下，只有自我选择预算报酬的被试者比指定条件下的被试者表现得好；固定激励条件下的被试者的表现没有什么区别。当标准难度有所提高时，对自我选择的能力和报酬方案的类型都没有明显的影响。

Chow（1983）的创新性研究对管理会计研究作出了重大贡献，为之后的大多数研究设定了基调。之后的研究都从以下方法论的选择和权衡中获得了灵感：第一，根据每个学生被试者在电脑穿孔卡译码任务中的表现使用假设报酬（Forward，1969；Rockness，1977）。尽管被试者表现得就像在真实状态下取得其相应的报酬一样，但并没有揭示真正使用报酬后产生不同结果的可能性。Chow 没有尝试在后试验问卷调查中评估假设报酬的激励效果。第二，存在与确定普通标准和严格标准的方式相关的问题。Chow 根据所有被试者的预测试表现来界定普通标准和严格标准。普通标准是每半小时 24 张卡，严格标准则较普通标准高出 0.67 个标准差，即每半小时 27 张卡。预测试成绩非常高的被试者会被指派"严格"标准，但是这些被试者的预测试表现可能超出了这个标准。因此，被试者可能不认为这个标准是严格的，从而使预期的激励效果可能无法达到。此外，没有对任何独立变量进行操作检查以评估被试者是否理解了他们所处的环境。第三，技能的界定以及未能将之与付出（effort）区分开来是这些研究中存在的问题。自从 Demski and Feltham（1978）的分析文章明确区分技能和付出后，再使用同一方法来加以衡量就势必带来测量和检验上的困惑。第四，预测所花费的时间似乎也不足以保证所有的学习因素都能从任务中剔除，因为在任务执行期间也可能包含学习因素。第五，存在几个有关个人激励和表现的竞争行为模型，包括目标设定、代理模型和期望理论。因此，如果以代理模型为基础进行检验，那么技能与付出之间的区分就显得尤其重要，但是，如果以其他类型的理论为基础进行检验，那么它们之间的区分又可能不再是需要重点关注的问题。

在一次扩展研究中，Waller and Chow（1985）专门关注了自我选择和付出问题，并将一种可控性过滤器[3]包含其中，以剔除被试者无法控制的那些已测量过的绩效因子。这一构思修改了状态的不确定性（出现和不出现）、一个可控性过滤器（出现对不出现）和两种标准（普通和高）。[4]

Waller 和 Chow 允许被试者从合约的 11 种组合中进行选择，合约的形式如下：

$$p=f+b\ (x-s),\ x>s \tag{1}$$

或者，当 $x \leqslant s$ 时，$p=f$，其中，p 为一个工人的全部报酬；f 为固定报酬；b 为奖金参数；x 为实际绩效；s 为标准绩效。

状态不确定性通过一个"无不确定性"组和一个"不确定性"组进行操作，"无不确定性"组的被试者被告知每张卡片（使用 Chow 的任务）的字母数量为 10，"不确定性"组的被试者被告知每张卡片的字母数量（范围为 4~15）的概率分布。可控性过滤器（CF）组则被告知他们的表现是按照正确译码的字母数量进行衡量的，无可控性过滤器（NCF）组则被告知他们的表现是按照正确译码的卡片数量进行衡量的。因此，与具体卡片相关的不确定性降低了。

对于被 Waller 和 Chow 称为绩效能力（技能—付出变量）和被界定为预测试绩效的技能，可通过 4 分钟的熟悉和 15 分钟的预测试进行评估。设定标准的方法为：对于普通标准，根据 CF 组的预测试确定为 15 分钟 110 个字母，根据 NCF 组的预测试确定为 15 分钟 11 张卡片。对于高标准，CF 组为 150 个字母（后 14%），NCF 组为 15 张卡片。

对于绩效能力（与 Chow 的评估方法相同）与工人所选合约中的绩效激励之间的正相关关系，Waller 和 Chow 找到了一些支撑证据。绩效能力低的工人选择绩效激励最少的合约，而绩效能力高的工人选择绩效激励最多的合约。他们还发现，存在状态不确定性时（并且假定工人是风险规避者），如果有可控性过滤器，绩效能力与所选合约中的绩效激励之间的相关性更高。

这一研究存在的问题和 Chow（1983）的研究存在的问题一样，技能与付出之间的模糊界限依然存在。但这一研究比 Chow 的研究有所改进，在这个实验中被试者能够得到报酬，此外，可控性过滤器的操纵问题也很巧妙地通过给定状态不确定性变量得以解决。

Shields et al.（1989）研究了可控性过滤器的影响（出现对不出现），以及基于计件工资与标准报酬合约的自我选择的影响。这一研究中的任务要求将三个一组的数字转换为字母。被试者需要接受绩效能力预测试，然后在状态揭示（每单位已测绩效所需字母数）前，从两个相机绩效报酬合约中选择一个。

该研究中的可控性过滤器与 Waller and Chow（1985）的研究所用的类似。对于没有可控性过滤器的被试者，按照完成的每项任务支付计件工资；对于有可控性过滤器的被试者，每字母按照另一费率支付报酬。标准式合约为固定部分加超出标准部分的绩效按照单位数量给予奖金。对于有可控性过滤器被试者，按照字母设定标准，字母作为绩效单位，超过标准部分的按照每字母支付奖金。对于那些没有可控性过滤器的被试者，按照每 16 个答题卡为一个单位设定标准。

Shields et al.（1989）假设存在状态不确定性时，个体对相机绩效报酬合约的选择是可控性过滤器是否存在、风险偏好和绩效能力等三方面相互作用的函数。第二个假设是，个人实际工作的努力程度与选择合约时的期望努力程度之间的关系是已实现的状态和可控性过滤器存在与否的联合函数。

结果显示，无论状态怎样，合约内有可控性过滤器的被试者的表现与他们选择合约时所期望的表现处于同一水平。没有可控性过滤器但经历了不利状态（每单位执行任务中含有大量字母）的被试者仍然与他们的预期表现处于同一水平，尽管他们每单位努力程度的边际报酬实际上是下降的。那些没有过滤器条件且拥有有利状态的被试者的表现大大超出他们的预期。

Dillard and Fisher（1990）使用了 Waller and Chow（1985）的任务，检验了单期和多期环境中与已感知的公平和绩效相关的假设。与Waller and Chow（1985）的研究结果一样，被试者挑选报酬方案的基础是他们的技能水平，技能水平高的被试者挑选预算报酬的方案。允许自我选择报酬方案的被试者已感知的公平大大高于那些指定组的被试者。研究期间，改变激励方案产生的绩效有多种结果，从固定报酬转换至预算报酬的被试者与从固定报酬转变为可自我选择方案的被试者一样，绩效显著提高。

MBA 学生允许接受两次 15 分钟的无薪培训。Dillard 和 Fisher 将第二次培训作为他们的技能测定。与 Chow（1983）类似，测量标准根据整组被试者的平均绩效确定。被试者要么接受指派，要么从 Waller and Chow（1985）设计的三个报酬方案（即严格的预算报酬方案、有固定报酬的预算报酬方案和严格的固定报酬方案）中选择他们的报酬合约。测定包括两个绩效期。在第二个绩效期初，被试者要么被告知可以将原方案转变为一个不同的激励方案，要么被告知可以选择一个不同的方案。

Dillard 和 Fisher 用以评估绩效能力的培训可以在一定程度上减少

任务中包含的学习因素问题。检验与公平相关的假设同样是研究的一个有趣的方向。不过，尽管采用李克特 7 分量表法（seven-point Likert scale）来评估比较公平，但是该方法无法评估这种度量的测验编制的正确性（construct validity）。从一种类型的报酬方案转变为另一种也为研究展示了一个有趣的方向。

Shields and Waller（1988）允许被试者扮演雇主（可以设计合约形式）或者员工（可以选择雇主提供的任何合约），扩展了 Waller and Chow（1985）的模型。Shields 和 Waller 的第一个假设复制了 Waller and Chow（1985）的第一个假设，假定工人的绩效能力与他们所选合约中的标准式绩效激励正相关。虽然相关性较低，但是这一假设仍然得到了支持。他们发现几乎不存在学习问题，并且员工在设计激励合约时对标准非常依赖。

Shields 和 Waller 还假定，当其他情形都相同时，选择有可控性过滤器的工人的平均报酬会相对较低。这一假设得到了支持，但是检验仅仅在二级市场中进行，其中 23 个工人选择含有可控性过滤器的合约，19 个工人选择不含有可控性过滤器的合约。其第三个假设是雇主采用"正确则坚持/错误则改正"策略在每个阶段修订他们的雇佣合同。这一假设也得到了支持。

该研究中的激励方案和任务与 Waller and Chow（1985）研究中所用的相同。在固定报酬合约下，给予员工两次 5 分钟的尝试以观察他们的表现。第二次尝试的表现作为绩效能力——技能和付出偏好变量的测量。一共有五个阶段，其中一个阶段为签约前，一个阶段为签约初期，三个阶段为主要签约期。两个市场中一共有 110 名被试者，各有 12 人扮演雇主，43 人扮演员工。

这一志向远大的实验将这一研究领域与创造市场的实验经济学框架中的研究领域更紧密地联系在一起（Smith，1982）。该实验的另一重大贡献则是由被试者扮演雇主和员工，并由他们自己设计、选择合约。因此，该实验拓展了一些非市场环境中的研究成果，也为市场环境中的研究提供了一些成果。

与本部分回顾的其他研究不同，Baiman and Lewis（1989）对绩效影响没有兴趣。该研究将研究范围限定在合约选择方面，举例说明了一些在实验室中检验代理相关问题的潜在有用技术。该研究特地检验了一个代理假设：在合约选择中，合约的形式不是一个需要考虑的相关条件。也就是说，代理人无论是真实地报告其技能并接受最适合的合约，还是从为不同技能水平的人设计的最优合约中简单地选择一份合约，在概念上没有任何区别。该研究还专门检验了一个假设：更多的被试者愿意误报他们的技能水平，因为这样做可以提高他们的报酬水平。该研究的成果支持了合约选择过程中代理理论系统陈述（agency formulation）的描述有效性。

这里回顾 Baiman and Lewis（1989）的研究主要是出于方法论的考虑。Baiman 和 Lewis 创建了一个实验，可以控制技能、风险和努力偏好以及私人信息。他们证明，基于那些受控变量的代理衍生的帕累托最优合约可以与代理模型中的预测一样，有效地甄选代理人。这一简化了的实验室环境使得对控制进行研究成为可能。被试者要做的仅仅是将预编程序的磁盘插入电脑，然后从一系列合约中选择一个。程序会根据该被试者技能水平的信息随机产生一个结果，并且根据所得结果和所选合约计算出该被试者赚得的报酬。

通过将技能界定为实现高水平产出的可能性进而对之予以操控，使每个被试者的技能都是一个指定变量且为该代理人的私人信息。实验中产生结果的任务不涉及任何支付。需要重点指出的是，环境的简化仅仅使得 Baiman 和 Lewis 能够对技能和付出的概念加以区分。最后，该实验引导被试者像风险中立者那样控制风险偏好。这一点可以通过使所有合约简化为一个简单的奖券而实现，这个简单的奖券包括以概率 p 赚得 10 美元的奖券和以概率（$1-p$）赚取 3.75 美元的奖券。这一设计的结果是，任何合约的预期效用都是赢得这 10 美元的概率线性函数。

Baiman and Lewis（1989）的文章强化了前面讨论过的一个看法：合约选择可以处理"隐蔽信息"的问题。合约选择是代理人与委托人交流信息（与技能或其他相关输入有关）的一条途径。另一条途径则是在委托人根据所提供的信息水平预先承诺给予最优合约之后，直接披露该信息。这两种交流形式的代理结果的理论等效性趋于使得激励及合约选择研究与参与研究（将在本章下一部分进行回顾）之间的界限变得模糊。

Waller and Bishop（1990）的一篇文章强调了这两个领域正变得如此接近。在这一研究中，项目经理（unit managers）拥有自己项目当期生产潜力的私人信息，项目的当期生产潜力用投入产出比（p-ratios）来衡量。总经理根据项目经理报告的投入产出比分配企业投入的资源。总经理的目标是将稀缺的输入资源分配到最具生产力的项目中，以使企业利润最大化。但是，在很多情况下，项目经理的个人福利会因拥有更多的输入资源而更好（例如，如果他们的报酬只根据项目利润率来确定），这样一来，他们就有动机夸大自己的投入产出比。这就需要设计一个激励方案来鼓励项目经理如实上报情况。这一研究虽然与上面讨论过的激励签约研究联系紧密，但是它还与参与问题（因为委托人与代理人之间的直接沟通对资源配置会产生影响）和预算松弛问题（因为代理人的虚假报告会使得企业资源转向低生产性地利用）联系紧密。

一个普遍用以缓和/减少将资源分配给竞争项目问题的激励方案都包含一个报酬方案，该报酬方案根据该经理的项目绩效和企业其他项目的绩效来确定该项目经理的报酬。Waller and Bishop（1990）使用的方案是由 Groves（参见 Groves，1973；Groves and Loeb，1979）提出的。在两个相关的实验中，Waller 和 Bishop 将 Groves 的方案和项目盈利方案以及项目盈利加惩罚方案（低于预算结果就要受到惩罚）进行比较。在第一个实验中，与其他两个方案相比，项目盈利方案的企业整体利润较低，项目经理的虚假报告较多。而项目盈利外加惩罚方案的虚假报告最少，且其企业利润不比 Groves 方案的少。注意，虚假报告的数量并不一定会影响分配结果，进而使得分配转化为次优分配，因为这些竞争项目中的经理采取同样的方法进行虚假报告，这对分配没有影响。

在第一个实验中，经理高报投入产出比的唯一动机与有关预算的绩效报酬有关。但是，在第二个实验中出现了另一种动机，这是由于允许经理通过出售分配的输入资源直接换取现金来"消耗"额外的资源，而不是将那些资源运用于生产活动。这个实验设计的特点是，为了让经理的个人消费看上去与其在额外报酬中花费企业资源类似。Waller 和 Bishop 发现项目盈利外加惩罚方案在防止经理消费方面比 Groves 的方案更好。

虽然这篇文章和其他文章一样，受到所用合约的特殊属性的影响，但是它仍然很重要，因为它将研究扩展为激励签约问题，而不仅仅是强调技能，使得研究包含了更多隐蔽信息的一般概念。它还架起了与分配问题研究其他分支（例如转移定价）相连接的桥梁。

Chalos and Haka（1990）的研究在很多方面都与 Waller and Bishop（1990）的研究相似，特别是检验了转移定价背景下不同激励方案的影响。Chalos 和 Haka 对谈判转移定价背景下的部门激励方案与混合（企业和部门）激励方案进行了对比。他们对结果的公正性（通过部门间的利润差异来衡量）和企业利润最大化感兴趣。在双边谈判任务中，几对被试者扮演采购部门和销售部门的经理，就销售部门制造出的三个组件的转移价格进行谈判。每个被试者都收到一份清单，清单中列出了那三个组件在五个可选价格条件下的部门利润。另一个独立变量则是那三个组件的外部市场的存在性和属性（确定对不确定）。

通过 Waller and Bishop（1990）的研究与 Chalos and Haka（1990）的研究的对比，可以得到两个显著的观察结果。第一，尽管这两个研究的概念相似，但是事实上作者所引用的文献并不相同。Waller 和 Bishop 的成果来自激励文献且与实验检验相关。Chalos 和 Haka 的成果则来自议价和转移定价的相关文献。第二，这两个研究的结果类似：混合激励方案（鼓励部门经理考虑企业整体盈利状况而形成的方案）没有仅仅基于部门绩效的激励方案那么有效。这一来自两个不同背景的结果应该激发更多的研究，以检验结果成立的一般条件。

合约选择研究简评

这一研究分支得出了一些令人感兴趣的结果。最一致的研究结果就是技能水平高的个体在计件工资和固定报酬之间选择时，会选择基于预算的报酬激励方案。该研究对于其他变量（诸如风险偏好的影响）虽然进行了假设，但没有直接予以检验，也就相当于没有测量。[5]

不过，这些研究可能的最大贡献就是尝试将代理变量纳入实验并对之予以操控。例如，Waller 和 Chow 在实验中操控可控性过滤器就是一种高度创新的方法。许多实验要求精心设计的程序（始于 Chow，1983）和良好的时间意识，要求运用大量的技能。

然而，与所有新兴研究领域一样，这个领域的研究也存在着一些难题没有得到充分的解决。一些局限使得我们难以从这些研究中获得强有力的推断。如果能分离技能和付出变量，那么将可能向前推进实验文献，不仅仅在方法论上取得进展，而且能与代理文献取得更多的一致性。这是一个棘手的任务，因为付出（或行为无效用）的经济学定义与诸如心理努力（mental effort）之类的心理学概念并不一致。

另一个进步可能是对当前的研究任务有更清晰的理解。任务需要更多的表现形式。目前，在这一研究分支中，Chow（1983）使用的任务同时包含了没有分离清楚的认知要素和物质要素。从认知角度和物质角度理解任务的属性有助于将这一研究分支与判断决策文献联系起来。任务还需要包含更长的学习期，以使这样的学习不混淆实验结果。此外，需要使用稳当可靠的实验程序（例如操纵性检验），应当听取与被试者全面理解实验设计的各方面情况相关的问题报告，以获取更多关于所用程序功效的信息。[6]

另一局限性是不同合约种类或同一合约不同形式的比较。在代理模型中，合约都是内生的，关注的是如何在研究问题所涉参数给定的情况下，找到最优的合约集。在一些情况下，某些类型的合约比其他类型的好，在同一种类型中参数化的某些方法占据主要地位。但是，正如前文提到的，实验研究中合约比较所采用的方法一般都是具体问题具体分析。虽然这些研究能指出某一合约在某种情况下比其他某些合约能更好地促成更优的绩效，但是这些结果并不能推广至更宽泛的合约类型或环境。

Baiman 和 Lewis 谨慎涉及技能与付出问题以及使用代理衍生合约问题，为这方面的研究提供了一些指导。他们重复使用了前面一些研究所用的方法以观察能否获得类似的结果。另一个研究方向是进行有关技能和付出问题的基础实验，以通过实验区分它们。这样的进步能使代理模型的检验更加全面、更加精确。

参与预算和激励

在控制系统内，上级并不总是知道为了达到目的应该在哪里设定一个标准，以及在标准设定中需要依靠下级的参与。研究都集中关注为了获得自身利益而参与的情况，例如增加动力、提高工作满意度和绩效。但是，关于积极参与的第二个原因，在文献（Locke and Schweiger，1979；Shields and Young，1993）中的解释存在冲突。举例来说，很多研究结果表明，虽然工作满意度提高了，但与绩效的增长是不一致的。近期，有关参与的研究文献开始关注下级最可能积极参与的心理前因（psychological antecedent conditions）和反过来影响绩效的心理结果（参见 Shields and Young，1993）。

私人信息和预算松弛的产生

20 世纪 80 年代初期，有关参与的研究的关注重点转向了另一方面。不是关注诸如工作满意度之类的产出变量，而是检验下级员工如何通过参与对企业作出贡献。

下级员工对参与预算的一个主要贡献就是他们拥有有关所处环境的知识和执行任务的必备能力。代理理论学者把这种知识称为"私人信息"。上级很重视这些私人信息，因为这些信息可以提高生产效率、分担风险，通过参与过程分享这些信息对企业和个人都有利（Baiman，1982）。实验研究人员也提出过这个想法（Hopwood，1976；Locke and Schweiger，1979；Locke，Saari，Shaw and Latham，1981），但是代理理论学家是最早详细研究私人信息的影响的（Baiman，1982）。

从上级的角度来看，如果下级拥有私人信息并且参与了标准制定，他就能通过将超额资源计入预算中或者通过估计低报他们的生产能力来形成预算松弛。无论是哪一种情况，苏维埃式的动机（Soviet incentive）（Weitzman，1976）和代理理论文献（Baiman and Evans，1983）都曾指出这将会形成松弛，并且在会计文献的实地研究中验证了这一结果（Schiff and Lewin，1970）。[7]

Young（1985）报告了一个生产背景下的实验研究，该实验研究了下级和上级之间的信息不对称对松弛的影响。Young 发现，风险规避型的被试者创建的预算松弛比非风险规避型被试者的高。他还发现，个人信息被管理层了解的被试者在有机会参与选择自己的工作标准时，会感觉到更大的社会压力，因而不能谎报他们的绩效能力。此外，感受到的社会压力与所选标准中的松弛数量存在负相关关系。因此，社会压力变量可以从中调解信息不对称和松弛之间的关系。被试者被随机分为两组，一组存在信息不对称，另一组不存在。以下级员工是否拥有上级不知道的有关玩具制作任务绩效能力的私人信息为方式，来操控信息不对称。

该研究安排被试者都参加制作任务的培训，并对他们的任务执行情况进行观察。在此期间，被试者的报酬相同。为了产生状态不确定性，实验人员可能会打断生产过程，告知被试者由于（待料）停工而要求他们停止工作，然后询问被试者，他们在停工的两分钟内估计最多能生产出多少玩具。

松弛界定为被试者的最佳估计减去上级在场时他们所选择的标准。因为实验中不控制激励因素，所以所有的被试者都面临相同的激励方案：

$$C=K_1(A)-K_2\,|\,(S-A)\,| \tag{2}$$

式中，*A* 为实际产量；*S* 为标准产量；*C* 为全部报酬；K_1，$K_2 > 0$ 且 $K_1 = K_2$。

这样会导致被试者的生产量不超过他们所选的标准，因为如果他们超出了标准不会使金钱增加；如果他们的生产量少于所选的标准，则会使金钱减少。因为松弛被定义为对生产量的最佳估计减去所选的标准，保持 K_1 和 K_2 相等是为了防止被试者通过考虑这些参数的替代权重使松弛测定更加复杂。如果发生这种情况，松弛测定将会因为权重的选择而变得更加混乱。

作为对被试者理解激励方案的测试，信息不对称的操控检查是成功的。Young 使用了"风险偏好和社会压力"这一术语来度量。这样就无法评估测验编制方案的正确性（construct validity）了。与合约选择方面的研究类似，绩效能力是技能和付出的结合体。

Waller（1988）通过操控基于 Weitzman（1976）的两个激励方案——松弛诱导方案和实情诱导方案——扩展了 Young（1985）的模型，并检验了它们对松弛的影响。Waller 假设风险中立型和风险规避型的被试者在松弛诱导方案下都会创造松弛，并且，在引入实情诱导方案后，风险中立型被试者的松弛的减少会高于风险规避型。正如所预期的那样，在松弛诱导方案下，风险中立型和风险规避型被试者创造了相似数量的松弛。引入实情诱导方案后，风险中立型被试者的松弛显著降低，而风险规避型被试者的变动却非常小。

Waller 使用了 Berg et al.（1986）研发的方法来控制风险偏好。他使用两个问题来测定付出偏好。松弛被界定为每个被试者的自我估计绩效与他们所选预算之间的差异。Waller 在这个实验中使用了 Chow（1983）创立的译码任务。状态变量随着需要译码的字母组的大小进行操控。被试者在不同的激励方案下工作三个阶段。在第一阶段中，被试者的工作没有酬劳。他们的工作执行计件工资方案，按每正确译码一组符号组赚取点数。点数关系到被试者每一阶段结束时能否赚取 1 美元（参见 Berg et al.，1986）。被试者也记下他们估计的绩效能力。第二阶段使用基于预算报酬的松弛诱导方案，标准由员工参与设定。状态则是由旋转概率转盘决定的。在第三阶段中，参数变为基于预算报酬的实情诱导方案。操纵检查对于激励操纵来说是成功的，对于风险偏好操纵来说既有成功的也有不成功的。

激励方案有如下形式：

$$\begin{aligned} B &= B' + b(y'' - y') + a(y - y''), \quad y \geq y'' \\ &= B' + b(y'' - y') + c(y - y''), \quad y < y'' \end{aligned} \tag{3}$$

式中，B 为员工的实际奖金；y 为实际绩效；B' 和 y' 分别为临时奖金和预算水平，分别由经理设定；y'' 为员工参与后的修正预算水平；a，b，c 则是经理在员工参与前制定的奖励/惩罚系数，因此有 $0 < a < b < c$。

当上面等式的奖励/惩罚系数为 $0 < b < a < c$ 时，为松弛诱导方案。系数为 $0 < a < b < c$ 时，为实情诱导方案。风险中立型被试者的诱导效用函数为 $U(B) = B$，风险规避型的诱导函数为 $U(B) = -e^{-0.006B}$。

Waller 实验的创新之处在于使用了 Berg et al.（1986）控制风险偏好的方法，在实验设计中使用了在受试组内（within-subject）改变报酬方案。此外，该实验还通过扩大报酬方案的范围扩展了 Young（1985）的实验，避免了对超额完成所选标准的人员不公平的问题。

Chow et al.（1988）通过操控两种类型的激励方案以及上级/下级具有或不具有信息不对称，对 Waller（1988）的模型进行了扩展。但是该研究没有找到证据证明，松弛就像假设中的那样：实情诱导报酬方案下的松弛低于松弛诱导报酬方案下的松弛。不过研究发现了关于报酬方案与信息不对称之间相互影响的重要结果：存在信息不对称时，实情诱导方案下的松弛较低；而不存在信息不对称时，松弛数量没有明显差异。

Chow et al.（1988）并没有如假设那样发现实情诱导方案和松弛诱导报酬方案在绩效方面存在差异。在信息不对称时，松弛诱导报酬方案的绩效更高；而没有信息不对称时，实情诱导方案的绩效只是略高。上述所有假设都是使用协方差分析（ANCOVA）进行检测的，同时还使用绩效能力作为协变量，因为这个变量可能对松弛有影响。

被试者被随机指派到这些情形中，并执行由 Chow（1983）开发的任务。使用一个短暂实习时期。通过让被试者决定自己的绩效并将所有译码单保存在自己持有的信封中，来确保信息不对称条件的成立。如果要设定无信息不对称条件，则需要一个研究助理来评估被试者的绩效。除了参数有所不同外，激励方案与 Waller（1988）使用的一样，实情诱导方案的参数为 $a<b<c$，而松弛诱导方案为 $b<a=c$。

这篇文章没有将状态不确定性纳入实验中，也没有评估风险偏好。操控检验对于信息不对称变量是有用的，但是对于激励方案的效果比较有限。激励签约所用方法和对前期文章的早期批判仍然有效。

Chow et al.（1991a）研究了在多期实验中（Weitzman，1980），报酬方案和防止增长逆转的强制手段对预算松弛和绩效的影响。根据 Berliner（1956），防止增长逆转的强制手段具体操作如下：一旦绩效达到了一个新的水平，下级工作的下一个标准或目标就不能再降至该水平之下，只能高于它。

Chow et al.（1991a）发现实情诱导方案下的松弛低于固定报酬外加奖金方案，但是有关防止增长逆转的强制手段的期望在控制努力偏好后，对松弛没有产生影响。真正实施防止增长逆转的强制手段之后，松弛降低了，并且在实情诱导方案下降得较少。将绩效能力作为一个协变量的另一发现是，存在防止增长逆转的强制手段时，被试者倾向于不超出标准。最后，虽然预期防止增长逆转的强制手段和固定报酬外加奖金方案的存在会降低绩效，但是这个假设没有得到支持。

使用一个与 Chow et al.（1988）非常相似的方法，将 55 个被试者随机分入四个实验单元——两种报酬方案水平（实情诱导或固定报酬外加奖金）、防止增长逆转的强制手段存在或不存在。此外，所有被试者都有管理层不知道的有关他们绩效能力的私人信息。实验中不存在状态不确定性。

对受制于防止增长逆转的强制手段的被试者来说，必须遵循以下规则：如果被试者的产出等于自己设定的标准，则下一期的标准不能低于当前的标准；如果产出高于自己设定的标准，那么下一期的标准必须等于之前的标准加上它与该期产出之间差额的 85％；如果产出低于标准，那么下一期的标准等于之前的标准减去它与该期产出之间差额的 85%。

被试者接受 10 分钟译码任务培训并获得 1 美元的报酬。被试者互相交换答卷并给对方打分。努力偏好的评估使用单一的李克特 11 分量表法（11-point scale）。被试者设立自己的标准和预期的产量。给 10 分钟的生产时间，然后被试者再一次交换答卷。使用两个多产期间，且标准设定中的影响通过一个单一操纵检查问题来予以评估。这篇文章的重要性体现在它开始将研究带入多期背景。

在一篇后续文章中，Chow et al.（1991b）扩展了之前的研究，设定了状态不确定性。该研究使用相同的实验设计，发现在实情诱导方案下的预算松弛低于固定报酬方案；防止增长逆转的强制手段的存在，使第二和第三个生产期间降低了松弛。但是没有发现对风险偏好和报酬方案的影响。

在控制绩效能力后，预期实情诱导方案的期望绩效和实际绩效都会较低，但是这一点并没有得到证实。此外，风险偏好没有起到任何作用。但是，在固定报酬外加奖金方案中防止增长逆转的强制手段的期望绩效低于实情诱导方案。实际绩效不受防止增长逆转的强制手段的影响。最后，工作满意度在任何一种激励方案下都一样，但是在没有防止增长逆转的强制手段时较高。

总体来说，Chow 等人的这两篇文章都为参与预算提供了新的研究方向。实验方法的改进将有助于我们对参与和激励的多期影响的理解。

Kren and Greenstein（1991）变换了三个因素——预算报酬激励（使用/不使用），参与（是/否），或监管程度（高/低）。被试者反复执行一个任务，在任务中，他们需要解一个决定最优产量的方程，以使企业净收益最大化。

Kren 和 Greenstein 为他们的假设找到了支撑：他们用于解方程的策略和付出程度一样，与绩效正相关。激励的存在为任务带来更多的付出，但是对策略没有影响。参与对策略有影响，但是对付出没有影响，此外，监管与更多的付出正相关。策略是指被试者对最初估计 Q（或解方程得出的量）与最优值之间差额的绝对值。付出则是指被试者为了解决问题而重复尝试的次数。

这一研究中的付出和策略变量看起来都需要进行改进，因为这两种度量方法看起来有些混乱。例如，一个幸运的被试者猜测的 Q 值与最优值很接近。而作者可能会将此解释为该被试者有更好的"策略"。另一方面，付出是尝试解决问题所试验的次数。Kren 和 Greenstein 所期望的关系是较差的策略会引发更多的付出；但是可以想象，仅凭猜测或者运气，被试者就可以通过较差的策略猜测到最优解。这意味着较差的策略导致更少的付出。最后，监管操纵经检验是有效的。

Chalos and Haka（1989）中的一次实验使用了 Chow 的译码任务，改变了有利的/不利的状态信息、上级获取的有关下级的技能信息（个人技能信息/个人技能信息外加所有被试者的信息分布），以及参与制定标准/强行指定标准。

在信息对称有利/不利的状态下，参与都使企业的回报和经理的报酬有所增加。此外，在不利状态下，参与制定标准情况下的企业回报和经理的报酬高于强行指定标准的情形。在有利状态下，企业的回报因为参与制定标准而减少，但在强行指定标准的情况下则相反。在有利状态下，经理的报酬显著增加。能力欠缺的经理也被发现为完成任务付出了更多的努力，且企业回报随着相关管理技能信号显示的增加显著增加。

有利状态被定义为更多卡片向分布均值倾斜，不利状态则被定义为更多卡片向分布高点倾斜。技能是预测试的绩效，技能操控涉及经理是只接收到个人技能信息，还是接收到了个人技能信息和所有被试者的最小值、最大值及其均值。

这一研究面临的一个难题是企业的回报和经理的报酬的可操作性。下级每正确编码一张卡片，上级收到两个点；但是，下级基于预算报酬方案工作。根据这个方案，下级如果达到标准，就可获得 36 个点，否则为零。因为被试者可以参与标准制定，所以激励方案鼓励他们选择低标准。此外，如果错误编码卡片，他们将丢掉点数。

这一研究突出了在参与预算研究中与使用特别报酬方案相关的问

题，但对于所使用的点数系统或上级和下级的报酬设置来说，都是没有理论基础的。

对这一研究分支的简评

这一研究分支与代理理论研究文献的联系并不像第一个研究分支那样紧密。虽然很多研究关注信息不对称变量，但是与诸如 Demski-Feltham（1978）之类的具体代理模型的联系都不紧密。相反，很多研究检验了 Weitzman 的激励方案的变种，发现它们引发了这种假设的行为。

总体结果是：信息不对称给被试者提供了误报他们绩效能力的激励，这可能是因为缺少披露信息的社会压力。风险规避导致被试者创造更多松弛，实情诱导和预算报酬合约也能降低松弛。这一研究的另一贡献是，将松弛直接记录下来可作为参与预算过程的一个结果。在这些研究之前，有关松弛的证据很大程度上还只是逸事趣闻。前期的调查研究中还评估了一个变量——建立松弛的倾向。这一变量更多地与意图而不是行动相关。

研究的这一方向也会随着开发更先进的实验程序而得到改进。这一研究成果的局限性大多与前面回顾的合约选择文献类似，与技能和付出的分离、报酬方案参数的选择相关。不过，最近的发展趋势是 Chow 和他的同事进行的多期实验。此外，Young et al.（1993）研究了组间竞争和组内合作的工作组背景下的参与。这篇文章使用了日常实情诱导激励方案和给予表现最佳组奖金报酬的方法。结果支持与组间竞争相关的假设，但是不支持组内合作的假设。这篇文章是基于实地访问制造业企业所采用的工作组结构和类似的激励方案类型而撰写的。

简评和一些新的研究方向

简　评

有关激励签约的文献主要关注两个主题——合约选择和参与。这些研究发展形成了将行为和经济变量纳入实验测试模型的混合理论。大部分实验结果看起来与检验的假设一致。但是，文献表明，这方面的研究显然还处于起步阶段，还有很多方法可用于改进研究，特别是有关实验设计和实验技巧的方法。迄今为止，文献最大的贡献可能就是通过加入诸如私人信息、风险偏好和实情诱导激励之类的代理变量推进了前期的行为研究和开发了革新式实验程序。

激励签约文献也丰富了我们对控制系统设计、激励和参与在标准制定过程中的作用的理解。最后，判断与决策研究人员会发现这些文献很有趣，特别是当他们将基于经济学的激励概念引入自己的研究设计时（例如将实情诱导方案引入）。

一些新的研究方向

在管理会计中与激励相关的研究至少有三个新的研究方向：第一，两篇文章开始关注相对绩效评价问题（Chow and Haddad，1991；Frederickson，1992）。相对绩效评价是一个过程，在这个过程中会将个人绩效相互比较。特别是，Frederickson（1992）通过引入社会影响观念扩展了相对绩效评价的经济学模型，用以检验与利益分享、相对绩效评价合约以及不确定性对付出的影响相关的假设。虽然实验的结果是不一致的，但是该文章是将激励签约文献纳入新的研究背景的一次很好的尝试。

第二，一些研究人员已经开始研究控制背景条件下的决策制定（Awasthi and Pratt，1990；Luft，1992）。Awasthi and Pratt（1990）研究了激励是如何影响与某些决策规则应用相关的付出的，Luft（1992）研究了作为奖励或者惩罚的激励的设计是如何影响报酬系统选择的。一些正在进行的研究（Bonner et al.，1993）正尝试将激励研究与判断决策中的几个领域联系起来。在 Bonner 等人进行的研究中，被试者在不同的激励形式下长时间地执行心算任务。这一研究的结果应该有助于深刻理解那些实验设计中只使用了短暂绩效时期和初级体力任务的早期研究。

第三，回归实地研究，研究新的制造业和服务业的运作是如何改变管理控制系统设计的（回顾实地研究参见 Kaplan，1983；Young and Selto，1991；Young，1992）。源自实地研究的洞见让人明白了关注两大主题领域的实验室研究的最初发展，这两大主题领域包括新制造业运作（例如生产准时制）对标准设定和控制系统设计的影响（Young et al.，1988；Young et al.，1993），以及民族文化和激励对制造绩效的影响（Chow et al.，1991）。激励签约研究的有关方面与新经营业务如何影响报酬方案的设计相关。举例来说，随着众多制造企业重组运营并转而关注工作组，导致诸如利润与收入分成计划的小组激励系统变得越来越普遍（Kaplan，1983；Young and Selto，1991）。研究这些方案类型的影响，既可以做实地研究也可以做实验室研究。

既然我们开始研究小组中的激励影响，就有两个问题必须予以考虑。第一，组内有多个下级的研究必须进行多期实验。尽管有关小组行为的研究进展良好，管理会计研究中对此也讨论了 30 余年，但是经验研究却很少（Becker and Green，1962）。第二，随着我们转向新的研究背景，激励效果理论而不是代理理论可能会变得越来越受关注。收入分成激励机制与转向小组研究的变化保持一致，代表了尚未开发的研究领域。

管理会计研究人员和商科研究人员在多年后重新开始实地研究，将会促进我们理解激励对控制系统设计的影响。如此一来，管理会计中的激励签约文献将会重新以行业环境为根基。

致　谢

感谢毕马威基金会、南加州大学和科罗拉多大学的财务支持。谢谢 Bob Ashton, Sarah Bonner, Jake Birnberg, Don Kleinmuntz, Joan Luft 和 Frank Selto 提供写作意见。我们最初撰写本章时从所参加的杜克大学会议的讨论中获益颇多。

【注释】

[1] 由 Berg，Dickhaut 和 McCabe 撰写的第 5 章中讨论了不同的文献，对代理模型进行了更多直接的检测。

[2] 在一份"开关式"合同（bang-bang contract）中，达到标准将会得到一大笔酬劳，而未能达到标准只能得到一笔很少的酬劳。

[3] 可控性过滤器是一种机制，它可以帮助人们将环境中的不确定性对于员工绩效评估所起的作用剔除掉。弹性预算，或者实际绩效与预订标准进行比较的预算，是可控性过滤器最常见的例子。

[4] 该设计并没有完全交叉，因为两个单元（无状态不确定性，中等以及高标准）在没有状态不确定性时，会因为缺少相关的可控性过滤器而不被使用。

[5] Selto and Cooper（1990）为实验环境中的风险态度控制提供了许多方法。

[6] 只有 Shields et al.（1989）和 Dillard and Fisher（1990）执行了操控检验。

[7] 早期就有很多研究对松弛进行了讨论，包括 Cyert and March（1963），Schiff and Lewin（1970），Onsi（1973）。但是，关于这一主题的实验研究从 20 世纪 80 年代初期才开始。

第 *4* 章　财务会计中的判断与
决策研究：回顾和分析

Laureen A. Maines

　　财务报告提供关于商业公司的信息，这些信息对于企业外部的个人和团体来说是非常有用的，这些外部主体包括投资者、债权人、供应商、顾客、工会、财务分析师以及监管机构（FASB，1978）。财务报告中包括的信息类型以及生成这些信息的会计方法，都由诸如证券交易委员会（SEC）和财务会计准则委员会（FASB）这样的部门管控，尽管这些信息基本上都是历史资料，但是提供这些信息的主要目的是帮助决策者预测企业未来的现金流量。因此，财务报告可以为风险决策（也就是那些结果具有不确定性的决策）提供信息。

　　从 20 世纪 60 年代开始，会计研究人员就已经开始使用认知心理学的理论（尤其是一些关于判断和决策的文献）和方法来检验财务报告中的决策问题。这个领域的研究的目的是让个体使用会计信息作出商业判断和决策。一些研究使用实验研究方法，在这种研究方法中，一个或多个变量（如信息数量）会随着受试组的不同而变化，但其最终目的是确定这些变量对判断和决策的影响。另外的一些研究则假设所有被试者使用的信息都是相同的，进而要么模型化被试者的判断，要么研究被试者作出判断的过程。

　　本研究文献的目的是理解提供给外部的财务报告使用者的信息是如何运用于判断和决策中的。所研究的主要决策者是投资人和债权人。他们给企业提供财务资源，并希望能够从这项投资中获得报酬。利用输入——处理——输出的决策框架，可以将这个领域的研究分为两类。一种研究类型是集中关注这个框架的第一部分，即决策输入，这类研究检查一些具体类型和性质的会计信息对信息使用者的判断和决策的影响。第二种研究类型检验这个框架中的第二和第三部分，即决策过程及因此而得到的判断和决策。这个领域的研究关注的是判断和决策文献中的研究成果（例如决策者对启发法的使用）是否可以为理解投资者和债权人的决策过程和决策结果提供洞察力。

　　本章由四部分组成。第一部分描述了投资和信贷决策，还介绍了相关的决策主体以及决策环境。第二部分和第三部分概述投资和信贷决策方面的文献。第二部分梳理决策过程和决策结果方面的研究，第三部分则集中关注会计信息作为信息输入对判断和决策的影响。[1]第二部分和第三部分都涉及投资和信贷决策，因为这两个部分研究了相似的问题。最后一部分讨论了这项研究对判断和决策领域以及会计领域的贡献，同时对未来的研究提出了一些建议。[2]

投资和信贷决策

投资决策

　　投资决策涉及公司证券的购买和销售，尤其是通过有组织的股票市场（例如纽约证券交易所）来交易。[3]因为股票的回报是以红利和股票升值这两种形式来获得的，所以投资判断包括预测未来的红利和股票价格的变动，当然也包括评估这些回报的不确定性（风险）。尽管作出这些投资判断有多种方法，但是财务会计信息在基本分析中仍然是最重要的，因为在分析的过程中需要运用经济信息、行业知识以及特定公司的信息来作出投资决策。预测一个企业未来的盈利能力是基本分析中的一个部分，因为净盈余可以反映出在满足了企业员工、供应商和债权人的要求权之后留给股东的收益。

投资者的学历、经验以及作出投资决策的目的各不相同。大体上可以将投资者主要分为三类：个人非职业投资者、为诸如保险公司和养老基金等机构管理证券投资组合的职业财务分析师（被称为机构投资者或买方分析师）、通过提供买卖建议和盈余预测来帮助一些不老练的投资者的职业财务分析师和证券经纪人（被称为卖方分析师）。

投资环境的几个特点值得重视。第一个特点是，相对于其他众多决策，投资决策的财务资源数额涉及"加大筹码"（raises the stakes）；第二个特点是，如果投资者认为自己与其他市场参与者相竞争，那么在有组织的股票市场中，可能会在投资决策中出现零和博弈。最后一个特点是关于职业投资者所处的制度环境的，尤其是那些能够促使这些决策者作出决策的环境类型。例如，中介公司通过中介进行买入/卖出交易从而获得收益，可能会影响财务分析师的股票推荐和盈余预测。另外，分析师对公司股票所提出的买入/卖出建议可能帮助他们从公司管理层那里获取私人信息。职业投资者对其客户的受托责任会在他们的决策环境中引起正当性和问责制问题。

信贷决策

信贷决策涉及确定给企业发放的贷款的数额和条款，所涉范畴包括从银行小额贷款到债券市场上大额举债。在评估企业偿还贷款本金以及相关利息的能力时，采用预测未来现金流量的方法是十分必要的。在这个领域需要作出的一个重要判断就是判断企业陷入财务危机（包括破产）的可能性，以及无法按期偿还本金和利息的可能性。财务比率是表示各财务报表项目之间关系的数据，通常用来评估违约的可能性。例如，一个信贷员想要评估一家公司对于一年期贷款的偿还能力，可以使用流动比率，即流动资产（一年内将转换为现金的资产）除以流动负债（一年内将要偿还的负债）。这样就可以评估这家公司是否有足够的资源偿还一年内到期的负债。

信贷判断和决策是由银行信贷员和债券估价人作出的。信贷员的责任在于批准银行借贷并确定一些条款，如贷款金额、利息率以及还款安排。证券评估公司（如穆迪投资人服务公司）通过评估公司不能按债券协议的要求偿还本金和利息的可能性，来向目前和潜在的债券投资人提供指导和服务。这种违约风险可以将债券发行归入介于"最小违约风险"和"最大违约风险"之间的某一风险类别。

信贷领域中的决策者都是专业人士，他们可能受到所在机构给予的与其职位相关的某种激励。比如说，一个有趣的制度特点就是在债券评级和批准信贷决策时都会发挥复核委员会（review committees）的作用。

决策过程和决策输出

研究人员已经研究了与投资者和债权人的决策过程和决策输出相关的三个领域。研究的第一个领域运用透镜模型（Brunswik，1952）模型化个体判断，并把个体判断的准确性和运用线性统计模型所作判断的准确性进行了比较。研究的第二个领域集中关注了判断过程中的几个方面：（1）比较了人类判断的过程模型和线性统计模型；（2）比较了初学者的决策过程和专业人士的决策过程；（3）调查了用于选择备选方案的策略；（4）检验了投资者和债权人的决策过程中启发式判断的作用及其相关偏见。第三个领域研究与多个决策者相关的问题。

判断和决策的线性模型

与透镜模型有关的方法论将个人判断或决策看成是判断或决策所用信息性线索的一个线性函数（参见 Meehl，1954；Goldberg，1968 年该领域的研讨会；会计估价基础委员会，1972；Ashton，1974c，1975；Libby，1975b）。[4] 这种模式并不是为了真实地反映实际的决策过程，而是简单地表示出判断与作出该判断所用信息之间的关系。透镜模型在财务会计领域的研究主要集中于投资决策，包括股价变化的预测、买卖的决定和证券风险评估。该研究解决了四个基本的问题：线性程度和决策的形成、如何对不同信息进行权重分配以得出判断、对比决策者判断的准确性与引导（bootstrapping）模型和环境模型预测的准确性、作为决策者反馈的透镜模型的运用。

判断的线性。决策者总是认为，他们的决策过程不仅包括复杂的信息评价，而且涉及所有策略的整合。比如说，他们也许会很明确地指出他们对一条信息进行的评价依赖于另一条信息的具体价值，这就表明信息的处理是结构性的和交互式的。然而，许多关于决策的研究发现，判断的过程可以视为一个信息的简单线性组合。[5]在财务会计领域，针对投资者判断的研究也发现，这个过程可以用线性模型很好地表示出来（Ebert and Kurse，1978）。

在这些研究中，被试者的判断及其线性引导模型的预测判断之间的平均相关系数（R_s）为 0.43～0.98 不等。这个结果和 Camerer 所回顾的 12 个其他决策领域利用透镜模型所得到的研究结果一致，在这些研究中，R_s 为 0.41～0.91 不等，平均值是 0.74。[6]即使是那些得出 R_s 的值非常低的研究，也没有发现显著的非线性过程（Wright，1979）。另外，Slovic（1969）和 Schepanski（1983）在研究股票经纪人的投资决策和信贷决策者的信贷决策时，分别发现了显著的信息交互作用。

信息的赋权。有些研究通过比较被试者估计的权重（主观权重）和源自被试者引导模型的信号 β 权重（客观权重），检验了被试者如何给所获信息赋权的自我洞察力。主观和客观的权重在不同的研究中有着显著的不同。例如，Wright（1977a，b），Mear and Firth（1987a）发现在研究中被试者表现出相对低的自我洞察力（相关系数大概为 0.30～0.52），而 Savich（1977）却发现了显著的自我洞察力（平均相关系数为 0.92）。Slovic et al.（1972）的研究表明，实验中的学生比专业股票经纪人具有更高的自我洞察力（主观和客观信号权重的平均相关系数分别为 0.79 和 0.34），这表明专业人士的决策过程比那些新手的决策过程更机械。

这个领域的大部分研究都没有得出被试者引导模型得出的权重与环境模型得出的信号权重之间的相关系数（也就是配比指数 G），Wright

(1979) 发现学生预测股票价格变化的平均相关系数为 0.46，Mear and Firth (1987a) 研究得出分析师的股票回报预测的相关系数为 0.29。Camerer (1981) 引用的非会计领域的 12 篇透镜模型研究文献中，相关系数都低于配比指数均值 0.61，尽管在他的论文中配比指数的相关性变化非常大，从 0.02 到 0.94 不等。

判断的准确性。透镜模型范式同样已用于对人类投资判断的准确性 (r_a) 与环境模型 (R_e) 以及决策者引导模型 (r_b) 的准确性进行比较。总体说来，其结果与其他领域的判断和决策研究结果一致，尽管财务会计的研究领域中 R_e，r_a，r_b 的数值分别比 Camerer (1981) 所引用的非会计研究文献的平均值 0.64，0.33 和 0.40 小。在财务会计领域的研究中，个体判断的环境模型和引导模型相较于人类判断模型更具优越性，环境模型的准确性与人类判断模型的准确性之间的均差为 0.31，引导模型的准确性与人类判断模型的准确性之间的均差为 0.04。[7]只是在一项研究中，个体判断的准确性高于线性模型 (Libby，1975a，1976a，b) 判断的准确性。

有些研究已经分析了模型判断的准确性超过人类判断准确性的两种可能性：次优信息选择和在作出判断时未能适当组合信息。在对贷款违约预测的研究中，Abdel-khalik and El-Sheshai (1980) 曾用四种信息选择和组合方法来检验以下问题：(1) 人类信息选择/人类信息组合；(2) 人类信息组合的选择/引导模型；(3) 人类选择/环境模型的组合；(4) 模型选择/环境模型的组合。前两种组合得到了相同的准确性（公司被预测为违约/不违约企业的可能性为 62.5%），而第三种组合（准确性为 67.5%）只比前两种组合略微准确些。由于第四种组合的准确性（90.6%）显著地高于前三种，因此该研究认为，人与模型在准确性上的差异主要是由人们的信息选择的水平低劣引起的。这个结果与之前透镜模型的研究结果截然相反，因为早期透镜模型的研究结果显示人们的信息选择能力要强于其信息组合能力。

Lewis et al. (1988) 在研究债券评级时得出了类似的结论。除了对 Abdel-khalik and El-Sheshai (1980) 已检验的四组信息选择和组合予以检验外，该研究还检验了模型选择/人类组合以及模型选择/人类组合的引导模型。虽然其中一个实验再次肯定了 Abdel-khalik 和 El-Sheshai 的研究结论，但在另一个针对环境模型使用交叉验证法的实验中，发现所有六种信息选择和组合方式的准确性大致相同。Lewis et al.（1988）的研究认为，人类选择和使用的是来自不同公司的有预测效度的信号，而不是选择与某具体公司相关的信息。

透镜模型的反馈。透镜模型范式已经用于检测被试者判断的反馈效果。Kessler and Ashton（1981）曾经做了四次以上的实验来检验学生的债券评级预测能力的反馈效果。在这个过程中使用了四种反馈类型：（1）只有结果反馈；（2）结果反馈加上每个信号与被试者债券评估等级之间的相关性（认知反馈）；（3）结果反馈加上每个信号与实际债券等级之间的相关性（任务特性反馈）；（4）所有三种反馈类型（透镜模型反馈）。采用相关的准确性度量所得到的结果表明：收到任务特性反馈和透镜模型反馈的被试者在四次试验中都提高了他们的预测准确性，而那些收到结果反馈和认知反馈的被试者却没有。Kessler and Ashton（1981）认为，任务特性反馈和透镜模型反馈通过允许被试者将其信号权重与环境模型的权重更紧密地联系起来，提高了预测的准确性。

总的来说，透镜模型在财务会计领域的研究结果与透镜模型在其他领域的研究结果是十分接近的。这些研究发现投资者和债权人的决策可以用线性模型很好地表示出来，一般来说，线性模型所作出的预测比投资者和债权人所作出的判断要准确得多。这个结论肯定是受到了 Lewis et al.（1988）的研究结果的影响，Lewis 等人发现，决策者在非样本中使用交叉验证法时，决策者的结论与引导模型以及环境模型的结论一样准确。最后，需要指出的是，这个领域的研究已经表明，对提高决策准确性来说，透镜模型是一个十分有效的反馈工具。

决策过程

线性模型和过程追踪模型。过程追踪模型使用口头协议或被试者对其决策过程的描述形成一个决策树来表示这个过程，决策树上的节点表示决策过程中需要考虑的信号，决策树上的支表示与这些信号的具体价值相关的决策。在决策追踪模型中，信号的重要程度通过它出现的频率以及在信号处理程序中的次序来衡量。

Larcker and Lessig（1983），Selling and Shank（1989）比较了线性统计模型和决策过程追踪模型预测人类判断的能力。此外，研究还检测了线性统计模型和过程追踪模型中信号的重要程度的相关度量。这两个研究发现，这两种模型都具有预测效度。Larcker and Lessig（1983）发现过程追踪模型在股票选择方面可以更好地复制人类判断，Selling and Shank（1989）发现线性模型在破产预测方面可以更好地复制人类判断。Larcker and Lessig（1983）发现在过程追踪模型中信号的重要程度的度量与被试者线性模型的标准化系数显著相关。但是，Selling and Shank（1989）发现在过程追踪模型和线性模型中信号的重要程度的度量之间几乎不相关。对于这些相互矛盾的结果，Selling and Shank（1989）建议在评估信号的重要程度方面做进一步的研究。

新手和专业人员。研究人员已经使用口头协议方法追踪了专业人员和投资新手的投资判断和决策过程，以研究他们之间信息搜集模式的差异和他们关于企业财务状态假设的评价。这些研究有可能发现在判断作出的过程中影响决策准确性和效率的影响因素，并观察到专业分析师与学生在信息搜集方面有两个明显的不同点。第一个不同点是，一般来说，学生搜集信息是按照信息出现的顺序进行的，专业人员的信息搜集过程则是根据他们思维上的信息清单进行的（Bouwman，1982；Bouwman et al.，1987）。思维上的信息清单包括一些有条件的问题，这使得专业分析师根据对这些问题的回答而跳跃式地前后搜集信息。Jacoby et al.（1985）也发现，思维顺序的运用有助于指导分析师进行信息选择，提高他们选择高回报股票的能力。

专业人员与新手之间的第二个不同是，新手在搜集信息时，希望所得到的信息能够证实他们关于公司财务状况的当前假设，专业人员则在工作记忆中保持多个可能的假设，进而搜集可能与这些假设有矛盾的信息以及那些显现这些假设特征的信息（Bouwman，1982；Biggs，1984；

Anderson，1988）。正如 Anderson（1988）所提到的那样，将假设的具有一致性的数据与不具有一致性的数据整合在一起并不能确保产生更高的准确性，但这样的整合产生的错误的确少了很多（Einhorn，1980）。

选择策略。在多个可供选择的项目中作出选择的策略已在判断和决策的文献中予以确认，这几种策略分别是：积累补偿（additive compensatory），积累差异（additive difference），特征淘汰（elimination-by-aspects），以及综合策略（conjunctive strategies）。[8] 有几项研究检验了这些选择策略在投资决策上的运用。Biggs（1979）通过分析师根据公司盈利能力在五个公司中作出选择的方式，有力支持了所有四类策略的运用。分析师对其决策有很强的洞察力，因为 Biggs 发现被试者通过口头协议所确定的策略一般都与其关于决策过程问卷调查的应答相一致。

有两篇通过传统实验研究不同的选择决策的文献。Biggs et al.（1985）检验了任务量（通过计算可供选择的数量和规模来度量）和可供选择的任务规模的相似性对贷款任务中不同选择策略运用的影响。随着任务规模的扩大和选择项的增多，越来越多的银行员工采用诸如综合策略和特征淘汰策略等无补偿策略来进行决策。但是，使用诸如积累补偿策略和积累差异策略等补偿策略的被试者人数，随着可选项目的规模相似程度的增加而增加。

Paquella and Kida（1988）研究了在债券等级评估任务中，不同选择策略对专业分析师的决策时机和准确性的影响。每个被试者都被要求使用三种策略（即累积补偿、累积差异和特征淘汰等策略）中的一种，从 2～9 个公司中选择债券等级最高的公司。在一组公司数量更多的实验中，采用特征淘汰策略费时最少且可获得一个不丧失准确性的决策。于是，研究者认为特征淘汰策略也许是兼顾效率和效果的最好策略。

启发式与偏见。有几项研究检验了投资者和债券人的决策过程是否存在启发式及相关偏见。Johnson（1983）研究了学生在对一个公司破产的可能性作出判断时是否使用代表性启发式判断。[9] 被试者评估破产公司和非破产公司在财务概况上的相似程度，然后估计每一个公司的破产概率。因为 Johnson 发现被试者估计的公司破产的平均概率与他们对相似性程度的判断十分一致，所以认为在破产评估中代表性启发式方法发挥了很重要的作用。

与代表性启发式方法运用相关的一种偏见是，个体在对可能性作出判断时经常忽略所议事件的总体基本率。例如，如果运用代表性启发式方法作出破产判断，那么个体很有可能会夸大样本中的破产公司数量，因为具有破产迹象的公司实际破产的百分比是很低的。基本率对破产预测的影响是一个内涵极为丰富的研究问题，且相关研究得出的结果也是相互矛盾的。

在 Johnson（1983）的研究中，关于破产基本率的信息只在公司财务概况被认定不同于破产或非破产公司原型时，才有可能影响到破产概率判断。Casey（1980a；1983）和 Casey and Selling（1986）同样发现，告诉信贷员样本公司的破产概率，并不影响信贷员预测的准确性。但是，Houghton（1984），Houghton and Segupta（1984）都发现，破产预测的准确性受到不同基本率的影响。在 Houghton（1984）的研究中，收到了样本实际破产概率信息的被试者预测的准确性平均达到 75%，未收到样本实际破产概率信息的被试者预测的准确性只有 65%。Houghton and Segupta（1984）将被试者分成两组，这两个组的样本公司的破产概率分别是 33% 和 50%，但是这些信息并不会提供给被试者。前一组的被试者预测的准确性要高于后一组的被试者预测的准确性（84% 对 73%），这就表明信贷员的判断受到企业低破产基本率的经验影响。

为了检验这些相互矛盾的结果，Hite（1987）进行了一个破产预测研究综合分析，发现披露样本公司相对破产概率信息对被试者预测的准确性有积极的影响。但是，在最近的一项研究中，van Breda and Ferris（1992）十分详细地测试了准确性的提高是因为告诉了被试者样本公司的基本率，还是因为样本公司基本率代表了环境的基本率。研究发现，只有样本的代表性才会影响违约预测的准确性。尽管这一结果并不令人信服，但它还是能够表明信贷员在对一个公司进行破产预测时会受到总体基本率的影响。

Moster（1989）研究了输出干涉和可获得性启发式对投资者盈余预测的影响。[10]被试者要给出支持和反对苹果公司在随后一年里盈余增长超过 5％的理由。在这个过程中，使用了两种不同的理由描述顺序：一种是支持的理由在否定的理由之前，另一种是否定的理由在支持的理由之前。Moser 发现不同的顺序会影响到持不同意见者所罗列的理由的净个数（支持的理由的个数减去反对的理由的个数）。在形成理由之后，被试者可以判断出盈余增加能够达到 5％以上。由于这些评估受到所产生理由的净个数的影响，因此，Moser 认为理由的可获得性差异对被试者的概率判断有影响。

最后，Buchman（1985）检测了破产预测任务中的后见之明偏见。[11]收到破产实际发生或不发生信息的被试者，在要求对每个公司的破产概率作出估计时，即使明确要求他们不必考虑这些信息，他们也并不一定会忽视这些信息。

总的来说，研究表明，判断和决策领域的许多研究结果都可以运用到投资者和债券人的决策过程中。例如，投资者和债权人如果使用了很多判断决策文献中已确认的启发式方法，就表明他们的决策也一定存在与运用这些启发式方法有关的偏见。此外，与一些判断决策文献的研究结果一致，投资者和决策人通常也是根据任务的要求来改变他们的选择策略（参见 Payne et al.（1992），这个领域文献的回顾）。最后，研究表明，专业人员的决策过程在信息搜集和信息处理的顺序方面与新手都是不一样的。

多个决策者

研究检验了交互性环境和非交互性环境中的多个决策者。交互性环境下的研究分析了多个决策者的判断与复合判断组合在一起是否会影响决策的准确性。通过根据连续刻度（如股票价格的预测）作出的个体判断结果取平均值，或者根据二元刻度（如破产预测）的判断来选择一个被大多数决策者看好的结果，可以整合相关判断。研究发现，复合判断的准确性要高于个体决策和运用引导模型作出的个体判断。在很多情况下,复合判断与运用环境模型作出的判断一样准确(Libby,1976a;Zimmer,1980)。Libby and Blashfield(1978)发现准确性提高的大多数原因都在于将三种判断结合起来,复合判断的增加只会导致准确性的小幅度提高。

Chalos(1985)发现,交互式信贷员委员会的破产预测的准确性要高于一个信贷员或者运用环境模型作出的预测的准确性。在对这个问题的进一步研究中,Chalos and Pickard(1985)发现,小组判断的准确性提高的一个原因是小组成员在决策时表现更一致,但是小组与个体在信息选择和信息赋权能力方面并没有什么区别。Libby et al.(1987)比较了信贷决策交互式小组的破产预测的准确性与基于小组成员判断形成的复合预测的准确性。但是,平均来说,交互式小组的预测的准确性与其复合判断的预测的准确性一样,两种判断方式都是小组成员的业绩变化和成员确认组内不同专家意见的能力的函数。因此,这个领域的研究都支持运用交互式和非交互式小组来提高投资和信贷决策。

决策输入

公司可用多种形式来提供财务信息,这些形式包括书面报告、新闻报道、个体或者小组与财务信息使用者的讨论。最初的书面报告是年度报告,它包括三张财务报表(利润表、资产负债表和现金流量表)、财务报表附注(包括明细附表)和独立会计师事务所的审计意见。另外,年度财务报告常常包括管理层对财务结果的讨论以及对财务信息的一些图表汇总。因为会计职业决定着财务报表列报的信息的类型和用于计算具体数字的方法,所以专业人员想了解信息的类型和特征是怎样影响判断决策的。在本章中,我们总结了会计研究中所涉及的信息的四个方面:(1)在财务报告中包含的信息的具体类型,比如资产的现行成本;(2)不同会计方法在描述财务信息方面的运用(例如,用先进先出和后进后出这两种不同的计算方法来记录销售成本）；（3）所列报的信息数量；（4）信息的列报形式（例如图表列报与数值列报）。

会计信息的类型

会计师感兴趣的是提供给投资者和债券人的信息的类型会怎样影响他们的判断和决策。相关的研究目前主要集中在管理层提供给投资大众的定量财务信息、定性财务信息和财务预测等方面。

财务信息。由于会计职业对会计报告中所提供的信息有重大影响，因此，人们对会计信息的具体类型如何影响其使用者的决策颇感兴趣。针对此类问题的研究要么是通过检验投资者和债权人用于决策的信息类型，要么是运用实验调查某一具体类型的信息对决策的影响。在前一种研究类型中，已有很多研究发现，分析人员在进行投资决策时存在很大程度的信息偏好个体差异（Slovic，1969；Mear and Firth，1990）。但是，很明显，绝大多数分析师在进行投资决策时都会考虑盈余和销售收入。例如，Pankoff and Virgil（1970）发现，财务分析师经常购买盈余和销售收入方面的信息而不是其他类型的信息。Mear and Firth（1987b）也发现销售增长和获利能力对于分析师的股票回报预测很重要。已发现的与投资风险和回报判断有关的其他会计信息主要包括流动比率和营业范围、投资回报及杠杆作用（Frishkoff et al. 1984；Mear and Firth，1988）等方面的信息。

会计职业常常会考虑使用者从企业年度报告中获得额外的财务信息的需求。一个很简单的例子就是，年度报告中可能会包括与某些财务报表项目现行成本有关的补充信息。[12]有几项研究检验了现行成本信息对投资决策的影响。Heintz（1973）和McIntyre（1973）以学生为研究对象，检验了三种类型的财务信息（只有历史成本，只有现行成本，既含历史成本又含现行成本）对投资决策的影响。没有研究结果显示因为历史成本信息和现行成本信息的不同而导致差异。[13]相反，有些研究结果表明由于使用历史成本和现行成本的组合信息反而降低了决策的准确性。例如，Dickhaut（1973）检测了包含历史成本和现行成本的信息系统与包含单一的历史成本的信息系统对学生和企业主管作出股价涨跌判断的影响。在他的实验中，较之单一的历史成本信息系统，在复合信息系统下学生和企业主管的概率判断都会更大程度地偏离标准贝叶斯后验概率。Enis（1988）给投资者提供历史成本信息或历史成本加现行成本信息，结果发现，在对股票价格变化的预测中，无论是职业投资者还是非职业投资者，在使用历史成本加现行成本信息时预测的准确度都降低了。

还有些研究检验了财务报表中增加的其他类型的信息，这些信息包括一些不确定的信息（针对财务报表数据的置信区间）和人力资源方面的信息。Oliver（1972）和Keys（1978）发现，对于收到含有置信区间的财务报表的信贷员与收到传统信息报表（只有点估计）的信贷员而言，信息的差异并没有对信贷决策带来不同的影响。Brinberg and Slevin（1976）认为产生这一结果的原因可能是，熟练的财务报表使用者已经从过去的经验中获悉财务报表信息的大致精确度。在人力资源信息方面，Elias（1972）和Hendricks（1976）发现，关于招聘、培训和员工发展的历史成本信息会影响被试者的股票投资决策。Acland（1976）也发现，关于诸如员工士气等与人力资源相关的社会心理学方面的信息，会影响财务分析师的投资决策。

除了人力资源信息会影响使用者决策的研究外，几乎没有其他研究支持在财务报表中提供额外信息会影响使用者的投资决策，因为给决策者提供的额外信息要么不会带来什么影响，要么会带来不利的影响。与此类额外信息有关的不利影响有可能是由以下因素导致的：被试者对这些新信息不熟悉、被试者试图整合信息集合中的冲突所引起的决策不一致、被试者没有能力处理繁多的信息。虽然Heintz（1973）为第一种解释提供了一些证据支持，但仍没有对这些原因进行系统的调查研究。

定性信息。公司的年度报告中的信息并不仅仅来自财务报表，这是显而易见的，比如，年度报告中还包括审计师的报告和管理层就财务结果的讨论。注册会计师审查公司的财务记录以评价财务报表是否不存在重大错报，是否遵循一般公认会计原则编制。审计师依据审查结果可能出具几种不同类型的审计报告。有关审计报告的研究都集中于对不同审计报告所传递信息的感知，以及不同审计报告对投资人和债权人决策的影响等方面。[14]

　　Libby（1979b）发现银行家对不同审计报告所传递信息的感知和审计师的感知是非常类似的。相反，Houghton and Messier（1991）发现对于保留意见的审计报告和非标准审计报告，银行家和审计师的感知是存在差异的，审计师对这些报告的看法要比银行家消极。Houghton 和 Messier 研究所使用的审计报告和 Libby 研究所使用的审计报告是存在差异的，因为在 Houghton 和 Messier 的研究过程中审计报告的措辞发生了变化。Bailey（1981）研究了不同的审计报告对财务分析师有关财务报表来源（管理层对审计师）和管理层可靠性的感知的影响，其研究结果表明，不同的审计报告对财务分析师有关这些方面的感知没有任何影响。然而，Bailey et al.（1983）发现审计准则委员会（Auditing Standards Board，ASB）推荐的审计报告措辞的变化，使得使用者对于财务报表责任的感知发生了变化，由原来认为审计师对财务报表负责变为认为应该由管理人员负责。这些研究表明，审计报告向其使用者所传递的信息很大程度上取决于审计报告中的特定措辞。

　　Estes and Reimer（1977）的研究发现，对于无保留意见（干净）审计报告的企业，以及因技术性背离会计原则而得到保留意见审计报告的企业而言，信贷人员向其提供信贷的意愿没有显著区别。Libby（1979a）和 Houghton（1983—1984）也得出同样的结论：不论审计报告是保留意见还是无保留意见，都不会影响信贷决策。然而，一项以财务分析师作为被试者的研究发现，对于无保留意见审计报告的企业和因技术性背离会计原则而得到保留意见审计报告的企业，如果二者其他方面的情形都是相似的，那么财务分析师对前者股票价值的评价每股要高出 10%（Estes and Reimer，1979）。

　　Johnson et al.（1983）检验了审计师的财务报表审查水平对银行家信贷决策的影响。审计师对非公众公司财务报表可能有三种不同水平的审查：代编报表、审阅和审计，审计师的工作范围及其职责随着从代编报表到审计的变化而逐渐增加。Johnson et al.（1988）发现，尽管信贷人员知道与代编报表和经过审阅的财务报表相比，经过审计的财务报表发生错误和舞弊的可能性更小，但是他们给予不同类型的业务报告的信贷金额和信贷利率却没有什么不同。Pany and Smith（1982）同样发现，与没有审计师审查的财务报表相比，那些经过审计的财务报表更可靠。

有两项研究检验了管理层有关财务结果的讨论对投资决策的影响。Hofstedt（1972）分析了公司董事长的评论与过去每股盈余趋势是否一致对被试者有关未来每股盈余和预测的影响。研究发现，当董事长的评论与过去每股盈余趋势不一致时，MBA 学生和公司主管对每股盈利作出的预测没有像董事长的评论与过去每股盈余趋势一致时那么异常。Kaplan et al.（1990）检验了董事长致股东信中对于欠佳的财务状况给出的不同原因对被试者有关公司未来业绩的预测和投资决策的影响。研究结果表明，与董事长致股东信中将欠佳的财务状况归因于不可控的外部因素或在信中不做任何解释相比，董事长致股东信中包含对管理层决策的辩护理由或提出了解决问题的应对措施将导致人们对公司业绩的改善有更大的期待。

概言之，研究表明不同类型的审计报告对决策几乎没有什么影响，这也许是因为使用者假定财务报表不存在重大错报，且审计报告几乎没有包含财务报表之外的信息。相反，管理层对其经营的讨论明显会影响投资者的判断和决策。这些研究结果表明，投资人可能会受到管理层讨论的影响，即使一些相关文献发现管理层的讨论一般都会自身服务归因，即，好的结果归因于管理层的行为，不利的结果则归因于外部、不可控的事由。关于这一研究的详细情况可以查阅 Bettman and Weitz（1983）和 Staw et al.（1983）。

财务预测。虽然财务报表提供了主要的历史信息，但是一些公司的管理层也会公开一些诸如销售收入和净收入之类的财务变量的预测信息。Danos et al.（1984）发现，预测的乐观和悲观程度以及过去的盈余趋势会不同程度地影响职业债券评级人对公司债券评级的概率分布。

管理层提供的预测信息以及预测的基本假设的合理性也会影响银行信贷员准许信贷的可能性（Danos et al.，1989）。相反，Johnson and Pany（1984）发现，管理层对未来盈余预测的乐观程度以及历史盈余趋势并不影响信贷员准许一项贷款的决策，虽然这会影响他们对预测精确度的感知。这些研究结果表明，尽管预测信息并不必然导致其决策与没有预测信息的决策有所不同，但是，在信贷决策中，专业人员还是经常会利用预测信息。

非此即彼的会计方法

财务报告允许使用不同的会计方法来表述财务交易。[15]因为大多数会计方法会影响利润表中成本转成费用的期间，所以，运用不同的会计方法会在特定的期间导致不同的净收入（收入－费用），但是，这显然不会影响现金流量。[16]因此，这些会计方法不会影响那些只由现金流量决定的投资和信贷决策。[17]

关于不同会计方法对投资决策影响的研究，得出了相互冲突的结果。Barrett（1971）发现，公司投资使用不同的会计方法时，如果能将运用财务报表中没有使用过的方法所产生的补充信息提供给财务分析师，则对财务分析师估计该公司股票的市场价值没有影响。但是，在Dyckman（1964）的实验中，被试者对两个存货计价方法不同而其他会计方法都相同的公司给出了不同的股票估价。[18]虽然为实验中的被试者提供了从一种方法转到另一种方法所需的信息，但是他们似乎并没有在决策中运用此类信息。Jensen（1966）和 Abdel-khalik and Keller（1979）同样发现，由于所用的存货计价方法不同，导致财务分析师对股票价值评估的结果存在差异。在 Dopuch and Ronen（1973）的实验中，在只有一笔固定资金，需要给两只股票做投资分配时，被试者未能考虑到使用后进先出法所带来的节税的好处。在该研究中，被试者一般要么对两只股票做无差别投资，要么倾向于投资净收益大的公司股票，即使该公司因税款额较大而导致现金流量较小。

这个领域的研究表明，至少还有一些决策者屈从于功能锁定

会计和审计中的判断与决策

(functional fixation)，以及未能洞察同一个交易运用不同会计方法带来的不同后果。[19]这种结果似乎在学生被试者身上得到充分的体现，虽然在一些专业财务分析师被试者身上也有类似的发现。运用另一种方法提供的补充财务信息明显可以减缓功能锁定，虽然简单提供从一种方法转换到另一种方法所需的信息没有明显的帮助。

信息的数量

公司财务报告中所要求的信息数量日益增加。增加的大多数信息都是对表内数字的附注解释。早期关于判断和决策研究的文献表明，判断的质量并没有因为向决策者提供了额外信息而必然提高（Oskamp，1965），随后会计研究人员对增加投资者和债权人的信息负荷（information load）是否影响他们的判断和决策进行了研究。

Casey（1980b）在有关银行信贷员的破产预测的研究中使用了三种水平的信息负荷。第一组信贷员接收到的信息只有财务比率，第二组信贷员接收到的信息含有财务比率但没有附注的财务报表，第三组信贷员接收到的信息含有财务比率和有附注的财务报表。后两组信贷员的破产预测明显要比第一组的精确。另外，第二组信贷员比第三组信贷员进行破产预测所用的时间要少，这说明第二组信贷员在不丧失准确性的基础上提高了效率。相反，Iselin（1991）发现在破产预测中信息负荷水平对预测的准确度并没有影响，Iselin实验中所用的信息负荷水平与Casey（1980b）前两组的信息负荷水平类似。

其他研究检验了财务报表信息合成程度对判断和决策的影响，这里的信息合成指的是三张财务报表中数据的详细程度。举例来说：是应该将每一类费用在利润表中用单独一个项目表示，还是应该把多个费用组合起来形成一个范围更广的费用类别？Abdel-khalik（1973，1974a）检测了三种信息合成水平对信贷员有关破产判断和信贷决策的影响，结果发现，合成信息只对曾经拖欠贷款的样本公司的信贷决策有影响，与合成信息相比，未合成信息导致更低的信贷额和更高的违约概率。此外，信贷员要用更多的时间进行决策，且他们的判断与更少的合成信息更具内在一致性。Harvey et al.（1979）在研究中发现，财务分析师认为财务报表中合成的信息越少，信息越有用；但是，合成信息对投资决策的影响是缺乏说服力的，因为在此研究中，信息合成程度对财务分析师的影响只是针对二选一的投资而言的。

有两项研究通过检验按行业或地理区域拆分公司业绩的额外披露对投资者决策的影响，研究了信息合成这一问题。Stallman（1969）发现，集团公司按行业进行业绩披露降低了股票价格过去的表现对股票选择决策的影响，但是，在 Doupnik and Rolfe（1989）的研究中，拥有地理区域未合成信息的被试者比只有合成信息的被试者对股票风险的评估更有信心。

过剩信息对判断和决策产生的影响与信息负荷存在联系，因为提供给决策者的增加的信息一般都与已提供的信息存在关联。在 Belkaoui（1983—1984）的一项研究中，与那些只接收诊断性基本信息集的信贷员相比，那些接收过剩信息的信贷员所作的破产预测要更准确，尽管这些过剩信息并没有提高破产预测统计模型的预测能力，但那些接收过剩信息的信贷员对自己的判断更自信，这与以下结论是一致的：在评估判断的预期准确性时，决策者一般不会考虑信息的过剩性（Maines，1990）。

总的来说，与为使用者提供的信息数量有关的后果研究中，所得的结果是相互冲突的。这也许是因为在此类研究（特别是在有关信息负荷的研究）中存在这样一个事实：此类研究没有控制那些增加的信息是否"提供了有益的信息"（informative），即那些增加的信息是否对改进决策有潜在影响。此外，此类研究一般也没有评估决策者是否确实运用了那些信息。Chewning and Harrell（1990）通过使用确定了信息使用情况的决策者模型来处理这个问题。随着无关信息（提示）数量的增加，该实验中的被试者会使用更多的信息，正如他们关于信息判断的回归显著系数所表明的那样，但是其他被试者所用的重要提示数量要么随着信息的增加而保持不变，要么随着信息的增加反而减少。然而，不论是个人判断，还是被试者判断的一致性，第一类被试者都要比第二类被试者高，这就表明对于某些个体来说，使用更多的信息能够改进他们的决策。但是，具有何种特征的个体能够有效地使用大量的信息？这个问题仍然没有答案。

信息列报的形式

在会计领域，已经通过比较标准的数值列报和不同类型图表列报的有效性，以及检验不同类型的数值列报，研究了信息列报的形式。有两项研究检验了图表在投资判断中的作用。DeSanctis and Jarvenpaa（1989）发现，与使用数值信息相比，使用图表能更准确地预测销售收入和费用。Davis（1989）检验了不同的图表形式（柱形图表、线图、圆形分格统计图表和表格）对财务变量判断的准确性和判断决策时机的影响。其研究结果表明，就准确性和决策时机来说，信息的列报形式与决策类型之间存在显著的交互影响，因此在忽略决策者具体判断的情况下考虑信息的最佳列报形式是不恰当的。

Moriarity（1979）研究了学生和执业会计师使用财务比率或者示意图（schematic faces）（Chernoff and Rizvi，1975）对商业公司进行破产判断的情况。研究中示意图的不同图面特征代表不同的比率，示意图中每一图面特征的具体形状和大小都由每个比率的特定值决定。该研究结果显示，无论是学生还是会计师，使用示意图判断的准确性都高于使用财务比率判断的准确性，使用示意图的被试者所作判断的准确性要高于基于判别或分析破产预测模型所作判断的准确性。然而，Altman（1983）认为 Moriarity 使用的模型是为制造业构建的，并不适合作为其研究样本的商业企业。在将特定行业模型运用于 Moriarity 的研究样本后，Altman 发现特定行业模型比 Moriarity 的被试者更准确。

Stock and Watson（1984）使用债券评级任务，做了一个与 Moriarity 相似的实验。在实验中，在察觉公司债券评级的变化方面，那些收到示意图的被试者要比那些收到数值财务信息和财务比率的被试者更精确。第二个实验发现，使用示意图的被试者、同时使用示意图和判别模型预测债券评级的被试者以及使用判别模型预测的被试者，在判断方面没有什么区别。

有些研究已经分析了会计信息的数值列报的不同形式对判断的影响。Klammer and Reed（1990）检测了现金流量表的两种数值列报形式对银行信贷员有关现金流量的各种计算问题作答的准确性的影响，以及对他们准许信贷与否的决策的一致性的影响。两种列报形式目前都已得到接受：直接法是指从与经营活动相关的现金流入中减去与经营活动相关的现金流出，从而得到经营活动的净现金流量，而间接法通过调整应计净收益得到来自经营活动的净现金流量。其他财务报表、附注和附表（supporting schedules）中所包含的信息都可用来将现金流量表从一种列报形式转换成另外一种列报形式。这一研究发现，直接法可以使与现金流量表有关的计算问题得到更正确的答案，在准许信贷与否的信贷决策中，被试者之间的一致性也更高。

还有些研究检验了将信息放在附注中而不是将其放在财务报表主体中会有怎样的影响。Wilkins and Zimmer（1983）研究发现，对于将租赁作为一个负债项目列示在资产负债表中的公司与将租赁只作为财务报表附注披露的公司，信贷员在偿债能力方面的感知判断并无差异。相反，Harper et al.（1987）注意到在他们的研究中，在养老金负债以附注形式披露的情况下，只有10.8％的被试者在计算负债/权益比率时会将养老金负债考虑在内；在养老金作为一项负债列示在资产负债表中的情况下，有68.3％的被试者在计算负债/权益比率时会将养老金负债考虑在内。Sami and Schwartz（1992）发现，在养老金负债列入资产负债表时，信贷员对贷款利率和还贷可能性的判断要比养老金负债只在附注中披露时保守。

对信息列报形式的研究发现，图表列报形式比数值列报形式更有效。此外，研究表明数值列报的具体形式也会影响判断和决策。遗憾的是，这个领域的研究一般都没有得到任何理论的指导，难以解释不同的图表和数值列报形式为什么或者是如何改进决策的。这是 Kleinmuntz and Schkade（1993）在关于信息展示的判断和决策问题的研究中提出的。在未来对信息列报形式的进一步的研究中，要以解释不同的列报形式如何影响认知过程的理论为基础。

研究贡献和未来研究方向

研究贡献

对判断和决策研究的贡献。会计学关于投资者和债权人的判断和决策的研究已经处于其他几个领域的相关研究的最前端。比如，Camerer（1981）引用的 15 个透镜模型实验中有 3 个都是关于投资和信贷决策的，这表明财务会计领域的研究在早期的透镜模型研究中发挥了非常重要的作用。这些研究检验了新手与专业人士在决策过程中的区别，决策者对启发式方法的运用、图表和数值信息的列报形式都是判断和决策知识中的必要组成部分。

会计学中关于投资者和债权人研究的第二个贡献是，在更丰富的决策背景下而不是简单的研究背景下，利用专业决策者来调查研究判断和决策问题。绝大多数的研究结果都支持判断和决策文献的结果和结论。有两项研究是关于投资者使用启发式方法的，其中一项研究是关于可获得性启发式方法的（Moser，1989），另一项研究是关于银行信贷员根据任务需求改变其选择策略的调查结果的（Biggs et al.，1985）。但是，一些研究表明，在一些抽象化任务中发现的错误和偏见，在专业决策者从事类似任务时并不总会出现。例如，会计学的有些研究已经发现信贷员的破产判断对破产的基本率是很敏感的。这个结果与最近一篇判断和决策研究文献中的结果非常相似，这个结果表明，在某些情形中，决策者会把基本率纳入他们的判断中（Bar-Hillel，1990）。

对会计研究的贡献。财务会计领域的判断和决策研究，已通过洞察如何改进投资者和债权人的决策对会计理论知识作出了大量贡献。例如，透镜模型的研究结果表明，决策者的简单线性模型可以用作提高判断准确性的决策辅助手段。此外，复合判断和群组决策方面的会计研究表明，多重决策的运用同样可以帮助我们提高判断的准确性。过程追踪方面的研究发现，专业人士与非专业人士在信息处理中的差异，使我们找到了进行专业培训的实质意义。投资和信贷决策中使用启发式方法所得到的结果同样要纳入培训之中。

决策输入领域的大多数研究都旨在解释会计信息是如何影响投资和信贷决策并影响关于财务报表披露数量和类型的政策决策的。遗憾的是，有三种指向这项研究的批评削弱了该研究的影响力：首先，在同一问题上的研究存在相互冲突的结果，难以为政策决策提供令人信服的指引；其次，实验中的被试者和实验背景经常与现实判断背景存在差异；最后，会计研究人员已经质疑政策是否应该考虑那些关于个体决策的研究结果。以下是关于这些批评的讨论。

关于决策输入方面的文献回顾表明，相似的研究难以获得一般性的结论，研究结果通常迥然不同。例如，一些关于现行成本信息运用的研究发现，接收现行成本信息、历史成本信息以及同时接收两种信息的被试者所作的判断并没有什么差别；另一些研究发现，在现行成本信息添加到历史成本信息中时，判断的准确性反而降低了。这些相互矛盾的结果使得此类研究难以就某些争议问题（比如当前关于以历史成本信息还是以现行成本信息进行证券估价的争论）为政策制定者提供明确的建议。在很多情况下，由于每项研究中的变量都是不同的，因此，不可能在这些研究中寻找到引起相互矛盾的结果的原因。又如，对现行成本研究中所产生的相互矛盾的结果很难解释清楚，因为在每个实验中有不同的被试者（学生与实际投资者），所提供信息的类型不同（财务报表与财务比率），被试者应完成的判断和决策也不同。更令人困惑不解的是，在同一项研究中不同情景设定所导致的结果不同（如 Harvey et al.，1979），这表明不同类型信息的影响取决于一些未知的、公司层面的具体因素。如果考虑到判断和决策研究中任务的细微变化都会影响判断结果（Einhorn and Hogarth，1981），就不会对这些结果感到奇怪了；但是，显著的政策含义明显就被阻隔了。

人们早已对这些研究成果在真实的投资和信贷决策的运用情况提出了质疑，因为这些研究通常无法捕获这些决策的相关特征。两个被引证的重要原因是，运用学生作为被试者以及对制度因素没有给予足够的重视。虽然以学生作为被试者并不必然导致结果对"真正的"判断和决策来说毫无意义，但是在知识、经验以及对判断和决策的熟悉程度上，学生与专业人士通常还是存在很大的差别。[20]有很多这方面的研究已经很明确地检验和发现了学生被试者与专业人士被试者在判断和决策上的差异（如 Dickhaut，1973；Abdel-khalik，1947b；Danos et al.，1984）。常被忽视的制度因素包括问责制（accountability）和动机，这两个因素都很有可能影响判断和决策。在实验研究中不可能捕获到环境的详细信息，通常这些信息又是必须捕获的，所以缺乏环境因素中的精要因素就必然对研究结果在真实决策中的运用产生抑制作用。

投资决策方面的研究的相关性同样受到了质疑，因为只有市场行为才与会计政策有关。Griffin（1987）指出会计信息以两种方式影响着社会财富的分配。一种方式是它指引资源流向有生产能力的使用者；另一种方式是它将当前的财富在社会个体之间进行分配。人们对此争论不休的是，会计只关注前一种分配，因为后一种分配需要对优先分配权作出假设，而这已经超出了会计的范围。第一种分配方式大多发生在市场环境（如股票和债券市场）中，在具体市场中，市场价格指引着资源流向有生产能力的使用者。

关于以市场研究取代个体研究的争论是围绕以下两方面展开的。一是，因为大多数对会计信息类型和非此即彼的会计方法进行的研究，都缺乏基础理论的指导，所以此类研究的主要目的就是描述一个"事实"，例如，投资者的判断是否会受到会计方法变化的影响。研究人员认为，如果会计要重点关注财富在有生产能力者之间的分配，就应该检验股票市场整体而不是若干个体样本，以对这些问题提供更好的、与事实有关的回答。[21]

二是，有人曾经认为判断中的错误在个体之间是不相关联的，它将会在整体环境中"消失"（wash out），因而不会影响市场价格。若真如此，那么在个体被试者方面进行的研究将几乎无法预测会计信息对整个市场的影响。事实上，很多运用股票价格数据的资本市场文献发现市场对会计现象的反应是"理性的"，例如，任何个人的判断错误都不会在市场价格上反映出来。然而，最近的一些研究暗示，市场价格可能反映判断中的错误，这就表明有些错误是系统的且不可能在整体环境中"消失"（Bernard and Thomas，1989；Hand，1990；Ganguly et al.，1994）。由 Berg，Dickhaut 和 McCabe 编写的本书第 5 章以及 Camerer（1992）对这些问题作了更深入的讨论。

未来研究方向

在判断和决策问题上的未来研究。尽管关于投资者和债权人的判断和决策方面的研究对会计学及判断和决策研究文献作出了很大的贡献，但是进一步的研究仍需要挖掘会计背景中的独特特征和比较优势。未来的研究可集中关注制度安排的含义以及判断和决策主体的异质性，以丰富未来的判断和决策研究文献。相对于其他领域的判断和决策研究，会计学的研究人员具有接近专业制度环境及拥有不同经验和知识水平的被试者的优势。财务决策环境中涉及许多因素，例如，委员会的角色、问责制/正当性、动机和反馈。目前考虑这些因素的研究还很少，这为未来的研究提供了众多的重要研究问题。但是，在未来对这些问题开展研究之前，需要对不同类型的投资者和债权人及其情景设定做进一步描述性研究。例如，几乎没有关于对分析师该如何评价、如何支付报酬以及如何进行培训的研究文献。显然，在调查研究使用者的异质性含义以及决策和判断的制度安排之前，我们必须先理解这些因素。

未来研究的潜在问题包括：复核委员会和董事会的存在所带来的问责制是怎样影响决策的？例如，这会使得信息的处理更加细致吗？能处理更多的信息吗？会运用决策辅助手段吗？在决策中会更加保守吗？因为涉及财务交易的货币金额，众多决策者通过报酬合同与业绩评价直接或间接地受到特定的激励的影响，所以重大的货币激励同样使得这个领域内的决策特色鲜明。虽然有研究表明激励并不总能改进决策（Ashton，1990），但是，未来关于投资者和债权人的研究还可以探讨特定类型的激励究竟是怎样影响他们的判断和决策的。投资决策市场环境的存在为检验决策者"博弈"（gaming）行为的效果提供了机会。例如，如果一个专业分析师想"战胜市场"（beat the market），就要对其他市场参与者的行为作出预测，然后在其投资决策过程中考虑其他参与者的行为。未来的研究可以探讨这些预测和决策是怎样作出的，是否受到判断启发式与偏见的影响。

关于外部使用者的研究同样没有深入地探讨财务报告使用者的异质性。虽然一些研究已经对有经验的决策者与学生（如，Abdel-khalik，1974b；Anderson，1988；Danos et al.，1984）进行了比较，但是大多数研究都只是系统识别不同类型的财务信息使用者的差异，以及这些差异对决策的效率和效果产生的影响。例如，经验对决策的影响是通过检验经验在记忆过程中的作用来进行的。记忆在投资决策中发挥的作用很可能比在审计决策中发挥的作用更大，这是会计领域研究记忆的主要场所。[22]专业分析师可能不使用一些外部记忆工具（如清单），如果其内部记忆作用已增强，那么其决策会与审计师的决策差不多。此外，投资人要比审计师拥有更多元化的经验，因为他们在一年中要涉及成百上千个投资/信贷决策，而审计师每年只参与几笔业务。因此，投资决策为研究记忆在决策过程中的作用提供一个极好的机会。

会计学领域未来的研究。虽然关于投资者和债权人的判断和决策的研究在 20 世纪 60 年代末 70 年代初很盛行，但是由于此类研究的部分文献都缺乏理论基础，以及股票价格数据库的引入，这个领域的研究在 70 年代末 80 年代初日渐式微。然而，最近有两个原因使人们对关于投资者判断和决策研究的兴趣有所增加。一个原因是，有些研究发现市场价格会受到系统的判断错误的影响（Bernard and Thomas，1990；Hand，1990）。这个研究结果激发了人们对不同类型的投资者决策的研究兴趣，尤其是对那些非职业投资者的决策的研究兴趣。另一个原因是，最近关于盈余预测的资本市场研究也激发人们去分析与分析师作出这些预测相关的问题，以更好地理解盈余预测的特性。比如，Francis and Philbrick（1993）验证了分析师的预测是如何受动机影响的，Affleck-Graves et al.（1990）调查了分析师预测中的偏见是不是由诱因或认知因素引起的。[23]

　　会计领域中判断和决策的未来研究能够有助于进一步认识投资者和债权人的决策以及这些决策是如何转化为市场行为的。与资本市场研究相比，判断和决策研究在检验"如果……那么……"类型问题、分解两个或多个因素对判断和决策的影响、探究资本市场文献的研究结果的潜在原因等方面更有优势。例如，如果财务会计准则委员会（FASB）意欲改变会计方法或者要求提供额外的信息披露，就可以运用实验研究方法来研究这一变化对投资者的影响。了解过去研究中存在的缺陷有助于理解"均衡行为"（equilibrium behavior），未来的实验研究应该使用有经验的决策者，在分析新方法或新的披露要求对其判断和决策的影响之前，应该要求这些作为被试者的决策者熟练运用新方法或熟悉新的披露要求。此外，有关劳动力市场的实验可以与个体实验结合起来以评估这些变化对市场行为的影响。

　　在分解多因素对投资者和债权人的判断和决策的影响时，同样可以运用实验研究方法。例如，财务分析师对盈余的预测可能受多个因素的影响，这些因素包括认知偏见、报酬协议以及其他任务（如股票推荐）的要求。资本市场的研究也许无法检验个体因素所带来的单独影响，因为研究所用的实际预测是在考虑所有影响因素的条件下作出的。相比之下，实验研究方法使得判断和决策的研究者可以调查每个因素所带来的单独影响，以及所有因素的相互影响。

　　最后，关于投资者的判断和决策研究可以用来分析资本市场研究结果的潜在原因。例如，最近一些资本市场的研究结果表明，投资者不会把季度盈余的时间序列特征全部纳入他们的盈余预测中（Bernard and Thomas，1990）。有证据表明，有些投资者使用四个季度以前的盈余作为他们的盈余预期，完全忽视各季度盈余的具体数额。目前正在探究这一研究结果是由认知因素引起的，还是由制度因素引起的，例如，报告与四个季度以前的季度盈余相关的当期季度盈余就是这一研究结果的诱因（Hand and Maines，1994）。

致　谢

　　我要感谢 Robert Ashton 和 Alison Hubbard Ashton，因为他们对本章作了见解深刻的讨论和详细的评论。还要感谢 Joyce Berg，John Dickhaut，Michael Gibbins，John Hand，Don Kleinmuntz，Robert Libby，Kevin McCabe，William Messier，Don Moser，Patricia O'Brien，Katherine Schipper，Michael Shields，Ira Solomon，Ken Trotman，Wiiliam Waller，John Willingham 和 S. Mark Young 的评论。感谢 Daniel Wolf 对此研究给予的鼎力相助，感谢毕马威基金会和福夸商学院会计研究中心给予的经费支持。

【注释】

　　[1] 这些段落是按与输入——处理——输出相反的顺序阐述的，因为相对于决策输入的研究而言，决策过程与决策输出的研究与判断和决策研究的联系要更紧密些。

　　[2] 见 Libby and Lewis（1977），Libby（1981），Ashton（1982），Libby and Lewis（1982），Gibbins and Newton（1987），Richardson and Gibbins（1988）对以前财务会计领域中的判断与决策研究所作的文献综述。

　　[3] 公司证券包括普通股和优先股（代表在公司所享有的所有者权益），还包括公司债券（即公司的债务）。这段的讨论主要关注股票投资者，但也适用于公司债券投资者。关于债券风险评级个体的情况将在信贷决策中予以讨论。

　　[4] 作为透镜模型范式的一个例子，假设要求一位投资者使用当前的股票价格（X_1）、过去五年盈余平均年增长率（X_2）以及当年的股利分配（X_3）预测下一年的股票价格变化（Y）。投资者的判断可以用一个线性方程式表示出来：$Y=\beta_1 X_1+\beta_2 X_2+\beta_3 X_3+\varepsilon$，其中 β_1，β_2，β_3 代表决策者赋予每部分信息的比重，ε 是误差项。除了人类判断的引导（bootstrapping）模型外，环境模型也根据决策者可获得的相同线索通过回归实际结果（如股票价格的实际变化）来予以评估。透镜模型所传递的理解力可以概括为变量之间的相关性，包括 r_a（人们的判断与实际结果之间的相关性），r_b（引导模型的预测与实际结果之间的相关性），R_e（环境模型的预测与实际结果之间的相关性），R_s（判断与引导模型的预测之间的相关性），以及 G（引导

模型与环境模型中的 β 系数的相关性）。

[5] 决策能够接近于线性模式这一事实，并不意味着决策过程是不可构型的，见 Einhorn et al.（1979）的讨论。

[6] Camerer 的文献综述包括了 1981 年之前发表的所有透镜模型的研究，可以从中获得计算 r_a，r_b 所需的足够信息，在他综述的 15 项研究中，有 3 项是研究财务会计判断的（Libby，1976a；Ebert and Kruse，1978；Wright，1979b），在本章中，计算透镜模型的统计数据时排除了这 3 项研究。

[7] 这些统计数据是根据 Libby（1976a），Ebert and Kruse（1978），Wright（1979b），Meat and Firth（1987b）的研究结果得到的。

[8] 在这一文献中，许多可供选择的项目（例如股票）是从多方面（例如盈余、股利、风险）予以评估的，以便从中选择一个可选项。在累积补偿策略中，每一个可供选择的项目都分别从所有方面予以评估，从而为每个项目得到一个综合得分。在累积差异策略中，将两个可供选择的项目的每个方面进行对比，再将二者每个方面的差异予以加总，以取得综合得分的分差。特征淘汰策略则要求决策者选择一个方面，将没有这方面特征的选项予以淘汰，以此反复筛选，直到只剩下一个选项为止。最后，在综合策略中，决策者针对每个方面都确定一个临界点，不满足一个或多个临界点的予以淘汰。

[9] 那些使用代表性启发式方法的个体是根据某项目与该类项目的代表性项目的相似程度，对项目类别归属的可能性进行评估。例如，对一个人是否为会计师的评估，可以根据其与会计师的典型形象之间的相似程度来进行。

[10] 输出干扰表明人们对一个问题的第一印象会影响他们之后对该问题的印象，反之亦然。可获得性启发式方法表明关于某一事件发生与否的判断会受到记起该事件的难易程度的影响。

[11] 后见之明偏见表明，相比于事件发生前，在事件发生后实际结果看起来会显得更合理，这就诱使人们事后诸葛亮式地认为事件是不难预测的，而事实上并不是这样。

[12] 因为财务报表是根据购买（历史）成本编制的，资产和财务报表其他项目都以初始购买价格列示。从 1979 年到 1986 年，要求大型公司提供部分财务报表项目（如厂房和设备）现行成本的辅助信息。目前仍有些公司自愿披露此类信息。现在又在讨论某些资产负债表项目（如交易性证券）也需要提供类似的信息。

[13] Heintz（1973）在实验中发现，接收历史成本和现行成本信息的受试组对股票价格的预测与早些期间的两个受试组对股票价格的预测之间存在差异。在随

后期间受试组熟悉这些信息集后，这种差异会大大降低。

[14] 见 Strawser（1991）关于审计报告影响使用者决策的文献综述。

[15] 例如，在资产的生命周期内，可以采用不同的折旧方法来分摊机器或建筑物的成本。直线法每年摊销相等的金额，加速折旧法则在使用资产的早期分摊得更多，在后期则分摊得较少。

[16] 这个规则的一个例外是使用不同的存货计价方法。联邦所得税法规要求公司使用后进先出的存货计价方法来确定它们的所得税负债，同时财务报表中也要求使用这种方法。在通货膨胀时期，使用后进先出法得到的净收益比使用先进先出法少，从而所得税负债也更低。

[17] 不同的会计方法可能会间接地影响现金流量，所以，如果现金流量被用作一些契约安排（例如报酬协议或债券契约）的依据，那么契约安排会对管理层的决策和行为产生影响（Watts and Zimmerman，1990）。

[18] Dyckman 的研究中没有考虑所得税的影响，因此股票价格的差异不能归因于两种不同方法所产生的现金流量的差异。

[19] 会计文献借用了心理学研究中的"功能锁定"术语，在心理学中，这一术语用来描述以前对某一功能的某项运用会阻止发现适用于随后任务目标的其他功能。Ijiri et al.（1966）指出会计方法的改变会导致会计上的功能锁定，因为针对一个项目（如净收益）使用相同的术语（例如净收入）可能会掩盖这样一个事实：与过去所用的方法相比，一个项目信息的生成可用多种不同的方法。Ashton（1976）就会计中所用的功能锁定概念与其在心理学的原意之间为何存在如此之大的差异，作了见解深刻的讨论。例如，功能锁定的原意应用于时间序列（在两个不同时期使用相同的对象），而会计中经常将其应用于横截面中（比较同一时期不同公司的净收益）。

[20] 见 Ashton and Kramer（1980）对影响学生和非学生被试者决策差异的因素讨论，以及对会计和商业实验中使用这两类被试者所进行的早期研究的综述。此外，可参阅 Yates et al.（1991），其研究结果表明，在投资决策中，丰富的知识和经验并不见得总能提高判断的准确性。

[21] 感谢 Nick Dopuch 和 Jake Birnberg 提供这方面的见解。

[22] 参阅本书 R. Libby 所著篇章（第 7 章），以及 A. Ashton（1991）对记忆在审计判断中的作用所作的讨论。

[23] 见 Schiper（1991）关于财务分析师的研究的文献综述。

第 *5* 章　个体和总体

Joyce Berg，John Dickhaut，and Kevin McCabe

引　言

　　个体决策偏见对总体行为的影响程度如何？20 年前的一篇会计文献首次提出了这一问题，并对此做了相应"回答"——Gonedes and Dopuch（1974）认为，要使市场有效，就必须排除个体偏见对总体资本市场行为（即价格）的任何影响。我们现在知道这个论断是不正确的。最近的理论和经验研究成果为深入讨论个体偏见对总体资本市场行为和其他总体环境提供了机会。实验研究方法提高了我们确认偏见发生时点、度量偏见成本和审查偏见消除因素等的能力。本章我们将回顾个体和总体行为问题的历史发展，并搭建一个框架来系统提升我们对这一领域的认识。

　　由于不存在联系个体行为和总体行为的普遍公认的理论，因此，我们构建了一个框架，并在这个框架中列举区分个体决策环境和总体决策环境的可观测因素。因为这些因素超出了理论范式，所以它们成为那些从经济学中获得理论的人和从心理学中获得理论的人之间对话的基础。出于加强这种对话的考虑，我们运用这个框架检验了几个研究分支，并以此为对象讨论可观测因素的变化对总体行为的影响。

在审查这些环境的过程中，我们不仅要探究个体偏见是否持续存在于总体层面，而且要探究总体环境中是否会产生新的自身"偏见"。[1]我们首先关注的是总体环境的两块基石：生产（一起工作以确定产量规模）和讨价还价（确定合作产量如何分配）。由于在一个相对简单的两人环境中能够获得以上两项中的任一项，因此就可以形成一个可供我们调查的最小总体环境。我们要探讨个体的控制错觉偏见和滞后现象（一种重复过去行为的倾向）是否持续存在于一个简单的生产环境中（一个两人机构）；探究他人行动的可观察性、沟通和签订强制性合同的能力会怎样影响这些偏见。在讨价还价环境中，我们检验了个体级联推理（cascaded inference）偏见是否还会出现在总体层面上；显而易见的"新"偏见（就其他行为形成的期望中的公平和错误）是否足以改变可观测的特征（如参与次序和可观察性）。然后转而关注更复杂的市场环境，检验修正后的选择集（如通过介绍更多的证券来修正原有的选择集）对显而易见的个体处理偏见、预期在股票市场泡沫中的作用、可观察性在解释沉没成本偏见中的作用等产生的影响。

我们通过关注上述工作和本书提到的其他调查类型来得出结论。[2]

本研究问题的历史发展

Gonedes（1972），Gonedes and Dopuch（1974）都对个体行为研究和总体市场行为研究的相关性提出了质疑。Gonedes（1972）认为将个体行为推广至总体行为本身就犯了逻辑错误，指出：

　　一个有竞争力的解决方法（有竞争优势的价格的确定）的成就一般来说是由系统整体的运行或总体市场行为诱发的，并不是一定由个体的"理性"行为所引起的。对这个论点的否定似乎使人又陷入所熟知的合成型谬误（Fallacy of Composition）之中，例如，对部分而言是正确的论点必然对整体来说也是正确的。

Gonedes and Dopuch（1974）强化了这个论点，认为缺少与资本市场有效含义相联系的理论基础，导致人们认为个体偏见在理解总体现象时不起作用。该研究很大程度上依赖于支持资本市场有效时的结果，将市场有效看成是证明个体偏见并不重要的初步证据，指出：

> 即使这些（实验/现场调查）研究是以明确的个人资源配置理论为基础的，也不能明显看出其结果与报告给资本市场代理商的问题是相关的。要理解这一点，就需要考虑市场有效的含义和资本市场中的信息竞争。
>
> 大家要知道，这种有效的资本市场被认为是简单的、充满竞争的市场，每个个体都是价格接受者（price-taker）的市场。任何根据实验/现场调查研究结果对资本市场参与者总体行为进行的推广都是极端脆弱的。尤其是在一个有效的资本市场中，对于一些特殊类型投资人（如一般的投资者或者财务分析师）行为进行的研究，都不可能形成关于会计信息产生和资本市场均衡关系的可靠的一般法则。

也有人质疑数据处理偏见是否有可能在处理政策问题（如恰当的会计方法的选择）中起到一定作用。Beaver（1973）曾经这样争论："财务会计准则委员会必须重新考虑过去为没有经验的投资者担心的做法"，认为那些没有经验的投资者之所以受到伤害，并不是因为他们没有经验，而是因为公司未充分披露信息，从而使得内部人以牺牲外部人利益为代价来赚取垄断租金。

会计政策问题会影响相关研究的趋势，早期的信息处理研究对此肯定没有异议。在 Gonedes 和 Dopuch 的研究成果发表后，极少数研究者打算把信息处理研究和财务会计问题联系起来。不管怎样，Donedes 和 Dopuch 还是承认理解个体行为对管理会计是有用的，对审计和税收的作用就不用提了。于是，行为研究便在这些领域迅速发展起来了。

回顾往事，我们可以很清楚地得知，真的是没有任何理由把这些领域排除在 Gonedes 和 Dopuch 的评论之外，因为它们都是多人环境、都是反应系统的总体行为结果。尽管如此，最近的一些理论和实验研究表明，个体偏见甚至可以影响资本市场的行为。

理论的发展

市场的力量能够消除个体偏见这一观念的提出早于会计研究文献对此的"发现"。Frazer（1922）研究了魔术的发展，并把这个论据解释得与其假设一致，这个假设是低劣的践行，会随一次次的失败而渐渐消失。Alchian（1950）提出了一个经济上的类似论据，把经济描绘成一个"自适应"（adaptive）机制。最近关于演化博弈的研究提炼了"自适应性"观念，这种观念中纳入了行为是由策略的过去适应性决定的这一想法，模型化了某些行为（策略选择）类型消失的比率。

Ross（1976a，b）也支持个体行为不会影响总体行为的观点。Ross 指出，"不存在未被充分利用的套利机会"条件会导致"循规蹈矩"（well-behaved）的价格（一个线性价格规律）。Ross 的套利价格理论有其引人注意的特性：即使有些代理人不"理性"，价格也将是"理性"变化的。Dybvig and Ross（1987）指出："即使市场上有不计其数的代理人丧失了理性，也只需要极少数理性的代理人就可以得到套利机会。"

但是，一些理论家已经证明理性和准理性（quasirational）（如偏见）代理人的相互作用可能导致总体行为显著偏离完全理性均衡。在多人博弈理论环境中，Kreps et al.（1982）证明，解决有限重复囚徒困境博弈的合作方法可能会出现，可是，理性参与者（Nash）认为，从其对手的角度来看这是不理性的。Haltiwanger and Waldman（1985）证明，在代理人形成理性预期的能力存在差异时，无经验的代理人可能会不同程度地影响均衡结果。更值得注意的是，在竞争市场环境中已发现了类似的结果。Akerlof and Yellen（1985）证明，尽管一些市场代理人的惰性（迟滞性）给那些"不理性"的代理人带来的损失无足轻重，但是仍可能显著影响市场均衡。Russell and Thaler（1985）表明，在竞争市场中，理性和准理性代理人的相互作用可能导致与理性预期均衡不符的"理性"变化的价格。[3]

来自资本市场的新证据

对于信息处理偏差不能影响总体行为这个结论，最有力的潜在挑战是来自关于资本市场价格异常的研究文献（例如：Abarbanell and Bernard，1992；DeBondt and Thaler，1985，1987，1990；Bernard and Thomas，1989；Hand，1990）。[4] DeBondt and Thaler（1985）验证了这样一个假设：由于个体几乎不使用贝叶斯定理，因此市场因高估盈利者和低估亏损者而产生了过度反应，该过度反应在之后很长一段时间内表现为应盈利的投资组合得到低于其应得到的回报，而应亏损的投资组合却获得了高于其应得到的回报。通过组成一个基本周期的纽约证券交易所的极端（盈利和亏损）投资组合，并在之后一段时期内检验这种盈利和亏损投资组合的业绩，该研究证实了投资组合回报结果与其假设是一致的。DeBondt and Thaler（1987）拓展了上述研究，表明产生这些后果的原因并不是税收影响、规模影响和 β 系数的变化（风险的变化）。

有好几项研究已经开始寻找这种偏见是否可以在非市场价格接受者的决策行为中察觉出来。Lakonishok et al.（1991）检测了养老基金管理者的行为，发现这些基金管理者明显热衷于粉饰自身的业绩，会不同程度地卖出一些业绩非常差的股票，尤其是在 12 月。[5] DeBondt and Thaler（1990）研究了分析师的盈利预测，以验证这些预测是不是无偏的，结果发现盈利的预测变化和盈利的实际变化之间的关系实在是太异常了。[6]

这些实验研究表明，特定的总体行为异常和个体理性的失败是一致的。但是，我们对于那些偏差（就像市场价格中所反映出来的一样）之间的相互作用没有什么特别的感觉，因为研究方法使得我们无法检验个体偏见和市场价格行为之间的相互作用。时至今日，我们仍处于 Vernon Smith 曾经描绘过的处境："试图用听广播的方式来推论电流定律"

(Smith，1982，该引论出自于 Guy Orcutt)。

实验经济学方法论的作用

实验经济学方法论克服了这个问题。在实验经济学中，可以创造一个易于控制的总体环境，并通过转变"标度盘"（dials）来决定消除或强调哪一个影响因素，或者在总体层面上引入偏见来操控环境的外生属性。[7]实验经济学甚至还可以估计特定偏见的成本。[8]最重要的一点可能是，在实验经济学中还可以很直观地观测到个体和总体的相互作用。[9]

我们现在知道，在实验室模拟我们在现实环境所观察的现象时，同样可能产生异常现象。Smith et al.（1988）证实了实验性的泡沫破碎（bubble-crashes）（价格超过基础价值，随后又突然回落），Camer-er and Weigelt（1991）证实了简单实验环境中的信息幻影（mirage）（在信息还没有被发布时，价格行为却表现得像是这些信息已被发布一样）。这些市场有效性的反例吸引了会计师的兴趣，因为他们提议在消除市场泡沫的努力中，管制（可能的披露或会计政策）要发挥应有的作用。

Lundholm（1991）也在实验性市场环境中证实了市场有效性的失败。该研究证明，在交易者对状态不确定而总体对状态十分确定时，市场价格会表现得好像状态已经被公开了一样。但是，如果总体中对状态信息存在部分不确定时，市场价格就不会表现得和上面的情况一样。

Forsythe et al.（1992）试图用其"艾奥瓦州政治股票市场"（Iowa Political Stock Market）技术（在这个市场中契约支付是由政治选举结果决定的），来追踪个体对于市场状态的反应。研究发现，虽然有许多个体都表现出一定的倾向性（在不同的价格水平下，更多地博共和党人获胜），但是这些个体的倾向性并不显著影响市场价格。因此，在这个市场中，虽然一般来说参与者是带有一定倾向性的，但是这些倾向性并没有产生明显的边际效益。

外生环境属性和内生行为的动力

总体环境的外生环境属性

作为建立个体偏见是如何影响总体行为理论的先行者，我们详细叙述了一些只有在多人环境中才可观察到的外生环境属性。使多人和单人环境产生区别的原因不仅是这些因素是否出现，更重要的是这些因素的影响程度。由于这些属性已经界定了多人决策环境和单人决策环境，因此，这些因素中的一个或多个必然决定个体偏见是否会在总体层次中清楚地显示出来。这些属性是：（1）多个参与者；（2）支付的相依性；（3）其他个体的可观察性；（4）沟通；（5）签约；（6）行动次序；（7）选择集的差异性。

多个参与者。在总体环境中参与者肯定不止一个人。参与者的数量差异迥然，可能是简单的两人交易，也可能是竞争激烈的大市场中的所有人。在早期关于个人偏见和总体行为相关性的争论中，认为这种相关性只存在于参与者数量非常大的情况，这样的话，每个参与者都是市场的原子式（atomistic）部分，因此他们只是价格接受者。最近经济学方面的理论成果通过拷问拥有多少参与者的市场才是竞争性市场这一问题，完善了这一思想（Gresik and Satterthwaite，1989）。

参与者的数量使得垄断、寡头独占和竞争市场的经济行为解释差异迥然。实验经济学的研究结果已经证实，这个因素和参与者行动次序的相互作用可能会导致差异鲜明的市场行为。例如，在垄断者设定价格时，垄断供应商还能获得垄断租金；但是在购买方决定价格或在交易中使用双重拍卖时，垄断者就只能赚取竞争均衡利润（Smith，1981）。

选择集的差异性。在总体环境中，不同的参与者扮演着不同的角色。这些角色决定着选择集和每个参与者所能获得的信息集。例如，在诸如纽约证券交易所这样的市场中，专家有权设置收益差以及查看订货簿，这个市场中的其他任何人都没有这种特权。在实验性市场中，每个人都巧妙地使用原本只属于专家的权限。

每个人还可以巧妙地处理其他参与者的其他选择集。随着实验的进行，参与者从完全没有经验到能够解读别人的选择，再到能够适时改变自己的角色。这些处理将如同以下定义的那样成为可观察的处理。

支付的相依性。在总体环境中，一个参与者的支付取决于他人的行动及其自身所采取的行动。这一相依性有两种衡量的方法：影响规模以及对参与者策略的影响。当参与人数很少时，最终结果由联合生产函数界定，因此，他人行动的变化可能会显著影响参与者的所得。在其他环境（比如大规模的市场环境）中，一个参与者的行动对另外一个参与者结果的影响是无足轻重的。支付的相依性还可以用一个参与者的行动对另一个参与者的最佳行动（策略）的影响来度量。一个参与者的最佳行动可能与他人的策略互不相干，所以，尽管支付可能会随他人行动的变化而变化，但是一个参与者的最佳行动选择根本不会受他人任何行动的影响（例如，审计人员总是要编制银行余额调节表，而不论他们对被审计单位管理层的诚信评价结果如何）。但是，最佳策略可能要取决于他人的行动，所以，对某人其他行动的了解可能影响其自身的行动选择（例如，当审计人员知道被审计单位存在欺诈行为时，他们就会扩大样本规模）。

他人行为和信息的可观察性。在总体环境中，肯定会有关于特征、信息集、他人行动的一些知识。这些知识可能含有极少的信息量，比如，参与者的自身行动连同所有其他人行动产生的联合结果（一个单一的市场清理价格）；也可能信息含量丰富，包括每个参与者的个体特征、支付、买价和卖价等。在经济学的模型中，信息不对称（指一个人拥有与决策相关的信息，而另一个人却不能观测到这些信息的情形）是决定行为的关键因素。

关于个人自身行动需求的反馈信息经常和多人环境中的行动需求相混淆。反馈的频率和内容的变化可以不依赖于多人环境而离析出来予以处理，以决定反馈信息差异能否单独消除决策偏见。

沟通。在总体环境中，人们能够沟通，但沟通的程度不同，可以是一些未经证实且无强制性的声明，也可以是需要强制履行的承诺。这些信息就意味着一些行动，它们自身并不直接影响结果，例如，在一份利润报告中，只有一小部分支出采用现金支付方式，并不会直接影响公司未来的现金流。但是，如果这些信息促使人们采取某些新的行动，或者人们根据这些信息采取了不同的行动且所采取的行动改变了结果，则这些信息对结果就是有影响的。

签约。在总体环境中，人们可以和另一个人签订一些需要强制执行的合同。这些合同可以各式各样、不尽相同，可以是讨价还价环境中就结果分享的简单协议，也可以是拍卖环境中拍卖标的的交付协议，还可以是保险和生产中就极其复杂的有关事项达成的协议。

行动次序。在总体环境中，参与者可以在不同的时机采取行动。参与者的行动次序可能会影响总体的结果，个体偏见因此可能会在总体层次中显露出来。行动次序也许就是一个选择问题，就像会议的议事日程；在其他的总体环境中，行动次序（就像 n 人俄式轮盘游戏中的第 i 个参与者）可能会影响第 i 个参与者的可能结果集。

内生行为的动力

我们用"强有力的"和"有影响力"之类的术语来表明在总体环境中外生环境属性以及在此环境中个体行为之间的因果关系链。即使这些关系链最终可能被证明是错误的，它们还是可以在组织数据时作为不太精确的基础。比如说，有关地球吸引力的概念在伽利略和牛顿之前就提出了，虽然当时这个概念还不是很完善，但是它仍然为物理界交流思想提供了一个很好的基础。

影响力日益趋于某种特定的范式。在观测个体行为时，一些社会学家会援用诸如注意力和记忆力之类的影响力要素，而另一些社会学家可能会援用爱好和合理性等要素。在总体环境中，影响力包括但是不限于以下方面：对他人行动的预期、利益冲突、行为模式和追随者。这些方面常常假定一些无法观测特征的复杂网络。例如，利益冲突暗示着优先权的概念，追随者和对他人行动的预期则体现出共同期望、共同目标、共同目的的概念。行为模式涉及一些诸如公平和群体行为的固有规则之类的现象。虽然这些影响力本身无法直接予以测量和观测，但是它们常常可以作为我们思考如何找寻特定制度的基础，而且可以在探究这些特定制度时作为设计此类研究的基础。

在针对外生环境属性之影响力的说明从不太精确转向精确且严密时，这一转向就产生了一种特殊现象，也就是我们头脑中形成的叫做"理论"的东西。因此，如果理论研究的是关于信息处理的思考是如何反应在总体行为中的，那么一定要考虑一个或多个总体环境（而不是个体环境）中的外生环境属性。比如，早期的研究曾经试图解释，为什么在个体层次上观察到的偏好传递性缺失（intransitivties）在市场环境中没有清楚地显示出来。我们假想市场使得人们可以就已经显现的偏好签订合同，因此，套利活动不具传递性。总体环境的这一特定特征——签订强制性合同的能力，是签订套利协议的关键因素。据此可以推断，不承认这种合同的环境将不能消除这种传递性缺失。

一些关于市场可以通过套利和竞争力（两个内生动力）来规范行为的主张，取决于一个或多个有别于多人环境的属性。套利取决于签订强制性合同的能力（属性 5）和对套利者选择的观察能力（属性 3）。市场竞争力取决于参与者的数量（属性 1）、他人行动的可观察性（属性 3）以及以可以接受价格的形式进行信息传递的能力（属性 4）。相似地，关于人们不愿意认输（沉没成本现象）是因为声誉的影响而不是因为一些潜在的信息处理偏见的争论，是假定了行动次序（属性 6）和支付的相依性（属性 2）的。

在本章余下的部分，我们将检测实验研究中的一些分支，这些分支的研究与个体偏见在总体行为中的作用有关。我们将探索控制偏见的错觉，在针对多个可控和不可控因素签订强制性合同时，是否仍然存在；行动次序和可观察性影响逆向归纳的程度，沉没成本现象的可观察性失败的解释与基于心理学的解释之间存在的差异程度。除了检测一些偏见是否仍然存在于总体环境之外，我们还要检测一些偏见是否作为总体特有的偏见呈现出来。在关于商谈的讨论中，我们将探究公平在决定该类环境行为中的作用。在关于市场泡沫的研究中，我们将探寻追随者（另一个行为动力）是不是可以解释实验泡沫的原因。

生产环境

　　会计师感兴趣的众多环境中都包括权力下放的生产性活动：一项资产或者行动委托给另一个人，与此同时，这个受托者已经了解所托付的资产或者行动要用于增加可供双方分享的结果。这样的生产环境引发了一系列合作、控制和业绩评价等问题。例如，一个公众持有公司就是这样一种生产环境：股东将公司的日常经营决策权授权于职业经理人。虽然经理人的业绩质量会影响股东利益，但是，股东并不能直接控制和观察这一质量。

　　要是股东和经理人的目标一致，这种不可观察性也不是个问题。[10]但是，股东可以对多家公司做多元化投资，经理人却不可以，因为他的人力资本的大部分都和这个公司捆绑在一起。因此，公司特定行动路线的超额业绩将引发一些利益分歧。但是，股东在面对这些冲突利益时并不是完全无助的，他们有能力就公司经营结果的分配签订强制性合同。这些合同可以针对双方都可以观察到的任何事项予以签署，同时，这些合同也可能会结构化地影响经理人的行为。在这一环境中需要解决的第一个问题是如何结构化合同以最有效地使得双方的利益保持一致。第二个问题是交易利得如何在这些参与者中进行分配，这个问题一般不予以考虑。一方（通常被称为委托人）予以剩余索求权，而所有其他方（代理人）只收到他们的市场工资。[11]

　　事例

　　你和一个校友已经决定要联合购买一栋房子作为投资，你们打算持有这个房子几年后把它卖了。你要提供购买这个房子的大部分资金。你的校友将会在这个房子里居住并且提供资金和精力来维护这个房子。你们都知道尽管这个房子的最终销售价格取决于你们自身无法控制的经济因素，但要是这个房子维护得很好，它的卖价还是可以高出当时的买价的。你们将会如何签订合同来确定这个房子所带来的收益分配呢？你是否会给你的校友提供购房资金，按照房子售价的一定百分比或者根据当地住房价格指数来协商利得的分配呢？[12]

是什么外生环境属性将上述决策环境与单人决策环境区分开的呢？是两个参与者（属性1）。这两个参与者有不同的选择集（属性7）：你选择分配规则，须经你的校友认可，你校友选择其提供的维护水平。支付是相依的：你从校友居住和维护房子中受益，而你的校友从你付出的购房款中受益（属性2）。有的事情对于双方都是不可观察的：你的校友很清楚地知道他对这个房子的维护程度，因为他知道是否按照你的预期去维护这个房子，所以他也应该知道房子的售价能否高出买价；但是你只能观察到最后的出售价格（属性3）。你和校友在最终达成合同前毫无疑问要进行协商，但是，一旦这个合同签订了，就几乎不会再有其他沟通了（属性4）。利得分配规则可能只以双方可观察的特征为基础，并形成一个强制性合同（属性5）。最后，这里还有一个不言自明的行动次序问题：你校友的行动顺序在你之后，他是在知道利得分配协议的情况下维护这个房子的（属性6）。

理论概述

正如Wolfson（1985b）所指出的：代理理论给检验这一环境提供了一个很好的理论框架。在基本代理环境中，委托人拥有可计价的生产技术的权利，然后代理人对这个技术投入输入（他的努力）；双方任何一方单独行动都不可能有产出。双方都是利己主义者，这就表明他们都希望最大化自身利益。这就存在利益冲突：委托人如果不想投入精力，就会希望代理人能够尽其所能地努力工作；但是，代理人如果投入了所有的精力，就会权衡增加产出所得的收益和因此而付出的投入。此外，委托人既无法直接也无法间接地从产出中准确观察到代理人的行动。产出虽然和代理人的努力有关，但它还是随机的。

在这一环境中，事件的顺序是这样的：

1 —————— 2 —————— 3 —————— 4 —————— 5

委托人　　代理人接受　既定合同下代　产出和观察到　根据合同进
选择合同　或拒绝合同　理人选择行为　的其他信息　行产出分配

这一环境由两个主要部分组成：一个是合同的协议部分，在这个部分中，合同一方（委托人）提供合同，然后另一方（代理人）决定接受或者拒绝这个合同（这两个阶段的顺序在经济学文献中称为"最后通牒博弈"（ultimatum game））；另一个是合同的履行部分，在这个部分中，代理人选择一个将影响可资分配产出规模的行动。经济学通过建立利己主义和预期这两个概念寻求解决这个问题的方法：合同双方在选择自身行动时，每一方都会预期他人一定是基于自身利益来选择行动的。在理论研究中，这一预期过程又被称为"逆向归纳"。[13] 将逆向归纳方法应用到基本代理环境中，我们就可以看到，一旦合同得以接受，代理人将选择合同条件下最大化其自身利益的行动。逆向往前看，代理人可以根据其对自身行为的预测，决定是否接受合同。再往前看，委托人也可以根据其对代理人的预测，确定在代理人既定行为条件下选择什么样的合同最大化自身利益。

一般的理论结果是：（1）确实存在与不可观察行动有关的净损失；（2）任何含有代理人行动信息的可观察变量都能降低这一净损失，且这些信息在签约中都是有价值的。[14] 第二个结果说明，即使是会计学上认为不可控制的信息（不影响信息分布的代理人行动），在签约时都可能是有价值的。特别是，当产出是由代理人的努力程度和一些基本经济条件决定时，显示一些基本经济条件的指数是很有价值的，尽管它们是不可控的。

在上述事例中，因为居住者的行动是不可观察的，一个固定工资合同对房子的维护不能产生激励。但是，如果签订一个居住者和非居住者共同分享房子售价的激励合同，居住者将有动机去维护房子。如果让居住者承担所有的房子售价风险，而该居住者是一个风险规避者的话，就必将产生一些净损失：如果存在一个无成本且完美的监控机制，那么对于双方都会比较有利；但事实上并不存在这样一个机制，所以，只能选用一个次优方案（风险分担）。但是，风险分担合同的内容是什么呢？居住者对房子的维护程度和该地区房子的一般价格水平都会影响房子的最终售价。因此，当地的房价指数（显示影响房子售价的基本经济条件）是有消息含量的，应该写入合同中。

回想根据自私行为影响力和逆向归纳所推导出来的结论。其他行为影响力也会导致不同的预测结果。例如，不论对委托人的无私贡献（利他主义）还是根深蒂固的工作道德规范，都会缓解不可观察问题，并减少净损失，这些影响力甚至可能消除利益冲突，且固定工资合同可以用于次优方案——风险分担合同中。在这些条件下，上述事例似乎就没有必要将房价指数纳入合同条款。相似地，声誉（在多时期环境中出现的行为影响力）同样也可以减少净损失，降低对房价指数的依赖。

证 据

来自一些关于代理模型预测影响力的研究证据是正反兼有的。Wolfson（1985a）发现了在石油天然气的避税手段中用来减少不可观察性影响的合同证据。但是，Antle and Smith（1986）发现只有极少证据表明相对业绩评价（即在合同中考虑指数）可用于高管合同。Wolfson（1985b）调查了上述事例所描述的共享房屋合同，发现合同中并没有包含当地房价指数。但是，因为这些研究是用真实数据进行的，没有人可以控制其他变量，根据代理模型，这些其他变量可能会合理地冲抵该指数的重要性。如果不能控制那些重要的影响变量，就不可能确定所得结果是否表明代理人行为偏离了代理模型。

实验研究提供了一个较好控制环境变量的方法，因此，我们可以准确描述何时、为何代理预测会失灵。实验人员熟知信号和行动之间的统计关系，可获得的合同集也是可以详细描述的。实验人员甚至可以使用控制风险偏好的抽彩给奖机制（Berg et al.，1986）。[15]

Berg et al.（1992）构建了一个实验环境以调查代理模型预测的有

效性。在这些实验中，合同中"最后通牒博弈"形式的选择被控制，以致代理人没有什么机会拒绝与其市场工资相符的合同。这就使得研究人员可以在杜绝因引入讨价还价问题而混淆调查的情况下，检验与产出最直接相关的代理模型的预测。该实验证实事实上的确存在与不可观察行动相关的净损失，同时还证实委托人不仅基于产出签订合同，而且会以其可获得的最有效的方式签订合同。[16]在这些实验中，逆向归纳显得运行良好。在存在道德风险时，委托人可以围绕道德风险签订相关合同条款而先行行动。在引入决策的"最后通牒"（也就是接受或拒绝合同的决策）时，逆向归纳是否成功还是一个悬而未决的问题。在本章中我们还会介绍最终通牒博弈中的逆向归纳失效情况，这一情况也可能会延伸至代理环境中。[17]

　　变化不一的可观察性。Berg et al.（1992）熟练控制了委托人能否观察代理人行动的问题。在代理人行动可以观察时，委托人就会给代理人提供一份固定工资（强迫性）合同（即，如果代理人的努力程度能够被观察，他只能得到固定工资合同），且代理人会选择努力工作。这个结果与以下两个推测是一致的：一个推测是代理人努力工作是因为他是一个利己主义者；另一个推测是代理人的行动受利他主义或工作道德规范的驱使。但是，在代理人行动不可观察时，委托人不会提供固定工资合同，即使该类合同在代理人选择努力工作的情况下能使委托人获得最高的回报。这些实验证明，在代理环境中是利己主义而不是利他主义或工作道德规范主导合同双方的行为。在代理人面对固定工资合同时，如果他是利他主义者，那么代理人得到的不会比签订其他任何合同得到的少，但是，委托人却可以得到更多。然而，委托人只有在代理人行为可观察时才会给代理人提供固定工资合同。事实上，代理人行动不可观察而委托人又向其提供固定工资合同的情况极为罕见，在这种情况下代理人会选择偷懒（按其自身利益行动）。

　　Berg et al.（1992）也调查了这些结果是否与委托人熟悉代理人选择集有关。研究得出的结论是无关。无论委托人是通过阅读还是亲身经历得以了解代理人的选择集，在代理人行动不可观察时，他们提供的都是激励合同而不是固定工资合同。

变化中的沟通。在 Berg 等人所描述的实验中并不涉及代理人和委托人之间的任何明确沟通；委托人不详细地告诉代理人他们更倾向于哪种行动，代理人也不会对其所采取的行动作出任何说明。如果有这种沟通的话，则反对虚假陈述的社会行为准则（如，公平和诚实）就可以缓解利己主义风气。Baiman and Lewis（1989）调查研究了代理人是机会主义式地进行沟通（如，按其自身利益行动）还是勉为其难地撒谎。在实验中，所有被试者都要扮演代理人，且都要求在以下三个雇主中选择一个：一个雇主提供了两份基于产出的合同，要求代理人选择其中之一；一个雇主提供了一份基于产出的合同并要求特定的代理人类型（要是被试者选择这个合同，被试者就一定是虚假表述了自己的类型）；还有一个雇主提供了一份固定工资合同。虽然这些被试者很不情愿地虚报其类型（也就是说，在诚实成本忽略不计的情况下，他们更偏向于实话实说），但是在实验中引入一个小小的货币利益（0.25 美元）就诱导了这种行为。研究者进而得出以下结论：在代理人面对有价激励进行机会主义式的沟通时，基于沟通和基于非沟通的策略（经济）等效合同也是行为等效合同。

这一结果也得到了 Berg，Daley，Gigler and Kanodia（1990）的支持。该研究分析了沟通在委托人能够根据代理人向其报告的信息选择合同时的作用。[18]研究中采用了两组实验来检验被试者是否诚实报告信息，是无论是否存在激励都会如实报告，还是根据激励合同相机地如实报告。在第一组实验中，代理人行为与理论预测的一样，但是由委托人作出的合同选择与随机行为没有区别。然而，当支付增加以致与次优合同选择有关的损失也增加时，被试者倾向于选择与代理模式一致的合同。有些证据表明，委托人的合同选择是有条件地根据被试者的行为作出的，而这些行为又恰恰是这些被试者在实验早期作为代理人所实施的。特别是那些没有选择单人决策环境中的预期行动的被试者，也没有选择多人决策环境中的预期合同。

变化中的签约可能性。Berg（1990）检验了可控性、以往经验以及信息量在签约中的相互作用。该研究一共进行了三个实验：实验基准点——检验代理模型预测中是否使用具有信息量的公共信号；一个操控性处理——隔离可控性影响；另一个操控性处理——隔离往常信号经验的影响（现状影响）。其他所有环境特征（包括受试群体和抽彩给奖机制），在整个实验中都保持不变。

在这些简单的实验环境中，可控性和以往经验显著影响了合同选择。观察到的行为只有在下列情况下才与模型的预测一致：信号分布取决于代理人行动（也就是说，从会计视角来看，信号可控的），委托人从未有过单变量合同是最优的具体经历。在这些环境中，被试者几乎完全利用了非冗余信息。但是，这一环境的某些特征减弱了代理模式的预测能力。当信号不可控时，有益信息标准的预测能力遭到严重的削弱：信号不再倾向包含在合同中。这个结果就是多人决策研究中的控制偏见错觉，相当于单人决策研究所得出的控制偏见错觉（Langer，1982）。

在被试者拥有单变量合同是最优的具体经历时，随后的选择都倾向于单变量合同，即使经济学理论预期产出和指数都将包含在合同中。这个效应就是多人决策环境中的框架效应（framing effect），相当于单人决策环境中已证实的框架效应（Tversky and Kahneman，1987；Tversky and Sattath，1979），且与对非冗余信息利用不足的被试者一致（如与 Schum and Martin（1982）所报告的结果以及 Maines（1990）所提供的数据表明的结果一致）。

除了个人层面上反映出来的信息处理偏见趋于拓展至多人层面的订约偏见外，这些结果调和了那些用于测试代理模式预测能力的研究结果之间的明显矛盾。实验研究看起来给予代理模式很强的支持。但是，在这些实验检测的环境中有信息含量的信号是可控的（Berg Daley，Dickhaut and O'Brien，1990；Berg，Daley，Gigler and Kanodia，1990）。类似地，Wolfson（1985）在现实税收规避环境中给予代理模式相当有力的支持。但是，Antle and Smith（1986），Wolfson（1985）和 Janakiraman et al.（1992）在自发环境（信号不可控，且在拥有一些初始缔约经验后相关主体很可能能够捕获这些信号）的检测中所得出的研究结果仅给予了较弱支持。确切地说，的确存在上述实验中发现的折中选择信息标准带来的结果等特征。

序贯讨价还价环境

生产环境关注的是如何确定最终结果——"馅饼"大小，而讨价还价环境关注的是参与者如何分配既定"馅饼"的协商过程。即使像纽约证券交易所这样有组织的市场也涉及讨价还价问题：报价和出价一定要趋于交易价格，大型交易是在楼上市场（upstairs market）（一种没有利用交易所而在经纪公司内完成交易的市场，该市场是一个电子交易网络）层面完成的（Schwartz，1988）。

> 事例
> 一个五金店一直将雪铲的销售价格确定为 15 美元。某天晚上下了一场暴雪，顾客都涌进该商店买雪铲。五金店的老板和顾客都知道雪铲现在是供不应求的，且没有铲雪的罚金是 100 美元。现在，这个老板需要决定怎样给这些储备的雪铲定价。他会怎么决定呢?[19]

在上述事例涉及的环境中，七个彰显多人决策环境的外生属性会是怎样的？一是存在众多的参与者（属性 1）。二是参与者各有不同的选择集（属性 7）：老板要选择一个对外的报价，顾客选择是否购买。三是支付的相依性，这个五金店的利润取决于雪铲价格和购买人数，而顾客可支配的财富又会受到用于购买雪铲所花资金的影响（属性 2）。四是五金店老板和顾客都知道雪铲的价值（属性 3）。五是在顾客和老板之间不存在直接的沟通，顾客只能够接受或者拒绝五金店老板开出的价格（属性 4）。六是老板报出的价格形成了老板和顾客之间强制性合同的基础（属性 5）。七是老板通过给出报价在这个序贯博弈中率先行动

（属性 6）。

理论概述

从概念上来说，上述事例可以模型化为一个两人序贯讨价还价博弈。从经济学角度来讲，这个博弈是这样的：参与者一定要决定如何分配一定数额的资金，同时还要假定参与者都是以个人利益最大化为目的采取理性行动（Stahl，1972；Rubenstein，1982）。最后通牒博弈（只有一个报价的特殊博弈）与上述事例十分相似。在这个事例中，一个参与者提出一个建议（如何去分配资金），然后其他参与者要么不接受这个建议，要么不拒绝这个建议，没有进一步协商。根据斯坦尔—鲁宾斯坦（Stahl-Rubenstein）模型，可以预测，在这个事例中，老板会报出99.99 美元的价格。这个预测结果是根据逆向归纳获得的：老板和顾客都知道支付 99.99 美元购买雪铲要比支付 100 美元的罚款好，老板在考虑了这些之后，率先采取行动。[20]

但是，其他参与者会接受这个建议吗？之前介绍的委托—代理实验中所描述的行为表明，他们会接受建议。在那些实验中，委托人预测代理人的行动，代理人以自身利益为基础选择行动。但是，考虑博弈的最后结果和利用决策树进行逆向归纳的能力类似于多阶段推论过程，在这个过程中，被试者一定要从可能的决策树末端开始进行决策分析，然后再正确地进行逆向整合。由于有证据表明个体偏见确实存在于多阶段推理中[21]，我们也许可以看到在这个序贯讨价还价环境中的非理性结果。然而，诸如公平和（或）预期之类的行为动力可能是导致逆向归纳失败的原因。

证　据

有相当多的实验恰当地证实了这类"偏见"，也有一些非常成熟的、试图寻找这种失实原因的文献资料。Guth et al.（1982）用实验室方法研究了最后通牒式的讨价还价博弈。在这些实验中，很随意地指派学生为先行动的角色（参与者 1）或者接受者（或拒绝者）（参与者 2），再随意地分配一个对方角色。这个实验的预测结果是：参与者 1 提出建议，自己得到 99％ 的奖励，只将 1％ 的奖励给予参与者 2；参与者 2 接受了这个建议。在没有此类经验的被试者中，第一轮结果均值是参与者 1 获得了 65％，参与者 2 获得了 35％；21 个建议中有 5 个被参与者 2 拒绝。一个星期之后，被试者接受了第二次实验，重复他们在之前实验中的角色。这次实验结果均值是参与者 1 获得了 69％，参与者 2 获得了 31％，21 个建议中的 5 个被参与者 2 否决了。参与者并没有像斯坦尔—鲁宾斯坦模型预测的那样采取行动。参与者 1 一般给予参与者 2 高于 1％ 的收益，虽然在这个过程中我们可以看到先采取行动者的优势，但是，先行动者的建议似乎更趋于 50—50，而不像经济学模型预测的那样 99—1 分配。Guth 等人进而得出以下结论：在现实生活中……被试者通常信赖他们对一个公平或正当结果的考虑。此外，最后通牒方面也是不能完整地加以考察的，因为要是对方要求过多，被试者将毫不犹豫地对它予以惩罚。

Prasnikar and Roth（1992）做了其他实验来检验是否会有更极端的分配。结果表明，重复实验很可能看到对半平分的结果更趋于一致。

Forsythe et al.（1989）试图从"公平"（假定导致所观察行为的两种因素）中析解出"参与者 2 可能会拒绝的预期"。该研究比较了最后通牒博弈中的行为和参与者 1 直接决定分配博弈（这个博弈称为"独裁者博弈"）中的行为。因为参与者 2 没有条件决定是接受还是拒绝，所以，独裁者博弈控制了参与者 1 对参与者 2 的行动预期。另一方面，如果参与各方偏好于公平结果，那么我们可以预期看到两个博弈应该有同样的提议分布情况。

Forsythe 等人发现相对于最后通牒博弈结果，平均而言，独裁者博弈中参与者 1 留给自己的份额要多。他们进而推论出"最后通牒博弈中提议的分布情况不能通过提议者对公平的偏好来加以充分解释"。但是，Roth（1991）指出，不能仅根据这些数据就不再考虑"预期"这个影响力。在独裁者博弈中仍可以观察到均分情况的趋中性，这与被试者偏好公平时的结果一致。在这种情况下，实验中存在有公平意识的参与者应该是所有被试者所"预期"的。公平参与者惩罚不公平参与者的预期可以解释最后通牒博弈中公平分配的趋势。

Hoffman et al.（1992）试图通过要求被试者参加分配优先行动权的竞争来析解出"公平影响力"。被试者被告知，竞争中的获胜者可以获得一定的优先权。[22] 这个资格竞争的确对份额提议有很大影响，使得结果更趋于斯坦尔—鲁宾斯坦模型的预测结果。该研究推论出平均分配的趋势是"预期"这一影响力的结果，而不是偏好"公平"的结果。[23]

变化的可观察性。Binmore et al.（1985）同样发现，在被试者无相关经验时，第一轮提议的众数是平均分配。但是，被试者再次参与第二轮博弈时（此时被试者的角色要作相应的转换——参与者 2 扮演参与者 1 的角色），提议的众数结果更接近于预测的分配比例。因此，参与者 2 选择集的直接经验似乎发挥了重要作用。[24]

Harrison and McCabe（1992a）研究了在没有明确参与者 2 所扮演的角色的情况下，对参与者 2 拒绝规则的观察能力是否会影响最后通牒博弈中的行为。在实验中，参与者 2 在看到参与者 1 的建议之前，呈报一个最低限度的接受份额。博弈双方都知道，这一最低限度的接受比例会影响参与者 1 的提议是否被接受。在这个基准实验中，被试者只知道自己的选择，该实验结果与以前的实验结果一致：存在相当数量的接近平均分配的提议，而且参与者 2 经常拒绝其应得份额的理论预测值。但是，当被试者同时观察到自己的讨价还价结果和参与者 2 呈报的可接受份额的分布时，实验中的份额和接受（拒绝）行为与斯坦尔—鲁宾斯坦模型的预测相似。因此，观察能力的提升易化了逆向归纳。

Harrison and McCabe（1992a）将可接受提议的变化解释为参与者 2 的"搭便车"。在参与者 2 观察到其他参与者 2 正在惩罚参与者 1 给出的不匀称分配比例时，他会开始根据其短期的自身利益行动，降低最低的可接受份额以使交易更可能完成。其他行为动力，例如追随者，也解释了参与者 2 的行为变化。那些观察到其他参与者 2 降低最低的可接受份额的参与者 2，可能会模仿这一行为，也降低自己的最低可接受份额。关于个人行为的数据能够用以帮助区分这些影响力中的哪一个影响力最佳解释了这些数据。追随者这一影响因素表明，参与者 2 在看到自己的策略失败后，极有可能"追随他人"，但是，"搭便车"的原理表明，即使是那些在博弈中获胜的参与者 2，也可能会在随后的试验中降低自己的最低可接受份额。

Hoffman et al.（1992）研究了其他类型的可观察性——实验者观察单个被试者行为的能力。在其他的讨价还价实验中，即使被试者是匿名的，但是实验者还是可以识别个体行为。Hoffman 等人假定，如果被试者意识到未来实验的参与与否取决于他们在目前实验中的行为，他们会改变自己的行为。为了检验这个假设，实验中设计了一个"双盲"（double blind）独裁者博弈（该博弈有点类似于最后通牒博弈，但在这个博弈中，参与者 2 无法选择只能接受），这确保了实验者无法观察到个体决策。在实验中，36 个提议中只有 2 个是对半分配，"独裁者"在 30 个提议中，要么拿走所有份额，要么留下可能的最低限额。

变化的行动次序。斯坦尔—鲁宾斯坦模型可以预测期间更长的讨价还价博弈结果，在这些博弈中，参与者依次报价。表 5—1 描述的就是这样一个博弈例子。在这个例子中，有四种报价次序：第一种和第三种报价次序由参与者 1 提议，第二种和第四种次序由参与者 2 提议。在随后轮次中逐渐缩小的"馅饼"表明了一个观念——时间是有价值的，所以，费时越长的协议，其价值越低。要注意的是，随后轮次达成的分配协议可能会被较早时期达成的协议超越。比如，在第二轮次协议中，参与双方同意参与者 1 得到 30 美元，参与者 2 得到 20 美元，该协议不如第一轮次所定的协定，在第一轮次协议中，参与者 1 获得了 55 美元，参与者 2 获得了 45 美元。[25]

表 5—1　　　　　　　　四轮次讨价还价博弈——逆向归纳预测

轮次	金额	由谁提议	参与者 1 分到的金额	参与者 2 分到的金额
1	100 美元	参与者 1	74 美元	26 美元
2	50 美元	参与者 2	25 美元	25 美元
3	25 美元	参与者 1	24 美元	1 美元
4	0 美元	参与者 2	0 美元	0 美元

斯坦尔—鲁宾斯坦模型认为参与者将会使用逆向归纳解决问题。如

果博弈坚持到第四轮次，每个参与者得到的金额都是 0 美元。那么往回退一轮，如果博弈坚持到第三轮次，参与者 1 只要不是让参与者 2 获得 0 美元，参与者 2 就肯定会接受提议。因此，参与者 1 只让参与者 2 获得 1 美元，而参与者 2 要想进入下一轮次，就应该会接受提议。在第二轮次中，由参与者 2 给出提议，如果他能够想到第三轮次的结果，就会提议自己保持 25 美元，给参与者 1 25 美元。因为这要比参与者 1 在下一轮中获得的 24 美元多，所以，参与者 1 只要能够想到第三轮次的结果，也会接受这一提议。最后，在第一轮次中，参与者 1 至少要给参与者 2 分配 26 美元以上，以诱使参与者 2 接受他的提议。如果参与者 2 能够想到第二轮次的结果，也会接受参与者 1 的提议。因此，这一问题的斯坦尔—鲁宾斯坦式解决方法将在第一轮次达成协议——参与者 1 获得 74 美元，参与者 2 获得 26 美元。

Neelin et al.（1988）研究了二轮次、三轮次和五轮次博弈，这些博弈中参与者的角色没有改变。[26]二轮次博弈结果与逆向归纳预测结果一致。[27]但是，逆向归纳未能预测三轮次和五轮次博弈行为。Neelin 等人发现二轮次的理论适应性可能是一个实验设计的人为现象，在三轮次和五轮次的博弈中，第一个提议趋于博弈进入第二轮时"馅饼"缩小后的那个数额。因为这也是二轮次博弈中预测的提议，所以，上述行为也许是"第二轮提议数额"规则的一种表现，而不是逆向归纳的表现。

Harrison and McCabe（1992a）发现，促使第一轮次提议达成一致的动机给被试者提供了少量关于讨价还价博弈后几轮次的经验。该研究设计了被试者交替进行三轮次博弈和嵌入子博弈（该三轮次博弈中的后两轮次）的实验，来检验这种经验是否影响行为。被试者在这个实验中不改变角色，但是他们可以随时修正行为以最小化声誉影响（一种可能的内生影响力）。在这些实验中，被试者行为趋于逆向归纳的预测结果。

Johnson et al.（1991）使用过程追踪方法调查了所观察到的斯坦尔—鲁宾斯坦模型预测失败是否可以归因为个体处理偏见。[28]除了观察具体的提议和接受（或者拒绝）决定之外，这种方法使得研究人员可以跟踪先后次序，在这个过程中，决策者要考虑每一轮次中可用于分配金额的信息。结果表明，当被试者把注意力集中在第一轮次的支付上时，已接受的提议接近平均分配结果。但是，当被试者接受了逆向归纳培训后，会考虑更多的信息，然后会按照与逆向归纳一致的先后次序采取行动。在这种情况下，提议以及接受（或拒绝）决定趋于预测的分配结果。

市场环境：市场信息有效吗

很多会计和财务领域的资本市场研究都关注市场信息是否有效。很多关于会计政策的争论都集中在提高市场有效性的方法上。遗憾的是，利用现实资本市场数据设计的实验并不足以识别市场的无效性。这些实验主要关注的是相对于其他证券而言，特定证券的定价是否正确，而不是相对于每个证券的基本（内在）价值而言，其定价是否正确。

事例

你一直都在密切关注一家最近公开上市的公司股票。好几个月前，有关这家公司产品的很多"好"消息都被公布出来，引起这家公司的股价上扬。此后，很多基于利好消息的预测并没有变成现实，但是这家公司的股价却继续上扬。你一直都在购买这家公司的股票，目前股价已经超过了你对这家公司预期价值的估计值，但分析师仍认为现在还是好的购买时机，且该公司的股价很可能在未来6个月里有很大的涨幅。这种情况下你会怎么做呢？

理论背景

信息的有效性表明，市场参与者的所有可获信息都反映在价格中，所以，相对于它们的内在价值和风险而言，有价证券的市场定价是正确的。只有局内人才可以根据他们的私人信息制定有利的交易策略。但是，如上所述，最近的理论发展表明证券交易的可能性是证券基本价值之外的其他东西。这些解释似乎可以在一些有关交易行为的轶事中反映出来，很多市场交易人士声称，市场"心理学"可能导致"买空"（bear）或"卖空"（bull）市场不依赖于证券的内在价值。

证　据

许多以 Forsythe et al.（1982）和 Plott and Sunder（1988）的研究成果为起点的研究探讨了市场信息的有效性。Plott 和 Sunder 研究了交易各方拥有不同信息时，价格传递信息的程度如何。他们证实，在一些环境中达到理性预期均衡是可能的，但并不是在所有环境中都有可能。尤其是在剩余状态不确定性存在时，困难尤其明显，这里指的是信息排除了一些状态，但潜在状态却不能完全确定的情形。Lundholm（1991）研究了这种市场有效性的失灵现象，证明当交易个体不能确定状态信息但总体对状况十分清楚时，市场价格的表现与状态信息完全公开大致一致。但是，当存在剩余总体对状态信息不确定时，市场价格并不会表现得像不确定信息被公布了一样。

有三个实验室研究结果已证实了市场价格对内在价值的系统背离。O'Brien and Srivastava（1990，1993）的研究结果表明，尽管证券的相对价格是正确的，但相对于它的内在价值而言，其定价是不正确的。Smith et al.（1988）证实了实验室的泡沫破灭（价格高于内在价值，随后价格又急剧下挫），Camerer and Weigelt（1991）证实了信息幻景的存在性（在信息还没有公开时价格表现得像信息已被公布一样）。

变化的他人行为的可观察性。Smith et al.（1988）研究了双重拍卖市场，在这个市场中，存在一些用于交易的长期资产，其未来红利的分布概率是众所周知的。该资产在任何时期的内在价值都是剩余期间的预期红利回报。在每个时期，被试者都可以购买股票（支付现金）和卖出股票（获取现金），在实验的最后阶段，这些被试者的所得额是最初支付给他们的现金加上红利所得，再加上资本利得，再减去任何的资本损失。一般地，在没有经验的被试者参加的实验中，价格最初低于股票内在价值，然后迅速上涨并超过其内在价值（泡沫），直至实验后期泡沫破灭并在内在价值附近出现大宗减持交易。

为什么会产生这些价格泡沫呢？一个可以解释"泡沫"的影响因素就是"追随"——人们追随总体走势的趋势。因为股价从低于其内在价值的价格开始上涨，所以这种价格上涨的最初趋势很可能是由于供给超过了基于其内在价值的需求导致的。但是，一旦人们看到这个趋势并开始追随时，这种行为就可能会导致股价高于它的内在价值。Smith 等人研究了被试者对下一期股价的预测，并推断这些预测有很高的自适应性且都看涨。在每个实验中，下一期股票价格预测的均值都要高于本期股票价格的均值。此外，预测完全注意不到转折点。

产生价格泡沫是因为红利回报的不确定性吗？Porter and Smith (1989) 进行了一系列 15 期资产市场的研究，在该研究中资产回报是确定的。研究发现，即使是在未来红利数额不存在不确定性的情况下，仍会产生价格泡沫。因此，价格泡沫可能并不取决于个体关于资产回报的不确定性。

那么，产生价格泡沫是不是因为他人交易行为的不确定呢？Smith et al. (1988) 通过使用有经验的交易者来进行实验，以操控他人行为的可观察性。当被试者第二次参与市场交易时，价格泡沫更小且在更短时间内破灭。当被试者第三次参与时，价格泡沫变得非常小，且大多数交易发生在价格接近预期红利回报时。这些实验设计的一个重要方面就是被试者都被告知他们的经验处于同一水平上。这些结果表明，在被试者得到更多的普适经验时，股价围绕股票的内在价值而波动。

在这些实验中，价格泡沫可能可以解释为逆向归纳的失灵。这个实验事先知道了结束点，所以，根据逆向归纳的预测，有价证券应该以内在价值进行交易。[29] 在这个实验中，"公平"这个影响因素看起来并不能解释行为（实验结果）。在一定程度上，被试者似乎还相信市场中存在一些准理性的交易者，这些人会在预期价格之上进行交易，这种理念足以导致价格泡沫的产生。当所有交易者都知道其他交易者很理性时

（就像在有三次经验的实验中那样），泡沫就会逐渐消失。

变化的他人信息的可观察性。Forsythe and Lundholm（1990）在一个一阶段风险资产实验中，研究了实验室经济的信息有效性。交易人员对于状态结果有不同的偏好（即，对于每一种状态，交易人员彼此有不同的支付），且得到的有关状态发生与否的信息是不同的，虽然总体市场被告知状态已经发生的信息，但是，每个参与者个体对此并不清楚，他们只知道某一具体状态（三个状态中的一个）不发生。他们发现当交易人员有经验（也就是曾经参与过类似的市场）且知道其他交易者的支付状态时，市场会趋于理性预期均衡，而且不需要获得理性预期均衡的直接支付经验，只需将支付状态纳入实验操作说明书以使之可观察就足够了。但是，无论拥有经验还是只有支付的一般常识，都不足以达到理性预期均衡。这些结果表明，他人行动和他人信息的可观察性是实现信息有效性必不可少的条件。

在 Forsythe and Lundholm（1990）研究的市场中，所有交易者都知道其他人也都知道的当前的信息，简言之，所有交易者都拥有关于状态发生与否的完整信息。Camerer and Weigelt（1991）检验了一个相似的市场，在这个市场中，交易者都不知道其他人是否被告知了当前的状况。在每个阶段，有一半交易者获知真实情况的概率是 50%。因此，交易者只知道自己是否被告知了当前的状况，但是不能确定其他交易者是否也被告知了当前的状况。信息幻景虽不普遍，但还是会在这些市场中发生。在没有信息的阶段，交易者对没有被告知信息的交易反应过度，导致价格变化路径与被告知信息的交易相似。但是，这些幻景在实验的早期就已经出现了；很明显，交易者学会了使用交易速度（一种他人行动可观察性类型）作为判断是否存在交易者被告知信息的迹象。

变化的合同性质。O'Brien and Srivastava（1990，1993）曾经进行了一系列的实验，在这些实验中，因为有多种有价证券可用于交易，所以通过签订合同以获得任何可能存在的套利机会是可行的。实验证实，其价格数据与非套利价格数据是一致的，但是并没有达到两阶段环境下的理性预期均衡条件。此外，实验还证明用于揭示信息非有效性的标准测试并不能识别理性预期均衡的失败，这表明在运用标准方法不能识别的现实数据中可能存在信息非有效性。O'Brien and Srivastava（1993）证明可以设计卖出和买入期权来获得信息有效的价格。这些有价证券和其他有价证券在市场中是多余的，但是，它们合理简单的结构使得参与者能够探究存在状态不确定性的个人信息。

实验室市场中的沉没成本现象

在项目持续阶段中，决策者经常要面对一些转折点。管理会计强调在这些环境中进行边际分析是适当的：人们应该忽视沉没成本，只比较未来收益和支出。但是，这种方法看起来是与直觉相背离的，学生经常争论说沉没成本应该适当纳入决策考虑中。此外，大众化期刊中充斥着大量的此类事例，在这些事例中，这一领域的专家诉诸沉没成本来使价格合理化或解释价格的调整。例如，众议院军事委员会（House Armed Service Committee）主席 Les Aspin 曾经这样说过："在 170 亿已经用于投资时，要取消 B-2 的损失太大了。"分析师 Shearson Lehman 曾经建议顾客去买美国西部航空公司的股票，但是，直到这家公司破产，他都没有建议顾客卖掉股票，"道听途说"专栏（Heard on the street）（《华尔街日报》，1991 年 7 月 2 日）这样报道："华尔街富有经验的老手说，Shearson 事件并不是唯一事件。他们说这实在是太平常太频繁的事，在众多公司股票投资者已经被劝说去购买一家公司股票时，即使这家公司的状况由好变差，经纪公司也不可能及时修改（贬低）他们原来的股票投资意见。"

除了这些公开报道的事例外，还有很多人报告了他们工作场所中的类似事例。[30]不仅如此，现实中甚至还有"沉没成本防御"（sunk cost defense）的范例。主持 Marion Barry 审讯的法官裁定，这种防御应该事先询问过政府调查官员，"他们是否可以因为政府在这个案子中投入了大笔资金就应该有所偏颇"（《纽约时报》）。

事例

大约 8 个月前，你启动了一个重大项目，在这个项目中，你要为新技术的采用投入 2 亿美元的资金。你提议这一项目的主要理由是，这个新技术可以降低变动成本，从长远来看，可以使公司更有竞争力。公司执行总裁较欣赏你的研究，同时暗示在负责战略计划的副总裁退休后，由你来担任新的战略计划副总裁。到目前为止，该新技术的研发已经耗用了公司 1 亿美元，公司生产中应用的依然是原有技术。此时，你还得知采用新技术的六家公司中只有一家公司降低了 5% 的变动成本，相比而言，三家大修旧机器的公司（修理费用只花了 800 万美元）却降低了 10%～30% 的变动成本。你建议你的公司继续投资新技术还是选择大修旧机器呢？

这是一个描述沉没成本的典型事例。当前信息表明，该公司最好是把已经花费的 1 亿美元看成是沉没成本，然后大修其原有机器。但是，如果新增其他决策评估人员，就必然会增加新的影响因素（属性）。第一，人们关注的是决策而不是指引他们的信息。第二，参与次序很重要。首先是你作出决定，然后是出现改变原有决策的时机，之后是由影响你收益的其他人作出决策。第三，对你来说，晋升要比你从投资中最终获得的个人报酬更重要。

理论背景

如果没有利益冲突，管理层及其公司应该用同样的方式来评估公司扩张决策。如果增量分析表明未来收益大于未来支出，那么项目就应该继续。Staw（1976）认为个体会倾向于扩张，即使增量分析表明不应该这样，他们也会更倾向于扩张——自我辩护（一种行为动力）使得个体按照维护其自我形象的方式行事。Staw（1976）认为相对于经济学理论上的"预期理性"，自我辩护是一种导致"回顾理性"的心理需要。将这一思想拓展至社会环境中就会产生"外部辩护"——一种促进人们关注沉没成本的其他影响力。

Kanodia et al.（1989）提供了一个经济学模型，在这个模型中，沉没成本现象作为纯理性行为结果出现。这个模型引入了信息不对称性和重视有远见的经理人的劳动力市场。因为市场不能观察到经理人有没有远见，所以市场会通过检验该经理人的以往决策来对此进行评估。特别是那些更换项目的经理人，常被视为缺乏远见，因为他们不能够正确地预测可选项目的未来。这就促使经理人忽视新信息且不更换项目以维护他们的声誉。在这个模型中，沉没成本现象根本就不是个体处理偏见导致的，而应该是个体收益期望最大化的结果。

证　据

Staw（1976）使用案例研究方法研究自我辩护和个人责任，以解释自动调整行为。被试者作为一个公司的财务人员，将研发资金分配至公司众多运行部门中的某一部门。一半被试者都在初次分配中将资金配置给两个部门中的一个，然后收集关于这一决策的反馈信息，再根据反馈信息作出二次分配。其他被试者不需要自己作出初次分配，被告知公司其他财务人员已经做好了初次分配。实验人员通过操控反馈信息来使一半被试者得到其初次分配的积极信息，另一半得到消极信息。

Staw发现被试者给错误决策分配的资金远远大于给成功决策分配的资金。另外，由被试者自己作出初次分配的选项得到的资金也要远远大于其他财务人员作出初次分配的选项所得到的资金。这个结果和Staw的假设是一致的。Staw的假设是，个体责任的态度促使自我辩护行为，进而导致增加承诺。给最初项目分配更多的资金可以解释为追溯性合理化最初项目。[31]

但是，这些结果也与信息不对称性的解释一致。被试者可能理性地认为，在现实环境中，如此巨大和重要的资金分配决定只会由那些拥有特殊信息和远见的人作出。因为大量信息是公开的，且这些信息对区分提议的两个备选方案没有提供任何信息含量，任务的委派暗示财务人员对于这些数据中没有反映的信息有特殊的洞察力。在这种情形下，可以利用声誉模型预测自动调整。但是，如果被试者对初次分配不作决定，就不再有任何维护其决策远见声誉的需要，所以可以预期他们不会进行相关的自动调整。

单人参与和多人参与的变化性。Berg et al. （1993）通过实验研究了沉没成本现象，明确地操控单人参与还是多人参与。在这些实验中，被试者最先处于个人决策环境中，然后处于多人参与的总体决策环境中。在单人选择实验中，被试者获知他们是项目经理，被要求在以下两个项目中选择一个：一个项目有 80% 的可能性获得高回报（有 20% 的可能性获得低回报）；另一个项目有 20% 的可能性获得高回报（有 80% 的可能性获得低回报），这两个项目可能获得高回报。在选择项目之前，每个被试者都被随机地指派为某种类型的经理人。第一类经理人可以获知有关哪一个项目有更高的预期回报的信息；第二类经理人没有收到有关项目回报的其他任何信息。在项目选定之后，每个被试者都会获知哪一个项目有更高的回报，并有机会更换项目。在项目最终选定之后，最终结果取决于所选项目的回报分布状态。

在单人选择环境中，被试者的占优策略是：如果最初的信息中披露了高回报项目，就选择高回报项目；如果他们最初选择的是低回报项目，就更换为高回报项目。自动调整率度量为，最初选择低回报项目的被试者在收到否定信息时所做出的调整次数的百分比。Berg 等人的研究结果是，在单人选择环境中平均自动调整率大于 15%。

在参与单人选择环境的实验之后，被试者进入 25 阶段的多人决策总体环境。这个决策环境与单人决策环境的差异在于：项目经理最终选定项目后，会进入雇主雇用项目经理的劳动力市场。其中一半的被试者被指派为雇主，另一半被试者仍然是项目经理。

雇主赚取项目经理价值与工资的差额。雇主有其个人价值标准，认为第一类项目经理（较早得到信息的经理）的价值要高于第二类项目经理（需要等到最终选择作出后方可以获知哪一个项目回报更高的经理）的价值。因此，雇主愿意给第一类经理人更高的工资。被试者要么能获得公开信息，要么能获得私人信息。

在公开信息环境中不存在信息不对称性，也就是市场可以洞察经理人所观察到的一切信息。雇主针对所有的经理人都采用密封二次竞价拍卖的方式竞价项目经理。在雇主为每个经理人报出竞价后，报价最高者得到经理人，雇主与经理人这样配对后市场出清。雇主付给经理人的工资等于对这个经理人的第二竞价。在公开信息情形下，雇主知道经理人的类型。与预测的一样，实验结果表明第一类经理人获得的工资要高得多。另外，自动调整率是18%，这与单人选择环境中的自动调整率无显著性差异。

这些结果说明，在社会环境中嵌入个人偏见并不足以导致沉没成本现象。这一证据支持信息不对称性对沉没成本的解释。

变化中的他人行为可观察性。Berg et al.（1993）也在实验中操控可观察性。在私人信息实验中，公司并不知道谁是"好"的经理，只能观察到这些经理所做选择的结果。但是，更换项目提供了更换项目者是个"差"经理的清楚信号。因此，"差"的经理人的市场工资应该低于那些类型还不明朗的经理人的市场工资。在私人信息环境中，这种工资模式是可以观察到的。因为这种声誉影响力使经理人不更换项目以隐藏自己的类型，所以，信息不对称性可能会导致自动调整率的急剧增长。实验结果正是这样：在私人信息环境中，自动调整率是54%。这些实验的研究结果表明，信息不对称性是决定沉没成本行为何时发生的关键因素。

Berg et al.（1992）推测，以前研究沉没成本现象的案例在操控其他利益变量时，不言自明地操控了可观察性。[32]在设计为明确操控可观察性的案例研究的基本条件中，被试者只获知在其决策时忽视了一些重要因素。在这种处理条件下，被试者还能及时获知同行审查方法。这个结果显示，在同行审查处理条件下，自动调整显著增加。Berg等人随后做了第二个研究，该研究与前一个大体一致，除了要求被试者阐述他们对信息环境的感知以外。在这些实验中，同行审查环境中的自动调整再次增加。实验后的问卷调查结果表明，被试者认为信息不对称在同行审查环境中影响更大。这个案例研究结果给我们提供了一些额外证据：自动调整将随已感知的信息不对称性程度的增加而增加。Kanodia et al.

(1989) 提供的声誉模型为沉没成本现象提供了一个简练的解释。

结　论

从单人环境到多人总体环境涉及很多可观察的差异。我们试图为任何类别的研究者（包括会计师、心理学家和经济学家）提供一个普适框架，去研究总体环境中出现的决策偏见意味着什么，特别是，这种偏见是如何持续下去的。我们首先列举了从单人环境转到多人总体环境时七个变化的因素，并将这些因素称为"总体环境的外生环境属性"，其中包括多个参与者、选择集的差异性、支付的相依性、可观察性、沟通、签约、行动次序。科学地讲，应该存在一些可以操控的变量，以确定多人决策环境中个体行为是如何变化的，以及是否出现新的偏见。因为不同范式假定不同的影响力在起作用，所以，在这些属性发生变化时，需要关注的是操控中的变量而不是关于哪一个影响力在起作用的不同意见，这是结构化科研计划的有用方法。我们考察了在考虑诸如代理环境中的控制错觉、讨价还价中的公平、证券市场上目标证券之外的其他证券的角色、价格泡沫的形成以及沉没成本行为等各种现象时，这些属性该如何予以操控。

这些研究结果的显著特点在于，总体因素如何影响个体偏见这一问题并不存在唯一回答，这表明会计学上有关这一问题的未来研究还有非常大的空间。显然还存在大量的问题有待考察，可以将出现的问题和本章所建议的框架结合起来并利用本书其他章节所提到的方法进行考察。跨学科的研究计划很可能是十分富有成效的。

审计学

首先，让我们一起来看一下审计学。我们可以从其他章节中获知，一般来说，审计任务在控制审计风险中占很大的比重，而且审计本质上是依序连续性的，它要求不同类型环境中必须相互配合的多个主体共同努力地处理信息。我们已经知道人们存在强烈的欲望去了解审计师的选择过程、审计师处理可能性的能力、经验的作用、信息处理是否构形以及审计判断是否存在一致性。有研究审计师能力和业绩的，有研究经验丰富的审计师与没有经验的审计师的问题表征差异程度的，有研究审计知识的直接和间接作用的，还有研究对审计师所要求的不同能力（诸如编码、检索和分析）的。最后，我们考虑了检验决策辅助改进审计质量的条件的研究尝试，同时，我们了解到要评估此类决策辅助的效用是非常难的。

绝大部分审计工作都是在单个选择层次上完成的，所以，人们可能会问，要是将总体环境属性引入这个环境中，这些结果是否会发生变化。例如，我们在讨价还价环境（依序行动）中详细阐述的逆向归纳方面的问题，在存在多个个体执行的大量依序行动时，这些问题是否清楚表明在审计环境中它们是相似的？在内部控制特征在审计早期被忽视时，沉没成本行为在审计环境中发生的程度如何？沉没成本概念与最近的储蓄和贷款丑闻之间有没有关系？审计环境中会受支付的相依性影响的构形处理程度如何？通常，我们发现在简单博弈环境中，参与者的反应很容易受到多变的支付相依性的影响，但是，我们对支付的相依性如何影响审计师的学习或工作能力知之甚少。然而，在审计环境中，支付的相依性的变化幅度可能会很大，它可能是大型会计师事务所中助理人员与项目经理之间的支付的相依性，也可能是两个合伙人之间的支付的相依性。

到目前为止，不同的审计师之间判断和选择的一致性经常被用作评估审计判断的标准。但是，如果我们把这种内生的一致性看成是追随的表现形式又会是什么结果呢？是否存在可操控的变量（例如参与次序和对他人工作的了解）系统地影响一致性的性质呢？再看看有关可能性的评估，审计师评估战略可能性的能力和评估随机结果的能力存在差异吗？在考虑审计效果时，例如，关于不同技术绩效的状态不确定性可能就是一个争论点，但是，在评估检查风险时，关于被审计单位的决策的战略不确定性可能更重要。

"对他人的观察"的作用是与作为经验变量的审计知识间接的作用类似，还是更有可能影响记忆图示？利益冲突程度（支付的相依性）和审计师能力本质之间的关系是什么？变化的利益冲突会影响审计环境中的分析而不影响编码吗？本章所提到的一些结果可能会使我们对审计环境的一些方面进行重新考虑。例如，相对博弈环境中的标准选择点而言，审计师的选择点可能会涉及一些更实质的活动。当决策点改变选择集的性质时，我们关于讨价还价的推论是不是有可能发生变化？逆向归纳是不是也会发生改变？

就决策辅助而言，本章介绍的方法可以用来简述评估这些辅助手段的潜在方法。正如我们所知道的，针对审计师从事具体业务的审计环境来说，在实验室环境中也就是在更加复杂的实验环境中进行研究，可以更容易地明确表述审计风险观念。在大量影响因素发生变化时，我们可能借鉴飞行模拟器的航线做些展望，然后对固有风险予以控制，并分析现有方法对固有风险的识别程度或者具体的决策辅助手段可以在多大程度上易化审计师对固有风险的识别。

外部使用者

关于外部使用者的研究大都集中在投资评估和贷款决策方面，这些研究结果表明，针对这些决策的不同投入可能会对决策结果产生不同的影响。至少有两个总体因素对这个领域的知识有潜在的贡献：他人选择可观察性和支付的相依性。例如，在评估环境中，当他人操控财务报表的能力发生变化时，会发生什么呢？如果存在另一些主体与你竞相给公司让渡资金使用权，会不会有差异呢？关于利润可能性的推论会不会受到竞争投资或环境信息的影响呢？他人的风险特征发生变化时，又会发生什么情况呢？

内部使用者

在管理会计中，激励合同的研究结果表明，人们期望进行现场调查研究以发现合同的其他一些特征。一个常被议论的问题是，在真实世界中经常观察到的合同和理论（以及签约实验）研究中的合同之间缺乏相似性。在现场调查研究中要考虑什么环境属性呢？例如，可观察性的程度和利益冲突似乎就是在研究真实世界的合同特征时，需要控制的自然因素。但是，似乎还存在更多细节问题。例如，在讨价还价中，我们发现一些特定前提或财产权在最后通牒式博弈中一定是由第一个参与者建立的。相似地，对实验室中观察到的合同和现场调查研究中观察到的合同之间差异的解释，可能取决于对合同提议之前已存在的先决条件的理解。

致　谢

感谢编辑 Robert 和 Alison Ashton，没有他们，我们将无法完成本章的写作；他们给予我们撰写本章的机会，使得我们能在两次编著会议上表达自己的想法与认识。还要感谢本章的合作者尤其是 Don Klein-muntz 在改进我们的写作思路上所付出的努力，他们提出的质疑促使我们对于个体和总体关系的考虑更加周全。我们对于理论和方法论的重大进步和眼前的绝妙研究时机感到兴奋异常。

【注释】

[1] 在相关文献中，Camerer and Kunreuther（1984）描述了一个联系个体和市场行为的实验经济学导向方法，表明特定的市场实验可以处理个体层面的偏见是否延续在简单人力市场经济中。我们关注的是更一般的总体环境，同时还介绍了源自总体环境的"新"的偏见问题。

[2] 本章并不打算对关于个体偏见和总体行为的所有文献做一个综述。关于特定的个体偏见是否会被市场行为所清除的情况，可以参阅 Camerer（1987），Camerer et al.（1989），Duh and Sunder（1986），Grether（1980），Ganguly et al.（1994）以及 Knez et al.（1985）。Camerer（1990）提出了行为博弈理论（就背离规范博弈理论进行的系统研究），并认为行为博弈理论是行为决策理论的自然继承。也可参阅 Hogarth and Reder（1986）关于心理学方法和经济学方法的比较。

　　[3] 与此思路类似，DeLong et al.（1991）证明噪音交易者（noise traders）（对资产价格拥有错误信念的交易者）能够存在，并战胜理性交易者（比理性交易者聚集更多的财富）。然而，其模型依赖于那些不影响价格的噪音交易者。因此，在市场中存在信息处理偏见，且有这些偏见的人不会绝迹，但是不会对总体层面产生影响。

　　[4] 关于市场异常的文献有很多。DeBondt 和 Thaler 是最先（也是少有的）试图将市场异常与特殊个体的偏见联系在一起予以研究的。也可参见 Thaler（1992）。

　　[5] 这样的行为可以说明养老基金经理自身就存在偏见，或者基金经理相信投资者会被此行为所"愚弄"。

　　[6] 尽管这篇论文认为分析师和股价的反应过度可能是有关系的，但并没有经验证明这种关系，也没有模型化分析师对什么信息反应过度。Abarbanell and Bernard（1992）认为这种关系可能比 DeBondt 和 Thaler 认为的关系更复杂（或者更模糊）。Abarbanell 和 Bernard 认为分析师对收益反应不足，而极端的反应似乎与股价的变化并没什么关系。

　　[7] Camerer（1992）做了一些关于这方面的调查。

　　[8] 运用实验经济学度量偏见成本还是实验经济学的一个未开发领域。因为偏见成本制度和参数的具体化，度量这些成本需要了解工业组织文献（以定义制度的关键性特征）以及评估参数方面的现场调查研究。

　　[9] 关于实验经济学方法论方面的文献综述可以参阅 Davis and Holt（1993），Forsythe（1986），Plott（1982），Roth（1986，1987，1988），以及 Smith（1982，1989，1991）。关于会计领域的运用可以参阅 Berg et al.（1985）和 Smith et al.（1987）。

　　[10] 不可观察性还会导致协调上的问题，即使目标已经完全一致。可参阅 Jordan（1989）和 Jordan（1990）。

　　[11] 代理理论文献中的问题是：在签订合同时什么时候的信息是有价值的。关于交易利得将如何分割的假设与这个问题的处理无关，所以，如果假设委托人将得到高于代理人市场工资的剩余部分，就不会有什么损失。

　　[12] 这个事例根据 Wolfson（1985b）而编制，Wolfson 将分享家庭所有权合同看作一般的"租还是买"问题的特殊例子予以了讨论。

　　[13]"逆向归纳"在代理理论文献中几乎没加以应用，然而，可供选择的合同却局限于那些保证代理人市场工资（通过"个体理性"约束）的方面，"激励相容"被用来说明委托人设计契约时考虑了代理人的利己性。我们这里引入"逆向归纳"

是为了使我们能够将代理理论文献与接下来要讨论的序贯博弈文献联系起来。

[14] 更准确地说，当且仅当信号 y 有信息含量时，它才有价值。关于代理人的努力程度，如果输出 x 不是一对数 (x, y) 的充分统计量，那么信号 y 就是有信息含量的。

[15] 该机制以实验单元交换中的被试者为奖励对象，通过一个预定转换函数转换成为赢得预先指定的双奖金投机的可能性。遵循可传递性、单调性和复合博弈公理的被试者，将会显现其偏好在具有这种可能性时是线性的。因此，通过引入一个凹转换函数，将诱使被试者像风险规避者那样行动。这种方法的效果特征将是持续研究的主题（参见 Berg et al.，1992）。

[16] 这些实验包含的合同集是有限的，通过消除代理人接受/拒绝选择抑制了这种环境中的最后通牒博弈，还使用抽彩给奖机制控制了被试者的风险偏好差异。

[17] Epstein（1992）的研究成果中包含了能解释为何与这个推测松散一致的证据。该研究发现，引入拒绝合同的机会代之以固定奖励（代理人的市场工资）会降低代理人模型的预测能力。在这种情况下，一些委托人提出了次优风险共享合同，一些代理人没有拒绝合同，即使为最大化其自身利益理应拒绝时，也没有拒绝合同；而另一些代理人为最大化其自身利益不应该拒绝合同的，他们却拒绝了合同。但是，这些实验中的行为到实验结束时（10 个阶段）都明显没有稳定下来。这与 Berg et al.（1992）的研究结果不一致，在后者的研究中，到第 10 阶段行为都趋同了。这可能是因为 Epstein 的实验更加复杂或者有支付的明显优势。在 Epstein 的一些实验中，选择已预测合同和行动的支付并不高于选择次优合同的支付。

[18] 在 Baiman 和 Lewis 的实验中，提供的合同并不取决于代理人行为。合同集已事先选定，实际上也不存在委托人，尽管被试者已获知合同被前面的参与者指定，且被试者的选择会影响那些参与者的支付。在 Berg 等人的实验中，被试者由委托人和代理人组成，因此合同的提供取决于委托人对代理人行为的信念。实验包括相同任务选项的不同时期（和相同的配对被试者）。因此前期代理人行为会影响后期的合同选择。

[19] 这个例子根据 Kahneman et al.（1986）中的调查问卷改编。82% 的回复者认为提高雪铲价格是不公平的。

[20] 为了做出这个预测，我们假定顾客不能通过接受处罚来免除铲雪（体力）成本。这样就会出现以下情形：在惩罚没有铲雪的顾客后，社区借雪铲给顾客让他去铲雪。如果顾客能够通过接受处罚免除铲雪成本，此时，顾客为雪铲支付的最大成本是惩罚成本减去雪铲成本。

［21］例如，在决策时，被试者明显会分离而不是整合信息（Tversky and Kahneman，1987）。

［22］参见 Hoffman and Spitzer（1982，1985）等相关文献。

［23］然而，在 Kachelmeier et al.（1991）将对公平的调查延伸到市场环境时，发现公平会影响市场价格，但是随着时间的推移，这个影响会减弱。这个影响归因于公平而不是预期。也可参阅 Bolton（1991）对纳入绝对支付和相对支付偏好的讨价还价模型所作的研究和测试。

［24］这个经验类型与许多代理实验中委托人拥有的经验类型一样，这也可能解释了这两个文献所提到的被试者在逆向归纳方面的能力差异。

［25］可能存在许多这样的早期协议，使得参与各方都更好。我们用等分 50 美元的耽搁损失作为唯一解释。

［26］每一轮次的金额（单元：美元）如下：

	第一轮次	第二轮次	第三轮次	第四轮次	第五轮次
1	5.00	1.25			
2	5.00	2.50	1.25		
3	5.00	1.70	0.58	0.20	0.07

在三轮次博弈中，逆向归纳解决办法预测到了已接受的前两轮次的提议大约是 3.75 美元和 1.25 美元。

［27］这与之前最后通牒博弈研究的结果不一致。Binmore et al.（1988）指出其研究和 Neelin 等人的研究存在一些差异，特别是 Neelin 等人研究中的四轮次讨价还价博弈还存在审断前经验（pretrial experience）。Binmore et al.（1985）已经确认经验能够影响行为，这也许能解释这些结果。

［28］这个研究使用了"老鼠实验室"程序追踪技术，这种以计算机为基础的技术使得研究人员能够记录有关被试者搜寻方式的信息。欲对此方法作进一步的详细了解，可以参阅 Johnson et al.（1988）等文献。

［29］除了序贯博弈实验之外，逆向归纳已经在更复杂的环境中予以检验。McCabe（1989）研究了不兑现纸币（其本身不存在内在价值，但可以当做"价值存储"留待以后购买物品）的行为。逆向归纳的预测是不应当存在交易，因为在最后期间，纸币是没有价值的，而在明白这一点之后，被试者无论何时都应当拒绝接受钱币。尽管在早期存在交易，但是 McCabe 发现交易会随着人的经验的增加而崩盘得越来越快。

Mckelvey and Palfrey（1990）发现在"蜈蚣博弈"（centipede game）（在这个

博弈中，参与者可以轮流选择是否立刻终止博弈，以使自己得到的支付高于对手得到的支付，或者继续博弈以增加总博弈总支付）中，逆向归纳也失效了，逆向归纳预测这个博弈应当在第一个参与者选择时就结束。然而，Mckelvey 和 Palfrey 发现，在他们的四轮次博弈中只有 7% 是在第一个参与者选择后结束的。

[30] 我们对这些例子的认识来源于我们的管理会计专业的学生，他们许多人已经在就职的公司担任管理职位，我们要求他们撰写关于扩大错失公司行动责任的趋势方面的文章。考虑到该文章会涉及公司名和相关人名，我们同意他们以匿名形式撰写此文。

[31] 这些数据也与 Staw 认为的自我认知假设相一致。在自我认知假设下，被试者不把消极结果看成是消极的，而将之看成是确实可能成功的初次选择必然伴随的必要周折，因此，Staw 认为自我辩护是更可信的解释。

[32] 从技术上讲，在案例研究中，人们只能操控认知。因此，可观察性是否真正得以操控必须取决于操控检验的手段。因为此前的研究并没有涉及操控检验，所以人们不能确定这些实验中可观察性是否得以操控。

第 3 部分
涉及会计信息审计的判断与决策研究

第6章 审计中的判断与决策研究

Ira Solomon，Michael D. Shieds

引 言

本章有四个相互联系的目标。目标一是概括和评价过去20年来发表的有关众多研究经验丰富的审计师在执行审计任务时形成判断或作出决策的文章。目标二是为今后的研究推荐研究问题和方法。目标三是比较审计中的判断与决策（J/DM）研究结论与非审计中的判断与决策研究结论的区别，借此加深非审计中的判断与决策研究者对审计中的判断与决策研究的了解。目标四是为Libby围绕审计过程的知识和记忆所著的第7章以及Messier围绕审计决策辅助手段所著的第8章奠定基础。如稍后讨论的那样，要实现这些目标，就应当使审计中的判断与决策研究结论更容易理解，强调现有理论的边界条件，使今后的研究聚焦于有希望解决的问题，识别对今后研究有用的方法以有利于判断/决策理论的构建和修正。

本章共分七部分。第一部分界定什么是审计，第二部分强调审计背景下判断/决策的研究目标。值得注意的是，在这两部分中回顾审计中的判断与决策研究的主要目的是：（1）描述审计师如何作出以及在多大程度上作好判断和决策；（2）就如何改进审计中的判断与决策作出相关规定；（3）为非审计中的判断与决策贡献知识。另外，需要注意的是，审计任务/环境特征使得审计中的判断与决策与众不同，也给审计为发展和检验判断/决策理论带来了良好的舞台。在这两部分中，我们还将审计中的判断与决策特征化为任务/背景、审计师以及任务/背景与审计师相互作用的函数。第三部分概述审计中的判断与决策的研究历史和中心问题，简要评述前面几章所回顾的审计中的判断与决策研究文献。一个重要主题是审计中的判断与决策研究（争论点、问题、理论、方法和评价标准）的核心特征，反映了非审计中的判断与决策研究的发展，是审计研究人员运用"借用和转变"（borrow and transfer）以及"转变前对比"（contrast before transfer）等方法的结果。

第四部分集中关注审计过程以及这个过程中的关键判断/决策趋势。第五部分开篇就给出了一个三维组织框架。这三维分别是：审计过程阶段（如计划审计程序、评价证据）、基础理论框架（如政策捕获、概率判断）以及所采用的判断/决策评价标准（如准确性、自我洞察力）。这三个方面的内容将成为我们评价审计中的判断与决策研究的组织原则。第六部分不仅评价了以前的研究，而且对以后的研究提出了一些建议。这里需要注意的趋势是，从将审计师模型化为一般的信息处理人员，转向更多地根据审计任务及其与审计师的相互作用来模型化审计中的判断与决策。伴随此趋势的出现，人们日益认识到，根据标准的判断/决策评价标准（如准确性）就能满意地特征化审计判断/决策评价目标的假设是不恰当的。在本章的最后一部分，我们注意到虽然大多数审计中的判断与决策结果与其他的判断与决策结果一致，但是存在四个显著差异。这些差异有可能推动一般判断/决策理论得到构建或修正。

审计的界定

审计可以描述成一个根据特定标准评价认定的正确性并向相关利益

主体报告调查结果的过程。在美国，财务报表审计是最常见的形式。所评价的认定关乎企业参与的经济交易，用来评价认定正确性的标准是一般公认会计原则（GAAP），由独立审计师（称为注册会计师或 CPA）来向相关利益主体（如现在的和预期的企业所有者、员工、债权人和监管机构）签发报告。例如，如果财务报表列报了 100 万美元的存货，如无其他声明，则该企业声明其存货是存在的，这些存货也是归其所有的，根据一般公认会计原则，这些存货的正确估价应该是 100 万美元。审计师可以通过执行程序（如观察员工盘点这些存货），来获得确定这些认定与该标准之间相符程度的有用证据以评价这些认定。最后，如果审计师得出财务报表遵守了一般公认会计原则的结论，就会签发报告以传递该信息。否则，审计师就会要求调整认定，或者签发报告以表明财务报表在描述企业经济交易时严重违反了一般公认会计原则。

判断和决策贯穿于审计过程的每个阶段。比如，在关注具体财务报表认定和账户余额（如存货估价）时，审计师必须就该余额和认定的重要性、错报风险水平、如何最佳地搜集证据证实或证伪该认定、应该收集多少证据以及该在何时实施审计作出判断。随后，审计师需要评估所获得的证据并对其含义作出判断，对其他账户和认定所作的判断与此类似。然后，审计师必须整合这些审计结果，并决定向财务报告使用者传递什么样的信息（如选择应该签发的审计报告）。

在美国的经济体系下，审计关注的范围很广泛且其作用也很多。[1]然而，几乎所有的审计中的判断与决策研究都以财务报告审计为背景。因为本章的目的是回顾现有的审计中判断与决策研究，所以，以财务报表审计为基础进行回顾是明智的。但是，值得注意的是，下文所述大多数情形都适宜进行财务报表审计之外的其他审计，只有很少（如果有的话）情形仅限于财务报表审计。

审计中的判断与决策研究的目标

审计研究人员大约在 20 年前就认识到审计固有的判断和决策是经

得起科学调查检验的。与其他领域一样，科学调查的目的通常有三个方面：描述（descriptive）、说明（prescriptive）和规范（normative）。也就是说，审计中的判断与决策研究试图描述审计师如何以及在多大程度上作出判断和决策，并建议审计师如何更好地作出判断和决策。也有许多研究致力于回答应该如何作出审计判断和决策的问题。本章的重心在于描述审计中的判断与决策研究，规范研究也将以次要形式予以描述。[2]然而，说明研究却未包含在其中，因为这是 Messier 围绕审计决策辅助手段所著文章（第 8 章）所要关注的内容。

我们将上述审计中的判断与决策研究的三个目标增加至五个目标，增加的目标为：增强指导/训练和增加非审计判断/决策知识。[3]第四个目标认识到，审计中的判断与决策研究可以获取知识，并且一旦获得了知识就可传授给大学里的学生。其中的一个例子是，有关启发式与偏见的审计研究已经获得了关于审计认识的新知识，这些知识已被许多教育工作者引入大学课堂。Ashton（1984）对如何可以做到这一点的举例说明，明显地易化了研究结果转移到会计/审计的学习课程。虽然将审计中的判断与决策研究引入教育领域有巨大的潜力，但是，系统提高教育水平的例子却难以寻找（识别）。有趣的是，审计中的判断与决策研究似乎已经找到自己的方式，会计师事务所制定培训项目要比大学课堂提供的培训项目使审计人员获得更大的提升。例如，关于审计师专长方面的研究成果已用于制定培训计划，帮助执业审计师学习如何像专家般作出判断和决策。

与第五个目标（增加非审计判断/决策知识）考虑的一样，审计判断/决策研究既有可能测试一般的判断/决策理论，又有可能阐述与拓展其他应用环境中的判断/决策理论有关的变量。判断/决策过程可以看成是任务/环境、审计师以及任务/环境与审计师相互作用的函数。此外，任务/环境还可以分成两个部分：内容和结构（参阅 Einhorn and Hogarth，1981）。进一步讲，出于讨论的需要，界定两类任务/环境（一般任务/环境和应用任务/环境）是很有必要的。在一般任务/环境中，研究者强调的是结构而不是内容（如书包和扑克牌任务）。相对地，在应用任务/环境中，结构和内容都很重要（如企业中的员工业绩评价）。一般任务通常是出于研究目的而实施的，应用任务则既可能发生于自然环境，也可能发生于研究环境。此外，一般任务和应用任务的研究表象都是既要求结构抽象也要求内容简单。尽管它们都注重结构，但是，一般任务对内容的要求要高于应用任务中的要求。例如，书包和扑克牌任务毫无内容，却是连续信念修正任务的结构表象。

我们也对有经验和没有经验的审计师进行了分类，建立了一个四任务/环境与审计师组合的模型。[4]大多数判断/决策文献要么让经验不足的被试者处理一般任务/环境（如让学生执行书包和扑克牌任务），要么让经验丰富的被试者处理应用任务/环境（如让执业医师进行医疗诊断）。因此，其他两个组合（由专家或经验丰富的被试者执行一般任务以及由初学者或经验不足的被试者执行应用任务）通常不会成为研究的焦点，利用这些任务/环境与审计师的组合的研究，通过增加关于任务和审计师对判断/决策处理结果的效果的知识，为判断/决策文献作出有价值的增补。例如，由经验不足的被试者（如学生）执行应用判断/决策任务的研究能够为评估经验效果提供基准。

客观地说，应用判断/决策研究（包括审计判断/决策研究）提供了关于任务/环境结构影响判断/决策行为的有价值的证据。在各种应用判断/决策文献中，对许多环境背景（如医学、气象学和军事学）做过调查。每一种环境背景都有许多结构特征，有的结构特征在不同环境背景下是相同的，但是彰显一种环境背景有别于其他环境背景的结构特征的构象是不同的。例如，审计环境有很多与其他环境相同的具体结构特征，但是，这些结构特征的构象使得审计环境有别于其他环境。审计环境中显著的具体结构特征包括大量的跨期和多人（如审计小组）互动以及不对等的惩罚和奖励。另外，审计背景下的任务有不同程度的主观性，通常是连续的和重复的，而且一般需要专门的背景知识。审计任务的另一个特征是，由拥有不同程度审计背景知识的人（审计小组及其成员）来实施明确的风险评估。此外，在审计背景下，对审计师有问责规定（参见 Tetlock，1985），强制要求其专业地记录判断/决策、公正合理地判断/决策、在规定的时间内完成审计工作。最后，虽然通常没有及时披露真实状况（如结果反馈）的要求，但是，复核所记录的任务执行情况可能可以提供一些及时的反馈。

与上述情况一样，结构特征使得审计任务/环境丰富了判断/决策理论的测试基础。举例来说，正如下面所讨论的那样，审计判断/决策研究的结果往往与一般判断/决策研究的结果一致，也与从其他应用判断/决策任务中得出的结果一致，但偶尔会有些偏差（如，审计师的判断一般较少依赖简化的启发式方法，审计师对概率所作的判断也不显示其过度自信）。在我们看来，"一致"的结果表明判断/决策理论对不同的任务/环境结构不敏感，"不一致"的结果则表明该理论对具体任务/环境结构和内容敏感。对一般判断/决策理论感兴趣的研究人员和那些对应用环境而非审计环境的判断/决策理论感兴趣的人应该能够发现这些证据的价值。

在本部分详述前三个审计中的判断与决策研究目标后，阐述了现有的研究极大地增加了审计中的判断与决策的知识存量。然而，审计中的判断与决策研究现已发展到难以再作出实质性贡献的水平。因此，为了给新的和积极活跃的相关研究人员提供建设性建议，下一章的讨论主题将集中在形成理论和假设、设计假设检验和解释结果方面的审计任务/环境的结构特征等方面。因此，与此相关的主题将是确保对审计任务、内容及任务与审计师之间的相互作用给予更多的关注。

审计中的判断与决策研究的历史、焦点以及对早期研究的评述

20 世纪 70 年代初以前，几乎没有（即使有也非常少）关于审计判断/决策的科学研究。事实上，那时候，学术团体成员普遍认为审计是一门艺术，因此不适宜进行科学的调查检验。回顾过去，有三件事似乎激发了人们对审计判断/决策进行科学研究的兴趣。第一件事是，美国会计学会（1972）在一份研究报告中向会计和审计学者介绍了 Brun-

swik 的透镜模型，将该模型作为描述性模拟人们如何利用会计信息作出决策/判断的一种方法。第二件事是，先后于 1972 年和 1974 年在堪萨斯州大学和伊利诺伊大学召开了审计学术会议。第三件事是，毕马威会计师事务所在 1976 年出版了《审计中的研究机会》（ROA）一书，并建立了 ROA 研究计划，为致力于审计研究的学者提供资金、项目和资料。[5]这些事件促使审计研究的领域、数量和质量产生巨大的转变。在四年的时间里，审计研究特别是审计中的判断与决策研究经历了从兴起到成为会计学者的研究焦点的过程。

　　早期的审计中的判断与决策研究主要处理两个大问题：（1）根据大学生被试者执行的一般任务得到的心理学研究结果是否重现于审计师被试者执行的审计任务的研究中？（2）审计师如何以及在多大程度上作出好的审计判断/决策？随着审计判断/决策研究者越来越熟悉心理学文献，以及审计研究基础的建立，这些初始问题随着其他宽泛问题的增加而增加。其中一个重要的例子是，与统计模型相比，审计师（作为直觉统计人员）如何以及在多大程度上作出好的判断/决策？早期研究的具体问题可能包括：（1）在作出主观概率判断时，审计师是否过度自信？（2）在修正概率时，审计师是否保守（相对于使用贝叶斯定理）？（3）审计师的具体判断/决策是否一致或可靠？（4）审计师判断/决策的一致性如何？（5）审计师的自我洞察水平如何？（6）审计师是否运用了启发式方法并出现了与其他判断一样的偏见？（7）审计师在多大程度上做好从经验中吸取教训的总结工作？（8）如何改进审计判断/决策的质量？这些研究问题演变的时程分配型式（temporal pattern）与同一时期的非审计文献（如 Slovic and Lichtenstein，1971；Tversky and Kahneman，1974；Einhorn and Hogarth，1981）类似。这些审计中的判断与决策研究通常将信息处理器看作"黑箱"，只有极少数的研究试图打开这个"黑箱"去了解信息投入与产出之间发生了什么。事实上，在此期间，随着审计研究人员越来越熟悉新的文献资料，这方面的研究转向"借用和转变"方法。

　　前文已经阐述了对于审计中的判断与决策研究的一些评述。有些评述仅限于审计中的判断与决策研究，还有些包括各种其他方面的行为会计研究（如财务会计方面的、管理会计方面的）。这些文献综述大部分是逐篇地介绍与评述，且都是发表在 20 世纪 80 年代初期。Ashton（1982，1983）的文献综述是以理论框架（如政策捕获、概率判断、启发式与偏见）及会计/审计判断与决策类型作为组织线条的，Libby（1981）以及 Libby and Lewis（1977，1982）的文献综述则是以审计判断/决策的投入——处理——产出表象以及理论框架作为组织线条的。Felix and Kinney（1982）以及 Joyce and Libby（1982）的文献综述是以审计任务、问题以及审计判断过程作为主线的。考虑到文献综述的目的，以审计判断过程为组织线条是很重要的，因为它易化了从"借用和转变"转向"转变前对比"。在"转变前对比"方法中，注意力更多地集中于对审计和审计师的特征、一般的以及其他的应用任务特征的区分（参见 Bonner and Pennington，1991）。最后，为了提供持续的指导，随着 Ashton et al.（1988）更新了以一般判断/决策框架结构化的审计判断/决策研究的议事日程，毕马威会计师事务所也更新了它们的 ROA 计划（Abdel-khalik and Solomon，1988）。

审计过程

审计过程概述如图 6—1 所示，该图根据 Felix and Kinney（1982）改编。[6]因为本部分要求读者了解一点审计知识，所以，审计过程概述及所附的说明提供了相关专业知识的介绍。需要特别说明的是，我们省略了（现在）"教科书方法"中许多有趣的潜在变更。这些变更可能在实践中可以观察到，且是关于一般判断/决策倾向与这些倾向及审计领域特征相互作用的函数。在描述审计过程之前，很有必要了解审计的三个一般特征。第一，审计中存在一套标准的审计程序来审计每个企业的财务报表。事实上，除了获取和评价与财务报表有关的证据外，相当一部分审计过程都是根据每个企业所处的环境，直接面向确定最富成效和最具效率的获取此类证据的方法。

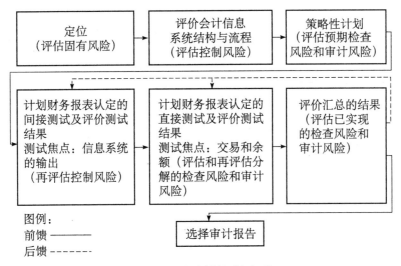

图 6—1　审计判断过程概述

　　第二，虽然上述审计过程中的大部分环节都是从单个审计师的角度来观察的，但是，除了最小规模的审计之外，其他所有审计都是由具有不同经验和相当多的任务专门化审计师组成的工作小组完成的（参见Solomon，1987）。一般地，经验不足的小组成员执行具体的取证工作并在"工作底稿"中记录结果，而较有经验的小组成员计划审计过程，监督审计执行并复核记录工作（称为"复核过程"）。较有经验的小组成员还要就出现的特殊问题与合适的人员进行协商。

　　第三，审计职业准则引导审计师逐渐将重点放在风险评估上。事实上，审计的基本目的最近已转变为将企业财务报表中存在的严重偏离一般公认会计原则的风险最小化（见 AICPA，1990）。审计师一开始是不知道的这一风险，但是经过努力能对该风险进行评估。这一风险被称为"审计风险"，可以视为以下三个风险的函数：

$$审计风险 = f(固有风险, 控制风险, 检查风险)^{[7]}$$

固有风险是指发生错报的风险，控制风险是企业信息系统不能发现并更正错报的风险，检查风险是指审计师实施审计程序后不能发现并更正已发生且控制未能发现并更正错报的风险。从风险的角度来看，审计是收集和评价证据以使审计师最小化审计风险的过程，此处的审计风险是指审计师得出了财务报表中不包含错报的错误结论。前两个风险与企业（以下称为"被审计单位"）作出关于财务报表的认定有关，因此，这两个风险组成部分不受审计师的直接影响。但是，第三个风险组成部分直接受审计过程及其进展的影响。审计过程的进展主要取决于众多判断和决策的质量。

图 6—1 中描述的每一个阶段通常包括审计师要执行的几项任务。第一阶段是定位阶段，其目的是制定审计的总体战略。在该阶段，执行关键任务是为了了解被审计单位的经营状况及其内外部环境，以判断、评估被审计单位财务报表的具体认定中出现错报的固有风险。例如，审计师可能会询问有关被审计单位的产品需求情况及其所在行业的一般财务健康状况。此外，审计师可以检查文件（如合同），以了解被审计单位管理层是否存在达到既定的认定水平压力所需的线索（如被审计单位总经理薪酬的关键因素可能与净收益或普通股每股收益的某些衍生物有关）。

对固有风险进行评估后，在第二阶段，审计师要判断会计信息系统的结构以形成控制风险（会计信息系统不能发现并更正已发生错报的风险）的初步判断。在此阶段，审计师要阅读程序手册并询问能证实信息系统结构的相关人员以获取相关的信息，还要分析信息系统结构以识别系统中可能存在的重大薄弱环节。这种识别需要审计师运用有关信息系统设计的技术知识。因此，知识丰富的审计师会关注这样一种情况，即被审计单位的员工被授权在实现销售时接收现金并记录销售金额。在这种情况下，这个雇员履行自己的日常工作职责的一部分，可能会通过少记货物实际销售量来隐瞒错报，然后从中获利。

第三阶段为策略性计划阶段。策略性计划可以易化计划检查风险和审计风险的评估。特别地，以审计师在制定策略性计划时对被审计单位的了解为前提条件，策略性计划包括决定以最富成效和最具效率的方法收集支持关于财务报表信念的证据。通过直接测试认定（如亲自观察固定资产是否存在）或通过研究生成认定（结构和产出）的信息系统进而间接地测试认定，审计师可以了解财务报表认定的正确性。一般来说，直接法比间接法更加有效，但成本更高（效率较低）。但是，在特定情况下，审计师根据自己对被审计单位的了解来决定采用哪种方法或者哪两种方法的组合。例如，如果审计师认为会计信息系统结构比较薄弱，就可能决定不研究会计信息系统的输出结果而直接测试财务报表认定。相应地，如果审计师认为会计信息系统结构健全有效，就会认为研究会计信息系统的输出结果而不实施高成本的直接测试是合适的。

　　策略性计划还涉及其他两项关键任务。首先，审计师必须从本质上提出并回答以下问题——在我打算保证我能查出错报之前，了解错报的概率有多大？这项任务被称为"计划重要性水平"评估，它要求审计师对审计工作的精确度作出判断。在形成这个判断的过程中，审计师意识到财务报表以及生成财务报表的信息系统是不完全准确的。此外，审计师还意识到财务报表使用者对信息的不精确程度有一定的要求，但是如果要求审计师将其审计工作的精确度提高到使用者要求达到（或超过）的程度，则是不符合成本效益原则的。

　　其次，在策略性计划阶段，审计师通常会执行一些被人们称为分析程序的任务，以关注那些错报风险相对高的认定。这些程序可以充分利用不同期间的财务报表信息之间的关系或同一期间的财务报表信息之间的关系。例如，如果审计师在财务报表公布日之前就知道被审计单位应收账款金额大概占总销售额的 10%，在环境没有发生任何变化的情况下，预期当期应收账款金额就应该是占总销售额的 10%。如果财务报表上的相关数据与此出入较大，根据通常的审计经验，可能会增加关于本期应收账款认定的错报风险，相应地，审计师可能会直接测试该财务报表认定。

　　在第四阶段，审计师要么计划财务报表认定的间接测试和评价测试结果，要么直接进入审计过程的第五阶段。假如没有绕过审计过程的第四阶段，审计师就要判断被审计单位是否确实仍在使用早期研究过的信息系统结构，该信息系统结构在发现和更正错报方面是否仍有效。因此，这一阶段的关键任务就是，针对预期最有能力发现和更正错报的信息在结构上的关键特征编制测试计划。这种测试的一个例子是，利用被审计单位的信息系统来处理包含已知错误的虚拟交易，看该信息系统能否发现这一错误。此外，除了计划这些测试的性质外，审计师还必须确定这些测试的时间（即财务报表所涵盖的时期内何时执行该测试或在财务报表日后何时执行该测试）和范围（如用于测试的虚拟交易有多少）。开展这些测试后，审计师要评价所收集的证据，并在这一阶段结束时对控制风险进行重新评估。

在第五阶段，根据截至这一阶段所了解的情况，审计师要计划判断可导致最富成效和最具效率审计的财务报表认定直接测试的性质、时间和范围。审计师还要对预期检查风险和审计风险进行初步判断（或重新评估）。这个阶段的测试主要关注财务报表认定的细节（如向债务人函证应收账款的存在性）或数据之间的内在联系（如分析程序）。随后，审计师必须评价每一个测试所收集的证据并且确定是否需要执行其他程序。如果执行了其他程序，审计师还要解释其他程序的执行结果。

第六阶段的重点是评价汇总的结果。审计师要考量各具体测试结果之间的内在联系，以及主观整合与财务报表各认定有关的证据。此外，审计师还要评估"已实现的"检查风险和审计风险。审计过程的最后阶段以审计师选择审计报告结束，该报告将最佳传达审计师对全部所获证据的评价。[8]也就是说，审计师对财务报表内和财务报表之间的认定的正确性要形成一个全局性判断（称为"审计意见"）。其次，这一判断的形成需要再一次考虑重要性概念。不过，这一阶段的主要关注点（审计师称之为"报告重要性水平"）是，已识别的错报（连同证据表明可能存在的其他错报）对财务报表潜在使用者来说是重要的。

在这一阶段，还存在多种可能性。第一，审计师可能断定，依据截至这一时刻所获得的证据足以确定在作出全局性判断之前还需要收集其他证据。图6—1第六个方框中的"反馈"虚线表明了这种可能性。第二，审计师可能判断所获证据已足以支持财务报表认定不必做任何调整的结论。在这种情况下，审计师会签发财务报表是正当的（valid）报告*（即

---

* 为了保持原著的一些说法，翻译过程中并没有对那些与现有专业表述有偏差的用词做相应的修改。——译者注

财务报表是遵守一般公认会计原则编制的）。相应地，如果审计师认为至少存在一个必要的调整，被审计单位就要决定是否做出相关调整。[9]如果被审计单位按要求进行了相关调整，审计师就可签发财务报表正当的报告。但是，如果被审计单位与审计师之间存在意见分歧，审计师就要在评价被审计单位提供的所有新证据后，重新考虑他们自己的初步判断（可能要求做出较小的调整并观察被审计单位对此的反应），然后再决定签发财务报表正当与否的报告。

分析程序：判断/决策的详细说明

本部分通过关注分析程序来强调审计过程中随处可见的某些认知活动。之所以选择分析程序，是因为存在很多有关分析程序的判断/决策研究。也就是说，在执行各种分析程序子任务时，审计师开展了范围极其广泛的认知活动。这些认知活动包括形成心理表征、生成和测试假设、外部和内部（如，记忆中）信息搜集，以及信息评价与组合。我们再次运用"教科书"式的方法来对分析程序进行介绍。

如前所述，分析程序关注的是数据之间的相互关系，并且，其假设条件是，如果环境没有改变，过去数据之间的相互关系将持续下去。在实施分析程序的过程中，分析复核是一种主观的过程，其特征是先从诊断推理的角度来分析（参见 Libby，1985；Koonce，1992）。[10]举例来说，审计师计算本期应收账款金额与本期销售总额的比率，然后比较上期类似比率，以评价财务报表中应收账款金额的合理性。如图 6—2 所示（据 Koonce（1992）改编），分析复核与连续性的反复过程（病人描述症状、请求医生诊断的看病过程）不同（Ashton et al.，1988；Blocher and Cooper，1988）。

当审计师决定运用分析程序评价财务报表认定（如评价应收账款余额）时，就表明五步分析复核程序开始执行了。第一步是对审计对象形成心理表征。通常情况下，这一步将要求审计师就认定形成主观预期值，再与被审计单位的对应账面值进行比较。这一预期值的形成要求审计师从记忆中检索程序性和说明性的信息（特别是审计初期所搜集的此

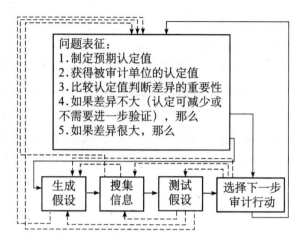

图例：前馈——　　反馈- - - - -

图6—2　分析程序中的判断与决策

类信息），这些信息可能说明不断变化的环境（如信用政策的改变）。

举例来说，根据前期数据，审计师可能确定本期应收账款额与本期销售总额的比率应该接近0.10。此时，审计师面临的问题是判断审计师的预期值与被审计单位账面值之间差异的重要性（为了便于解释，假设根据被审计单位账面值得出的比率为0.15）。如果认为0.05的差异不重要，那么审计师将决定减少或者终止关于这一认定的审计工作。在图6—2中对这种情况的描述是：从"问题表征"框中沿实线到"选择下一步审计行动"框。重要的是，如果审计师对后一个决策作出了错误决定（如认定实际上存在严重错报的情况），那么将会出现可怕的（但是推延的）后果。特别地，审计师可能被因依赖错误认定而遭受损失的财务报表使用者起诉。

相应地，如果0.05的差异被认为是重大的，那么，审计师下一步将形成用于解释这一差异的假设。在图6—2中对这种情况的描述是：从"问题表征"框中沿实线到"生成假设"框。在这里，一项关键活动是：从记忆中检索以前年度审计活动或当前年度审计活动中预示的假设或对假设的解释。例如，假设可能是环境（如信用政策）发生了改变，因此应收账款与销售总额的预期比率发生了变化。一旦得出这样一个似真假设或假设集，审计师就要为了专门测试假设而搜集信息。这种有针对性的信息搜集可能导致信念修正，并最终（或许经过几个反复之后）只留下一个假设。例如，审计师可能确认被审计单位的信用政策经验证确实已经发生了改变，从而认可应收账款与销售总额的比率的变化。

接下来，审计师将选择下一步审计行动，其中主要包括：为更大范围的审计检查选取认定（如果未拒绝的假设认为认定是不正当的）或终止进一步的核查工作（如果未拒绝的假设认为认定是正当的）。例如，审计师要么扩大对已审应收账款的审计范围，要么认为只需要执行少量的进一步审计程序。如果审计师选择后一种程序且认定实际上是有错报的，则将出现严重的后果。另一方面，如果审计师错误地选择前一种程序，则将受到被审计单位和市场的"惩罚"，因为这样的审计师采用了低效的审计过程。

文献综述：条理化文献的框架

考虑到现在的目标是与只具有有限审计知识的读者进行交流沟通，所以组织本部分内容的主要原则是：作为研究基础的判断/决策理论框架、研究所用的判断/决策评价标准、前文讨论过的审计判断/决策过程的阶段。因此，一个关于判断/决策理论框架、判断/决策评价标准和判断/决策过程阶段的"立方体"，提供了本章其余部分的组织框架（见图6—3）。本部分主要就已有的研究进行讨论，对未来审计判断/决策研究的建议放在随后章节中予以阐述。

理论框架和判断/决策评价标准

大部分已发表的关于审计判断/决策的研究文献都采用了非审计判断/决策研究中的一种或多种"标准"理论框架。现有的审计判断/决策研究所采用的理论框架主要有以下五种：政策捕获、概率判断、启发式

审计判断过程	理论框架	判断/决策 评价标准
定位	政策捕获	意见的一致程度
评价信息系统结构和流程	概率判断	线索使用
策略性计划	启发式与偏见	稳定性
计划财务报表认定的间接 　测试及评价测试结果	认知过程 多人信息处理	自我洞察力 准确性
计划财务报表认定的直接 　测试及评价测试结果		一致性
评价汇总的结果		
选择审计报告		

图 6—3　组织框架：立方体

与偏见、认知过程以及多人信息处理。我们的文献综述范围仅限于使用一个或多个理论框架进行的审计判断/决策研究，我们还进一步将范围限制在 1992 年以前发表于以下杂志上的文章：《会计、组织与社会》（*Accounting，Organizations and Society*）、《审计理论与实践》（*Auditing：A Journal of Practice and Theory*）、《当代会计研究》（*Contemporary Accounting Research*）、《会计研究杂志》（*Journal of Accounting Research*）和《会计评论》（*The Accounting Review*）。绝大多数现有的审计判断/决策研究文章以及几乎所有符合我们其他标准的研究文献都发表于上述期刊上。最后，再将范围限制在以执业审计师作为被试者的研究。

　　有几种以执业审计师为被试者的审计判断/决策研究不在我们的讨论范围之内。这些被排除的研究文献一般都没有按照上述判断/决策理论框架来组织或者其目的不是面对这些理论框架的，其不同之处主要在于：第一，这些文章通常是为执业审计团体间接涉及的实质性问题提供证据的。第二，这类文章一般没有理论驱动的假设。第三，这些研究通常操控的是关于被审计单位（如管理层的正直性、报酬制度）、被审计单位会计信息系统（如会计信息系统的结构）和（或）有关职业审计或会计准则或程序的信息。第四，已观察到的判断/决策的评价标准是严格遵守职业或法律标准或程序的。

对每一篇符合我们标准的研究文献都要予以审查，以识别审计判断过程中设置的阶段、研究的理论框架和已运用的判断/决策评价标准。因为这些评价标准已广泛运用于判断/决策研究之中，判断/决策研究人员已经熟悉了这些标准。这些标准有：线索使用、自我洞察力、准确性、意见的一致程度、稳定性和一致性。[11]每个评价标准都能且已用于测试由上述理论框架中任一框架生成的假设。因为审计判断/决策研究人员对这些标准的运用有时与非审计判断/决策研究人员有所不同，所以，我们选择性地描述标准的此类运用。

在政策捕获研究中，主要运用统计模型中线索的显著性（如方差分析）或统计数字（如 Ω^2）来衡量线索使用。在基于其他理论框架的研究中，线索使用是指被试者的判断受新信息（即测试前/测试后实验设计的形式）影响的程度。自我洞察力通常是指在所有线索中，被试者的线索使用与主观赋予每一线索的权重分值（如将 100 分分配到所有线索）之间的相互关系。

只有极少数研究中会用到准确性，因为就大多数审计任务来说，并不像判断/决策研究所涉及的那样存在明确的外部标准（结果实现）。作为替代，已使用准确性的主要有以下三方面：第一，在那些实验任务具有现实可观察的外部标准的政策捕获研究中，准确性可以根据判断/决策和已实现的外部标准之间的联系进行事后度量。第二，在具有现实可观察的外部标准的概率判断研究中，可以用以下各种方式对准确性进行事后度量：校准（calibration）、极端情况（extremeness）以及对数和二次赋分法则（logarithmic and quadratic scoring rules）。第三，在那些实验任务不存在现实可观察的外部标准的研究中，要么使用专家组的共有反应作为替代，要么利用不可观察的外部标准"真实"值的模拟估计作为替代。此时，准确性可以用上述政策捕获或概率判断等方法来评估。

意见的一致程度是最常用的评价标准。在政策捕获研究中，意见的一致程度可用每对被试者判断/决策相关系数的均值来表示；在政策捕获以外的研究中，可用判断的相似性水平或主观概率分布来评价。

稳定性（或可靠性）可以用单一被试者在不同时点对同一刺激物的反应的相关系数评估，这里的反应既可以是单期实验的反应，也可以是时隔几周的多期实验的反应。与典型的判断/决策方法相比，审计判断/决策研究将意见的一致程度（聚合效度）作为两种不同的判断类型之间被试者内部的相关性。例如，人们可能会将审计师的控制风险判断与所需的审计工作中的判断进行比较。

政策捕获研究

28 项研究对审计师的判断和决策政策进行了实验模型化（见表 6—1）。当一项单一的研究涉及多项审计任务时，我们在表 6—1 中将该研究归入多个任务类别。[12] 将 Brunswik 透镜模型作为实验框架的模型研究调查了意见的一致程度和线索使用。几乎没有一项研究测试了稳定性、一致性、自我洞察力和准确性。判断/决策政策可以利用方差分析、差别分析、相联评量和层次分析程序予以模型化。在 28 项研究中，有 14 项研究要求审计师被试者评估被审计单位的会计信息系统结构（见下文的进一步讨论）。

表 6—1 政策捕获研究

审计过程	判断/决策评价标准					
	意见的一致程度	线索使用	稳定性	一致性	自我洞察力	准确性
1. 定位	Colbert (1988)	Colbert (1988)	Colbert (1988)		Colbert (1988)	
2. 评价会计信息系统结构	Ashton (1974a)	Ashton (1974a)	Ashton (1974a)	Gaumnitz et al. (1982)	Ashton and Brown (1980)	
	Ashton and Brown (1980)	Ashton and Brown (1980)	Ashton and Brown (1980)	Schneider (1985)	Hamilton and Wright (1982)	
	Gaumnitz et al. (1982)	Hamilton and Wright (1982)	Abdel-khailk et al. (1983)		Brown (1983)	
	Hamilton and Wright (1982)	Abdel-khailk et al. (1983)	Brown (1983)			
	Mayper (1982)	Brown (1983)	Meixner and			
	Abdel-khailk et al. (1983)	Schneider (1984, 1985)				

续前表

审计过程	判断/决策评价标准					
	意见的 一致程度	线索使用	稳定性	一致性	自我 洞察力	准确性
	Brown（1983） Tabor（1983） Schneider （1984，1985） Kaplan（1985） Meixner and Welker（1988） Brown and Sol- omon（1990）	Kaplan（1985） Mayper et al. （1989） Brown and Solomon （1990）	Welker （1988）			
3. 策略性 计划	Brown and Sol- omon（1991）	Brown and Sol- omon（1991）				
4. 计划间 接测试和 评价结果		Libby and Lib- by（1989）				Libby and Libby （1989）
5. 计划直 接测试和 评价结果	Joyce（1976） Gaumnitz et al. （1982） Tabor（1983） Kaplan（1985） Schneider （1985） Bamber and Snowball （1988） Brown and Sol- omon（1991）	Joyce（1976） Kaplan（1985） Schneider （1985） Brown and Sol- omon（1991）	Joyce （1976） Srindhi and Vasarhelyi （1986）	Gaumnitz et al.（1982） Schneider （1985）	Joyce （1976）	
6. 评价汇 总的结果						
7. 报告决 策	Moriarity and Barron（1979） Kida（1980） Messier（1983） Ashton（1985）	Boatsman and Robertson （1974） Moriarity and Barron（1976， 1979） Frith（1979） Kida（1980） Messier（1983）	Messier（1983）		Messier （1983）	Kida （1980） Ashton （1985） Simnett and Trotman （1989）

有 22 项研究测试了意见的一致程度这一标准，且这些研究的非加权平均相关系数为 0.59。虽然在这些研究中意见的一致程度存在相当大的差异（这些研究的相关系数均值为 0.28～0.93），但是在 71%（42%）的研究中，意见的一致程度大于 0.50（0.70）。这些研究中的意见的一致程度高于非审计判断/决策研究的结果。

21 项研究测试了线索使用这一标准。在这些研究中，政策捕获模型几乎可以解释被试者判断中的所有差异；通常情况下，6 个线索中大约有 4 个线索是重大的线索，审计师在线索使用中具有相当大的个体差异。此外，研究还发现具体线索的相对权重一般都与职业审计准则一致。最后，几乎没有发现构形线索使用证据。Brown and Solomon（1990，1991）的两项研究是例外，下文将对此予以详细讨论。

有 9 项研究共报告了 12 个稳定性相关系数，其未加权平均值为 0.86。在这些研究中，稳定性的变化不大，相关系数为 0.73～0.98。与其他判断/决策环境中的情况一样，在审计环境中，稳定性的相关系数均值高于意见的一致程度的相关系数均值。有 2 项研究测试了一致性，实验中将一致性表示为两个不同（但逻辑相关）判断的被试者的内部相关系数。这两项研究都报告了均值为 0.82 的相关系数（Gaumnitz et al.，1982；Schneider，1985）。

有 7 项研究（包括 Ashton，1974b，发表于判断/决策方面的杂志上）测试了线索使用的自我洞察力这一标准，其未加权平均相关系数为 0.73。审计师被试者和（或）任务的自我洞察力水平为 0.53～0.89，这表明这些研究之间存在一些变化。总体而言，已经证实审计师被试者对其所采用的信息有相当高的认识水平，这都得益于培训和会计师事务所的具体实践（如运用诸如清单等判断/决策辅助方法）。

有 4 项研究观测了判断的准确性水平。Kida（1980）和 Ashton（1985）运用了相同的线索（但审计师被试者不同），最终都得出了较高的准确性水平。在这两项研究中，被试者之间的准确性（用正确判断的百分比表示）的均值分别为 83% 和 84%。Simnett and Trotman（1989）运用相似的任务（根据人类选择/机械组合的实验描述）得出的结论是，审计师预测经营失败的准确性受线索选取和组合策略的影响很大。具体来说，如果线索是由人选取的，那么被试者的预测不会受到信息组合模式的影响；但是，如果信息是由机械选取的，则环境模型组合的线索可以比人类选择信息得出更准确的预测。最后，Libby and Libby（1989）的研究结果表明，可以通过机械组合判断组成部分以形成全局性判断而非直接形成全局性判断，来提高判断的准确性。

有几项研究分析了经验（用审计工作年限表示）和各种判断/决策评价标准的联系。可是，与非审计判断/决策研究（Johnson，1988）的结论一样，这些研究结果并没有得到显而易见的典范，这表明线索使用、意见的一致程度、稳定性或自我洞察力与经验无关。但是，在一些研究中，其研究结论与预测相反（如经验不足的审计师被试者比有经验的审计师被试者具有更强的自我洞察力或更高的意见的一致程度）。

除少数几项研究结果外，这些审计判断/决策研究结果与非审计判断/决策研究结果一致。两者结果的一致性相当显著，可能是因为审计研究的被试者是训练有素且经验丰富的审计师，他们在实验中将实验任务视为常规职业任务的翻版。一方面，这种一致性表明对利用学生作为被试者的一般判断/决策研究的批评可能言过其实；另一方面，这种一致性还表明审计环境的结构特征并不影响判断/决策理论的普遍适用性。

在 28 个实验中，有 25 个实验利用因子设计（大部分是分数配置）生成线索，以方差分析、相联评量或层次分析程序模型化被试者的判断/决策政策。运用因子设计（伴随正交线索）以学生作为被试者的研究的一个潜在问题是与审计生态相悖。剩下的 3 个实验使用的是具有较高生态效度的实验线索，在政策捕获研究中采用的是差别分析方法。

只有 4 项政策捕获研究对审计师判断/决策的准确性进行了探讨（Kida，1980；Ashton，1985；Libby and Libby，1989；Simnett and Trotman，1989）。关于准确性这一标准的研究之所以比较少，是因为大多数审计任务（如判断信息系统结构的质量）没有（现实可观察的）结果，这使得评估准确性比较困难。Kida（1980），Ashton（1985）以及 Simnett and Trotman（1989）的实验任务是根据会计信息对经营是否失败进行预测。虽然预测经营是否失败不是审计任务中固有的工作，因为财务分析师和信贷管理员也会预测经营是否失败，但审计师有时也会从事这项工作。有3项研究利用审计师预测与实际结果的一致程度来评估准确性的判断。Libby and Libby（1989）给出了另一种评估准确性的方法，该研究用专家小组的共有反应作为"真相"的替代变量。因为在大多数审计环境中都不存在确切的外部标准，所以，大部分的政策捕获研究主要是将意见的一致程度作为判断/决策质量的衡量标准。但是，这一方法使得人们担忧以其替代准确性的可靠性，因为很有可能一系列判断的意见的一致程度很高而准确性却很低：他们的判断/决策是一致的，但并不与外部标准一致（比较 Ashton，1985 和 Pincus，1990）。

为了对上述担忧做出验证，有两项研究探讨了准确性与意见的一致程度之间的关系。Ashton（1985）在两个不同的任务中采用了四个衡量准确性与意见的一致程度的方法（个别与成对，绝对与相对）来评估二者之间的经验相关系数。研究发现准确性与意见的一致程度之间的 Pearson 相关系数均值是 0.84，这表明意见的一致程度是准确性的一个有效的替代变量。[13] Pincus（1990）在被试者具有相同的能力且两个备选方案均为正确的先验概率相等的情形下，对准确性与意见的一致程度之间的关系做了分析性研究。结果表明，只有在对一个判断作出正确决策的概率不小于 0.50 时，意见的一致程度才是准确性的有效的替代变量；这个概率的增大表明意见的一致程度能更有效地替代准确性。此外，当先验概率不相等时，意见的一致程度选择正确的概率取决于另一个备选选择。例如，当另一个备选选择有更高（更低）的先验概率时，意见的一致程度选择越可能（不可能）准确。

概率判断研究

概率判断这一审计研究的分支植根于行为决策理论，它们一般侧重于主观概率评价、概率组合和风险选择行为。最初的审计概率判断研究主要关注的是审计师的判断与根据统计模型得出的预测结果之间的差异，以及审计师运用不同启发式方法所得到的判断之间的差异。一旦这些差异得以证实，研究人员就会试图解释和预测这些差异。这些解释通常都是基于启发式与偏见的，但近来，这些解释更多地转向利用对认知心理学和认知科学研究的观点。本部分将评述早期的研究，这些研究的重点是识别单个审计师的判断行为与绩效之间的差异。后面的两个部分将评述基于启发式与偏见及认知过程的审计判断/决策研究。

有7项实验研究调查了审计师对主观概率分布的评估（见表6—2）。这类研究被设计为测试概率启发式方法是否与被试者对主观概率分布的评估的差异存在显著关系。这些研究既运用了直接方法（分位数、二等分、固定时间间隔和累积分布函数评估），也运用了间接方法（先验样本的等价物、假设的未来样本信息）。在这些研究中，研究人员主要关注评估分布上的差异，有的研究使用意见的一致程度标准（Corless，1972；Felix，1976；Crosby，1981；Solomon et al.，1982；Abdolmohammadi and Berger，1986），有的研究使用准确性标准（Abdolmohammadi and Berger，1986；Shields et al.，1987，1988）。早期的研究缺乏理论驱动假设，而后来的一些研究被设计为测试源自心理学理论的预测。例如，Shields et al.（1988）使用源自构架文献（framing literature）的概念来预测主观概率分布的相对准确性与反应方法（概率—价值或价值—概率）及问题框定（账户余额或账户余额差异）之间是如何相互影响的。这些研究的一般结论是：（1）反应模式影响启发式概率分布；（2）影响程度取决于审计师的经验和会计系统不确定性的程度；（3）意见的一致程度很低；（4）审计师的判断不会像非审计判断/决策研究中一般被试者的判断那样局限于拙劣的校准（见下文）；（5）与一般判断/决策的调查结果（过度自信）相反（参见 Keren，1991），审计师的判断缺乏自信。[14]

表6—2 概率判断研究

审计过程	判断/决策评价标准					
	准确性	意见的一致程度	线索使用	稳定性	自我洞察力	一致性
1. 定位						
2. 评价会计信息系统结构		Corless (1972) Felix (1976) Crosby (1981) Bamber (1983)	Bamber (1983)			

续前表

审计过程	判断/决策评价标准					
	准确性	意见的一致程度	线索使用	稳定性	自我洞察力	一致性
3. 策略性计划						
4. 计划间接测试和评价结果		Corless（1972）				
5. 计划直接测试和评价结果	Abdomohammadi and Berger（1986）Shields et al.（1987，1988）	Solomon et al.（1982）Bamber（1983）Abdomohammadi and Berger（1986）	Bamber（1983）Shields et al.（1988）			
6. 评价汇总的结果						
7. 报告决策		Ward（1976）Newton（1977）Lewis（1980）	A. Ashton（1982）			

有两篇文章研究了审计师整合信息和作出判断是否与决策理论公理得出的预测一致。Bamber（1983）构建并测试了原始资料的可靠性如何影响概率修正的模型。他发现审计师被试者过于怀疑比模型预测的可靠性差的信息。Ashton（1982）的研究结果表明，当著名的 Allais 问题放在审计环境中而不置于原来的一般环境中时，审计师的决策与无关公理一致，且背离率较低。[15]

有三篇文章致力于解决与风险选择有关的问题。Ward（1976），Newton（1977）和 Lewis（1980）试图描述审计师效用函数的形式并评估它们的意见一致程度。他们发现大多数审计师被试者的损失效用函数与风险规避相吻合。此外，他们对损失结果有较高的意见一致程度，并且来自同一家事务所的审计师被试者的意见一致程度高于来自不同事务所的审计师被试者的意见一致程度。

启发式与偏见的研究

审计师的判断/决策和统计模型得出的预测之间的差异一旦得以证

实，审计研究人员就开始使用 Tversky and Kahneman（1974）以及 Kahneman et al.（1982）开发的启发式与偏见方法，来了解该方法能否说明审计师的概率判断。一些研究测试了代表性和锚定与调整启发式是否说明了审计师的判断，其他一些研究测试了 Hogarth and Einhorn（1992）的信念调整模式。[16]本部分所综述的文献已归类在表 6—3 中。

表 6—3　　　　　　　　　　关于启发式与偏见的研究

审计过程	判断/决策评价标准					
	线索使用	准确性	自我洞察力	意见的一致程度	稳定性	一致性
1. 定位						
2. 评价会计信息系统结构	Ashton and Ashton（1988）Butt and Campbell（1989）					
3. 策略性计划	Kinney and Uecker（1982）Biggs and Wild（1985）Rebele et al.（1988）Heintz and White（1989）					
4. 计划间接测试和评价结果	Uecker and Kinney（1977）Kinney and Uecker（1982）Butler（1986）					
5. 计划直接测试和评价结果	Joyce and Biddle（1981a, b）Wright（1988）Tubbs et al.（1990）	Wright（1988）				
6. 评价汇总的结果	Butler（1986）					
7. 报告决策	Joyce and Biddle（1981a）					

有三篇文章测试了代表性启发式是否说明了审计师的判断。Uecker and Kinney（1977）发现，尽管审计师被试者作出的判断有 70% 是正确的，但在评价抽样结果时，有 54% 的审计师被试者至少作出了一个符合代表性启发式的判断。此外，审计经验的多寡并没有明显影响这些结果。Joyce and Biddle（1981b）进行了 6 个舞弊预测实验，以测试基本比率疏忽和对信息可靠性（原始资料可靠性）的敏感度。四个被试者间（between-subject）实验表明大多数审计师的概率修正对基本比率信息是敏感的。然而，基本比率的回归数值与贝叶斯修正并不充分相关。这些结果与许多同样采用被试者间设计得出的判断/决策结果相反（即对

基本比率几乎不敏感，即使敏感也很弱）。

　　Joyce 和 Biddle 的其他两个实验测试了原始资料可靠性的影响，研究表明，其结果取决于实验设计。在采用被试者间设计时，审计师被试者的反应并不因原始资料可靠性的变化而变化。然而，在采用被试者内设计时，审计师被试者会根据原始资料可靠性的变化调整自己的反应。但是，因为需求可能会影响这些结果，所以，Rebele et al.（1988）采用了被试者间设计，研究结果表明，审计师被试者对原始资料的可靠性是敏感的。总体来说，这些结果和 Bamber（1983）表明，与判断/决策研究相比，审计师对信息来源的可靠性是比较敏感的。

　　有六篇文章测试了审计师做判断是否遵循锚定与调整启发式。在进行了 6 项实验后，Joyce and Biddle（1981a）得出的结论是：尽管调整一般不是由于不相关的锚定导致的，但是，许多观察结果也不能完全用锚定与调整启发式来解释。Kinney and Uecker（1982）的两个实验说明，审计师会受到锚定假设（假设判断中已使用锚）的影响。在后续的改良实验设计中，Biggs and Wild（1985）与 Heintz and White（1989）报告了类似的结果。然而，Wright（1988）使用了不同的任务和设计，报告了一个很小的锚定和调整的影响。Butler（1986）报告了学生被试者锚定于研究人员提供的信息，而审计师被试者锚定于"内部"基准（可能是记忆中存储的知识函数）。

　　有三篇审计文章测试了信念调整模型（Hogarth and Einhorn，1992）。Ashton and Ashton（1988）在进行了五个实验后发现：当接收的信息一直是正面信息，或者一直是负面信息时，信息接收次序不会影响判断；然而，当接收的信息是混合信息（一会儿是正面的，一会儿是负面的）时，判断中存在近因效应。这些结果与信念调整模型的预测结果一致。但是，与判断/决策研究报告的证据相反，关于同时收到和按次序收到信息的研究中很少报告极端修正情况。Tubbs et al.（1990）得出了相似的结论，他们在进行了四个实验后发现：当收到一致信息时，对判断没有受到信息接收次序的影响；但当收到混合信息时，就出现了近因效应。与此相反，Butt and Campbell（1989）的研究发现，尽管审计师被试者收到的是混合信息，但并没有出现近因效应。

大多数通过审计师被试者执行审计判断任务进行的启发式与偏见研究的结果，与通过学生被试者执行一般任务的判断/决策研究结果相似。但也存在一些重要例外。这些例外中最显著的一点就是，审计师的判断/决策中对基本比率更敏感，而且审计师更倾向于根据新的信息调整自己的信念。这些不能用常用的启发式偏见模型解释的例外情况，以及希望提供更完整和更准确的审计判断模型的欲望，促使研究人员开始使用认知心理学和认知科学文献所开发的方法进行研究。

认知过程研究

作为判断/决策文献（如 Payne et al. , 1988）的结果，有关审计判断/决策的研究开始关注信息输出和输入之间的"黑匣子"。促使这一转向的部分原因好像是，审计判断/决策研究人员更清楚地意识到非审计判断/决策研究人员所采用的方法能够阐明认知活动。另外，还有部分原因是，人们更加清楚地认识到，如果要尽快得到关于审计师判断/决策的更完整和更准确的了解，就必须更加深入地了解认知过程（参见 Birnberg and Shields，1984）。因此，许多审计判断/决策研究的重心已转向，利用基于认知心理学和认知科学加以完善的理论及方法，模型化和测试诸如问题表征（Peters，1990）、假设生成（Libby，1985）、假设评价（Frederick and Libby，1986；Bonner and Lewis，1990）以及信息搜寻（Biggs et al. , 1988）之类的认知活动。本书中由 Libby 撰写的第 7 章全面评述了审计中判断与决策研究的兴起及其重要研究领域。

多人信息处理研究

前文也曾提及一些审计工作的多人参与特点（如审计小组成员的监督，复核其在工作底稿上记录的工作，并咨询与特别问题有关联的适当人员）。研究人员认识到这些多人参与特点后，对此进行了一些研究。这些研究的侧重点主要是小组选择转移、小组与个体的政策捕获或概率判断，以及小组复核过程（见表 6—4）。基于选择转移范例，Schultz

会计和审计中的判断与决策

and Reckers（1981）对比了相互影响的审计合伙人群体的风险承担倾向与单个合伙人的风险承担倾向，另外，还研究了小组面对面的互动和小组电话沟通的互动，实验中还操控了咨询的本质（约束性的与咨询性的）。小组与个体作出风险选择倾向之间（如要求披露财务报表）存在的差异是明显的，但是极少有统计上的显著性。虽然咨询的本质和沟通渠道的影响很明显，但是研究人员并没有进一步深入研究。

表6—4   多人信息处理研究

审计过程	判断/决策评价标准					
	线索使用	意见的一致程度	准确性	自我洞察力	稳定性	一致性
1. 定位						
2. 评价会计信息系统结构	Trotman and Yetton（1985）	Trotman and Yetton（1985）				
3. 策略性计划						
4. 计划间接测试和评价结果						
5. 计划直接测试和评价结果		Solomon（1982）	Solomon（1982）Trotman（1985）			
6. 评价汇总的结果						
7. 报告决策		Schultz and Reckers（1981）				

Solomon（1982）调查了审计师个人和审计小组的主观概率判断的相似程度，比较了单个审计师与不同结构下的（如名义上的/相互作用的与相互作用的/名义上的）三人审计小组，对财务报表账户余额的主观概率判断。评价标准有：意见的一致程度、校准和极端。结果较混乱且缺乏一致性，小组的判断结果一致地表现出较高的意见一致程度和极端水平，个人的判断结果则一致地表现出了较好的校准。虽然与一般判断/决策结果相反，但与前文介绍的结果一致，即在所有实验环境下，审计师的判断都没有表现出过度自信。

尽管在复核过程中有许多相互作用（如复核经验较少的小组成员的工作底稿），但作为审计小组内多人相互作用机制的复核只被有限的研究所关注。只有两个政策捕获研究调查了这种相互作用。Trotman and

Yetton（1985）的研究结果认为，相对于个人判断来说，复核过程中（通过"分散"的小组来实施，参见 Hill，1982；Solomon，1987）显著地增加了对被审计单位信息系统结构可靠性判断的意见一致程度。Trotman and Yetton（1985）还比较了两人互动小组的判断与两人统计合成的判断，得到的结论是：两者之间并没有显著差异。Trotman（1985）调查了面对面复核模式下，对诸如由于会计信息系统结构存在薄弱环节而引起的认定错报进行判断的准确性。对单个审计师的判断、两人互动小组的判断以及两人统计合成的判断进行比较，结果是：与个人判断相比，在所有多人模式下得出的判断准确性较高，但是，与前面的研究结果一样，复核的判断和互动小组作出的判断之间差异并不显著。

以前的研究：模型单元

本部分我们将进一步深入讨论使用政策捕获模式来调查审计师对信息系统结构进行判断的研究。因为这类研究是最常见的审计中的判断与决策研究，所以我们举例来说明其过去 20 多年的发展历程（见表 6—2）。

Ashton 在 1974 年率先发表了这方面的研究成果。由于它推动了其他很多方面的研究，因此我们先介绍一下该研究的几个特征。Ashton（1974a）的被试者是已有两到三年经验的执业审计师，他们的任务是评价处理制造企业工资交易的子信息系统的结构。因变量有 6 个不同程度的赋值（范围从 1（非常薄弱）到 6（非常健全有效））。6 个独立变量（代表信息系统结构的特征）包含两个层面（存在或缺乏），且这些变量利用分数 2^6 因子设计在被试者内予以操控。与之前的判断/决策研究（如，Hoffman et al.，1968）一样，该研究采用方差分析法来分析被试者的反应并评价单个被试者的政策捕获模型。

上述研究调查了包括意见一致程度和线索使用在内的判断属性。除了对信息系统结构的整体质量有较高程度的意见一致程度外（平均相关系数为 0.70），所得结果一般都与判断/决策研究的结果一致。比如：

系统结构中的相对变化被认为是最重要的，且根据变化属性的互动小组归因解释，几乎没有发现构形处理（configural processing）的证据。

最近的一项元分析（meta-analysis）结论（Trotman and Wood，1991）支持了 Ashton（1974a）的 16 项扩展研究。除了 Ashton 的原文处理的问题外，这些研究调查了增加工作复杂程度（Ashton and Brown，1980）和复核过程（Trotman and Yetton，1985）对审计师判断/决策的影响。与大多数判断/决策研究一样，一个很重要的发现是，与构形相反，"线性"线索处理几乎解释了审计师判断的所有差异。Ashton and Brown（1980）得出了相似的结论，其研究中增加了一些线索以试图增强其发现构形处理的能力。

Ashton 和 Brown 试图通过利用不同的任务结构来发现构形处理，Brown and Solomon（1990）则详细分析了 Ashton（1974a）中的任务内容，以有意识地识别在信息系统结构的专业评价背景下何种类型的构形处理是可以预测的。根据这种分析，他们开始调查以前研究中使用的线索，结果发现没有哪一种线索是可以预测构形处理的。然后 Brown and Solomon（1990）设计了预测构形处理的特别线索的实验。虽然预测的线索组合显示了构形处理的证据，且研究规模比以前大，但是构形处理的绝对规模却是中等程度的。然而，在不同的任务（与分析程序有关的风险评估）中发现了构形处理的显著证据。具体来说，Brown and Solomon（1991）的研究结果表明，超过 90％的审计师被试者显示出构形处理，而归因于单个预测互动条件的平均解释差异约为 40％。导致这一结果的原因可能是线索之间的潜在联系是非顺序性（disordinal nature）的。

现有研究的评价和建议

本部分评述按图 6—3 所示的三维立方体组织的综合的审计判断/决策研究。除了对这些文献予以评述外，还为今后的审计判断/决策研究提出了建议，包括拓宽判断/决策的评价标准和所用的经验方法、探讨新变量及这些变量之间的相互关系。这些建议有助于更好地进行关于审计判断/决策研究中审计任务/环境的结构和内容以及处理—任务/环境相互作用的研究。

判断/决策评价标准

虽然在判断/决策研究中已经使用多种评价标准，但最常用的标准还是意见的一致程度。由于不存在明确的外部参照物，因此难以根据事后准确性来评价审计判断/决策结果。审计任务的这一特点使得研究审计师如何作出判断与决策变得相当棘手。这也导致人们对审计环境下的准确性和意见一致程度之间的关系，乃至意见一致程度的不同度量方式非常感兴趣。尽管相关性的度量方式并不受判断/被试者间或被试者间/判断与外部标准之间的绝对差异的影响，但这些方式已开始流行（参见 Gaumnitz et al.，1982）。也就是说，当两个被试者的判断/决策可能朝同一个方向移动，且与每个被试者判断/决策均值有关的数额也有类似的移动时，他们的判断/决策中可能存在显著的绝对差异。

准确性和准确性替代变量的重要性来源于审计就是"寻求事实真相"（search for truth）这一传统观念。如果更多地从证据整理和合理化确证的角度来认识审计（如 Emby and Gibbins，1988），那么，其他的评价标准将会更多地显现出来。例如，考虑到审计中的各种问责焦点（监督者、被审计单位、监管机构或法官/陪审团），那么，可辩解性/可防卫性（justifiability/ defensibility）和效率将是重要标准。但是，有必要继续关注意见的一致程度，因为一个合理化某判断的重要方法是证实其他职业也作出同样的判断。

审计判断/决策过程

本部分的一个主题是应该更加注重审计任务的结构特点（Libby，1990），并相应地关注审计任务的内容。而在现有的判断/决策研究中，大多数研究的特点是测试一般判断/决策理论是否适用于审计领域。这些研究大多集中于审计师如何处理信息和作出判断/决策，是否与非审计师在非审计环境中处理信息和作出判断/决策相似。然而，在以前的研究背景中，由于几乎不存在审计师不同于法官或决策者的原因解释，因此，大多数审计判断/决策研究结果与非审计判断/决策研究结果在定性上几乎相似也是不足为奇的。尽管这些关注点在审计判断/决策研究的萌芽期引发了人们的兴趣，但在以后的研究发展阶段变成了固有的局限。幸运的是，这类以审计师作为处理者的研究方法正被更丰富的方法（Bonner and Pennington，1991）所取代，这种方法的重点是确定不同审计任务/环境的差异是什么，以及这种差异如何使得审计师处理信息和作出判断/决策与其他环境中的法官或决策者不同。

假定转换一种视角，将审计师看成是一般处理者，那么，审计判断/决策研究中的一个重要内容就是，分析任务以识别成功完成任务的信息处理要求（Newell and Simon，1972）。比如，要了解和研究审计师如何验证生物医学公司从一个新专利药物中获得的潜在收益，就需要研究人员分析相应问题的结构和内容。分析的内容包括：识别审计师的目标（如无偏估计未来收入、向被审计单位或审计师的监督者合理化其决定、在法庭上为这一决策辩护），审计师如何组织审计任务（如信息搜集、假设测试），以及审计师用以作出判断/决策的知识（如标的疾病的生物化学、规制和医生向患者推荐用药的倾向）。

与任务和被试者备选、研究方法以及所研究任务的范围有关的几点寓意，已经随着将审计师看作一般信息处理者而变化。首先来看关注任务替代方面的研究，这方面的主要关注点是一项研究的任务丰富（反映自然世界）或匮乏（只包括被测理论中的部分变量）程度如何。提高任务丰富程度的方式之一是加入更多的、预期会影响审计师任务执行的审计自然环境变量。这些变量可能包含小组、其他人员（如同事和被审计单位的人员）、时间压力、激励效应和跨期结果。近期一些审计研究提供了丰富的研究环境，但这也是无心插柳柳成荫的结果（如 Peters，1990；Biggs et al.，1988）。这些研究依靠任务分析，调查了在丰富的信息环境中审计师的信息处理情况。然而，复杂的变量集以及所得到的相互关系使得我们难以对假设予以测试。因此，一方面，在任务匮乏环境中可以易化假设的效果测试；另一方面，由于在任务匮乏环境中可能无法得到结果或得出不相关的结果，因此，有经验的审计师在这种环境中的判断/决策可能不同于自然环境中的判断/决策。在后一种情况下，研究人员不得不反思，对可能只发生在研究环境中的审计师判断/决策进行调查有何价值。

有一个更加明确的组织环境（如包括等级制度的级差、激励机制、业绩考核、小组）将有利于改进今后的研究。例如，尽管单个审计师经常面对时间压力并且不会孤立地作出判断，但是被试者一般得不到有关这些主题的信息，除非研究人员对时间压力或多人问题特别感兴趣。因为此类环境变量可能对判断/决策有直接影响，或对其变化予以抑制或干预进而发挥间接效用，所以，对审计组织环境的描述就不可避免地存在重大不足。

现场调查研究是将更多的组织环境信息引入研究领域的方法之一。例如，Wolf（1981）使用关键事件法，通过一系列的会面与访谈来描述有经验的审计经理的信息和决策环境。Gibbins and Wolf（1982）运用民意调查方法来识别那些被认为对于审计过程各阶段十分重要的信息。Emby and Gibbins（1988）根据问卷的回答对影响审计师判断/决策合理化需求程度的因素进行了描述。

近年来的研究发现，实践中，审计师似乎更关注获取证据，从而支持首选的判断/决策和记录证据以使其判断/决策具有可辩解性，而较少关注判断/决策研究人员用来评价审计判断/决策的标准（参见 Gibbins，1984）。这样一来，审计判断/决策研究可能会不当地将审计师的目标功能归为"寻求事实真相"。审计师的目标功能的可辩解性/可防卫性这一证据可能是在一定环境下自然发展出来的，这一环境中存在激烈的供应方竞争、较少的判断/决策结果（状态实现）反馈，以及对审计师（供应方）和被审计单位（需求方）来说都十分严重的经济后果。不管由于什么原因，研究人员可能过分地强调了审计判断/决策的某些定性的方面（如准确性及其替代），而对其他方面（如可防卫性和效率）却不够重视。直到最近才有研究意识到，审计不是为了寻求事实真相，而是整理证据以合理化或辩解被审计单位或审计师所要负责的其他主体作出的选择（如 Johnson and Kaplan，1991）。然而，在这些研究中，可辩解性/可防卫性都是用作独立变量而不是因变量（也就是说，没有将它们作为判断/决策的评价标准）。

现场调查研究也可以为今后的实验室研究识别新变量。比如，Baker（1977）采用参与—观察的方法，构建了高级审计师之间的信息交换模型，从而使多人结构形式和沟通模式（实验室研究中很好的候选研究方向）变得清晰。类似地，Dirsmith and Covaleski（1985）进行了一项现场调查研究，调查了会计师事务所使用的辅导制（mentoring）是如何提升经验缺乏者的学识和社会适应能力的。这一研究表明，在审计环境中，通过观察其他专家获取的经验要比通过事务所培训或学习教材获取的经验多。这也许能为针对审计专家的实验室实验提供一些重要启示，并且可能说明多人实验有助于了解从审计中获取的知识。McNair（1991）的研究是现场调查研究如何作出贡献的另一个例子。其主要研究内容为：时间以及与"要么升职要么解雇"（up-or-out）的人力资源政策相互作用的业绩压力，是如何引起成本和审计质量之间的权衡的。虽然有些审计判断/决策的实验室研究中加入了时间压力因素，但是没有调查"要么升职要么解雇"的人力资源政策的影响。现场调查研究对实验室研究有潜在贡献的另一个例子是 Dirsmith and Haskins（1991）的研究，其主要研究内容为：会计师事务所的结构是如何影响员工对固有风险评估的理解以及如何影响其评估方法的。

下面我们来讨论审计任务范围方面的情况。现实中，在图 6—1 所描述的审计阶段之前或之后都存在相当多的审计判断/决策，但是并没有引起审计判断/决策研究人员的注意（参见 Cushing and Loebbecke，1986）。然而，除了少数几个例外，研究人员调查了与制定具体的审计计划及评估所获证据有关的审计师判断/决策。[17]尽管他们为这些研究付出了很多并且应该继续研究下去，但是对与其他审计任务有关的情况仍然知之甚少。如图 6—4 所示，审计前的活动包括：决定角逐企业财务报表审计工作、在竞价投标中设定竞价，以及就有关方面作出战略选择（事务所期望在特定产业表现多强的实力，如何构建事务所的组织结构，如何使用技术及其技术的应用，以及采取什么样的人力资源政策）。审计后的活动包括：根据所获得的新信息召回已签发的审计报告的需求性，职业准则遵循性的事后验证（既包括事务所的内部验证，也包括事务所的外部验证，如同"复核"），对已完成的审计的盈利分析。

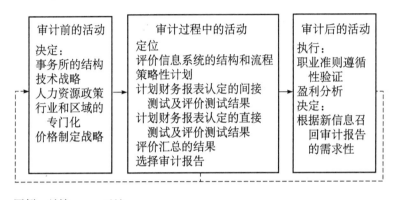

图例：前馈——　反馈----

图6—4　已拓展的审计过程概述

我们认为，上述内容之所以成为判断/决策研究的重心，主要有以下两个原因。

第一，与这些决定相关的结果很严重。例如，一些会计师事务所没有及时掌握储贷行业动态，从而使自己处于损失名誉和利益的危险中。事务所也可能没有全面及时地实施审计后的活动，从而使自己因未能及时召回审计报告而遭受额外的损失。第二，判断/决策的结果也许能有效地确定（或至少能影响）审计判断/决策过程中的某些环境特征。例如，如何确定竞价将会影响审计收入，审计收入反过来又影响时间预算，进而影响审计师面对的时间压力。

被试者替代问题包括使用学生来替代执业审计师、使用经验较少的审计师替代经验丰富的审计师、使用经验丰富的审计师替代审计专家（参见 Ashton and Kramer，1980）。更多地使用经验丰富且富有学识的被试者和更权威且拥有认可的专业技能的被试者是有益的。然而，由于相当多的审计专业技能似乎将发展成为行业专业化的结果，因此，现有的审计研究的模式环境（一家盈利的制造公司）很少有机会让被试者证实其专业技能。这表明，审计判断/决策研究人员在选择和设计审计任务或环境时可能还需要更多的创造性。这意味着，需要测试制造业行业经验/知识对制造企业审计业绩影响程度的重要性，以及这些行业经验/知识（内容）能否提高或干扰非制造企业审计的业绩。因为经常使用审计师被试者的非随机样本，所以被试者替代也是一个问题。也就是说，几乎所有的审计判断/决策研究选取的是审计师的便利样本，诸如那些参加会计师事务所培训项目的培训人员或合作人从研究者所在大学附近的办公室里抽调出来的人员。非随机被试者的选取，配以利用数量有限的会计师事务所中的审计师，也许导致出现比真实情况更大的笼统性，特别是在审计方法和事务所组织结构存在重大的事务所间差异时。

最后一个审计过程的议题是研究人员能更好地揭示他们意欲让被试者在审计过程中具体所处的阶段。因为文献中有关的信息不够充分，所以，我们很难用审计活动顺序来对已有的几个审计判断/决策研究进行分类。另外，从被试者所需要的判断/决策来看，一些研究似乎将审计师被试者置于一个时点，但是，提供给审计师被试者的信息通常又不是该时点应获得的信息。更多地关注和披露任务特征以及审计过程的顺序都是有用的。对披露情况加以改进，不仅会使研究更加符合审计生态学，而且能使被试者和读者更好地了解被调查任务的准确性质。有一些与此不同的审计过程描述出现在早期文献中（如 Felix and Kinney，1982；Bonner and Pennington，1991）。我们建议对任何研究任务都应该充分、准确地加以识别，它在审计判断/决策过程中的位置至少可以用上述描述方法中的一种来确定。这也要求在研究中增加对任务信息处理需求的披露，给被试者提供信息集，以及在进行研究任务时明确被试者处于一系列审计活动中的哪个位置。

理论框架

就理论框架而言，审计判断/决策研究倾向于追随非审计判断/决策研究指引，因此，从将判断/决策过程视为一个"黑箱"到试图打开这个"黑箱"本身就是理论上的进步。前一类文献主要包括启发式与偏见研究，而后一类文献包括基于认知过程框架的研究。现在审计判断/决策研究人员面临的一个重要选择就是，是否（或者在多大程度上）继续根据图 6—3 的理论框架或根据认知心理学、认知科学及人工智能的理论框架促进研究。虽然这种选择所关注的不是继续输入—输出模式，而是审计判断/决策研究要在多大程度上冒险进一步探究这个黑箱，但它对所用方法也有影响。例如，虽然几乎所有的判断/决策研究都与实验室研究方法有关，但是，许多认知科学和人工智能研究却使用的是案例研究和模拟方法。

我们已讨论了早期审计判断/决策研究的"借用和转变"特点和之后研究的"转变前对比"特点。选取这些战略的好处是审计判断/决策研究有发展良好的一般判断/决策行为理论基础。然而，这却有两项潜在成本。首先，一些重要的研究方向没有得到明确。举例来说，当背离一般判断/决策研究的结果在审计判断/决策研究中得以证实时，研究人员一般不会系统地调查其潜在原因，而只是事后推测（见下一部分）。其次，从定义上说，一般判断/决策理论并没有纳入任何具体任务/环境的具体内容和结构。因此，使用任何一种研究战略都会增加风险，即审计判断/决策研究将关注没有明确界定审计重要特点的理论。我们相信审计判断/决策研究人员单独或与非审计判断/决策研究人员一起，能够通过提供由审计结构或内容特征引起的判断/决策行为细微差异的理论证据，作出有价值的贡献。

审计判断/决策研究人员面临的另一个重要选择是，在他们的理论的形成或测试中，对以下三方面的重视程度：（1）任务。重点是一般判断/决策理论向审计环境的可转移性或测试审计任务/环境特征对一般判断/决策的影响。（2）处理者。与其他类型的判断/决策相比，重点是经验丰富的审计师如何作出审计判断/决策（如 Ashton，1982），或经验对于审计师的审计判断/决策的影响。（3）任务和处理者的相互作用。侧重点的选择会影响在一个研究中对上文介绍的二对二任务处理者模型的"单元"与"边际"的集中度。再者，这个模型涉及的两个因素是处理者（没有经验的人或经验丰富的人）和任务（一般的或应用的）。正如前面所讨论的那样，一般任务强调结构，应用任务则强调内容。旨在开发或测试与任务或处理者有关的理论的研究，重点关注的是二对二模型的相关边际。与此相反，旨在调查任务和处理者相互作用的研究，重点关注的是经验丰富的审计师与没有经验的审计师之间的对比，以及二项或更多的任务（如二项应用任务、二项一般任务、一项应用任务和一项一般任务）。

我们认为，如果今后的审计判断/决策研究更加侧重于任务和任务—处理者互动，那么这些研究将有更大的机会作出实质性贡献。目前有朝着这个方向开展研究的趋势，如果该趋势继续下去，那么，也许会将越来越多的审计任务/环境特点作为审计判断/决策理论中的独立变量。反过来，也可能需要对一般判断/决策理论做更大的修正，以适应此类审计判断/决策研究。这些趋向也许是从强调借用和转变转向强调把判断/决策理解为自然审计环境中的一个起因或结果。不论其成因如何，它们都是审计判断/决策研究发展的重要标志，并可能预示着审计判断/决策研究人员拓展判断/决策领域的能力有所提高。

对非审计中的判断与决策研究的贡献

在最后这部分里，我们强调四项对修正非审计判断/决策理论有潜在贡献的审计判断/决策研究结果。这些研究结果与非审计判断/决策研究结果有所偏差，因此，这可能告知我们判断/决策理论的边界条件。本部分还为非审计判断/决策研究人员提供了战略性建议。如前文所述，审计判断/决策研究主要是使用了执业审计师执行简化任务的实验室研究，最初的一些研究测试了一般理论在审计环境中是否适用。最近的研究已开始扩充审计特征（如时间压力、复核过程）和审计师特征（如特定领域的知识），从而提高它们修正判断/决策理论的潜力。新近研究中的一部分是由认知心理学和认知科学推动的，采用的是认知心理学和认知科学的研究方法。暂且不论其动机和方法，对于对信息复杂且不明确环境中的专业判断/决策感兴趣的研究人员来说，这些新近研究已经构成了丰富的证据来源。

首先，在大多数政策捕获审计判断/决策研究中得出了相对高水平的意见一致程度，这是对非审计判断/决策研究的重大背离。但是，目前还不清楚产生这种背离的原因，以及影响意见一致程度水平的因素。有人可能推测重要因素中包括正式培训的数量和性质、行业知识、为任务增加结构的决策附注（如清单）、多人互动的性质（如辅导制和业绩考核）和动机。调查诸如此类因素的影响是有价值的，因为作为准确性的代替——意见的一致程度，无论从自身的合法性还是作为可辩解性/可防卫性的决定因素来看，它在许多环境下都是很重要的（Joyce，1976；Emby and Gibbins，1988）。

其次，Brown and Solomon（1990，1991）发现了已预测性质的显著构形处理。有人可能推测构形处理是审计师获取的技能，因为上述因素潜在地解释了审计师的较高水平的意见一致程度。另一种可能是识别构形线索的使用，可能要求对任务内容给予比其他应用判断/决策研究更多的关注。着眼于任务结构也许能更加确定处理内容所需的结构是否超出了认知限制。例如，当风险判断的相关知识（内容）增加时，在某一时刻审计师也许通过从补偿模型转换到非补偿模型来改变信息处理结构（Payne et al.，1988）。从这个意义上来讲，任务内容和结构也许相互作用地影响判断/决策。所以，为了解结构信息处理的或有性，必须考虑任务内容。

再次，审计判断/决策研究表明，审计师在估计审计事件的主观概率时，并没有表现出过度自信（Solomon，1982；Solomon et al.，1985；Tomassini et al.，1982）。这一结果在判断/决策文献中被引用多次，相对而言，专家评估概率时遵循适度校准或自信不足（如Keren，1991；Yates，1990）的结果被引用的次数非常少。虽然有人推测审计师人为地重视保守主义也许起了作用（Tomassini et al.，1982），但是，对于审计师的更优校准的可能起因却知之甚少。如果能更加充分地认识审计判断/决策研究的潜力，那么，这个结果是非典型研究结果归因需要更强支持的另一个例子。再者，这些归因需要更加关注将审计与其他环境区分开来的环境特征及其中的参与者。

最后，审计启发式与偏见研究的两个研究结果也许有助于修正一般判断/决策理论。这些研究的总体结果是：审计师并没有表现出与心理研究一样的相同程度的偏见（如疏忽基本比率）。然而，与其他背离一样，对其根本原因也只是一些猜测而已（Smith and Kida，1991）。一般判断/决策感兴趣的第二项发现来自审计师次序信念修正研究（如 Ashton and Ashton，1988；Tubbs et al.，1990）。这些研究的许多结果都与非审计研究的结果一致。与使用学生作为被试者而获得的判断/决策结果不同的是，审计师明显更偏向于根据收到的信息修正自己的信念，且审计师在修正其信念时，对消极信息赋予的权重要高于对积极信息赋予的权重。

我们对非审计判断/决策研究人员最后的建议是，在相对丰富的任务和经验丰富的法官和决策者处理表征中开发有良好基础的研究项目。回顾审计判断/决策研究的第一个 20 年，由于它强调"借用和转变"定位，以致很少关注下列问题：经验丰富者在任务环境下作出判断/决策会考虑什么？在作出判断/决策时，经验丰富者的目标是什么？他们用以评价判断/决策质量/适当性的标准又是什么？对这些问题予以更多的关注，似乎是我们深入理解一般判断/决策理论的普适性/局限性和在具体应用环境下判断/决策细微差异的必要条件。我们认为，判断/决策研究人员必须将更多时间放在实验室以外，投入到能够应对这一挑战的领域中去。

致　谢

本章的初稿提交于 1992 年 2 月伊利诺伊大学的判断和决策研究计

划系列讲座、同年 5 月美国杜克大学的会计审计判断和决策研讨会以及
1992 年 4 月在密苏里大学和拉瓦尔大学举行的会议。感谢这些会议参
与者的评论，同时感谢 Bob Ashton，Jake Birnberg，Sarah Bonner，
Kathryn Kadous，Don Kleinmuntz，Mark Peecher，Jim Peters，Dan
Stone 和 Ken Trotman 的评论。

【注释】

[1] 事实上，审计人员必须"证实"各种认定，包括杂志发行量统计、计算机
软件特征、教材反映现有职业准则的准确性。在这种情况下，对此感兴趣的人有：
现有和未来的广告商、现有和未来的雇主与商用计算机所有者、现有和未来的教师
与学生——教材编写者/使用者。其他类型的审计有：合规性审计和经营审计。经
营审计的重点是组织达到以一定的效果和效率实现明确目标的程序和方法。例如，
美国审计总署对联邦食品药品管理局（FDA）进行审计，以确定 FDA 在使用国会
划拨资金来保护公众免受不安全的药物危害的效率。合规性审计的重点是确定组织
对权威机构发布的规定程序或规则的遵循程度（参见 Arens and Loebbecke，
1991）。例如，合规性审计师确定大学在雇用新员工或在计算研究合同的管理费时
对可适用法律（如反歧视法律）的遵循程度。所有审计中可能最引人注目的审
计——联邦税务总局的税务审计——可以看成是合规性审计的典型（也就是在报告
实体纳税义务时对国内税收法的遵循性）。

[2] 对规范研究感兴趣的读者可以参阅 Cushing（1974），Kinney（1975）以及
Dacey and Ward（1985）。

[3] 发表在判断/决策杂志上的研究文章提供了证实审计判断/决策研究潜在提
高非审计判断/决策知识的证据（如，Anderson and Wright，1988；Ashton，1974b；
Ashton and Ashton，1990；Solomon et al.，1985；Tomassini et al.，1982）。这些研究
以不同的理论框架（如启发式与偏见、概率判断、认知过程）为基础，讨论了范围
广泛的问题（包括审计人员在修正信念时对简化启发式的运用程度、审计人员形成
判断时使用"解释效应"的普遍程度、审计人员概率判断错误校准的程度和性质）。
此外，近来发表在心理学杂志上的一篇文章对审计启发式与偏见研究结果进行了综
述，该综述对其他应用判断/决策环境很有启发（Smith and Kida，1991）。

[4] 有些模型根据专业技能来区分处理者的类型（即新手与专家），或包含两
种以上水平的处理者，不论他们是否具有经验。虽然如 Davis and Solomon（1989）

所言，我们认为专业技能与经验之间是有差异的，但从某些目的来说，我们发现分别对其界定两种以上水平是有用的。如为描述审计判断/决策的现有研究目的，界定两种水平的专门技能或经验就已经足够。

[5] 目前，这个大型国际会计师事务所就是毕马威会计师事务所。

[6] 这里的改编的审计过程与 Felix and Kinney（1982）原来描述的审计过程在特征上有两个主要的不同点。一个是，我们改变了一些术语以减少审计行话。另一个是，Felix 和 Kinney 的九个阶段变成了七个阶段。具体做法是：将他们的"合规性测试"和"评价内部会计控制"两个阶段合并成了"计划财务报表认定的间接测试及评价结果"阶段，将"形成意见"阶段和"报告"阶段合并成了"选择审计报告"阶段。

[7] 虽然审计风险模型对审计实践的影响很大，但是审计研究人员有时也会对此提出批评（参见 Cushing and Loebbecke，1983；Kinney，1989）。

[8] 在这个阶段，审计准则促使审计师注意控制第Ⅱ类推论错误——审计师认为财务报表不存在重大错报，而实际上财务报表却存在错报。然而，如下文所述，可以合理假设审计师也会关注第Ⅰ类推论错误——审计师认为财务报表有重大错报，而实际上财务报表没有重大错报。

[9] 如下文所述，一旦判断财务报表需要调整，则调整的性质和范围（仅仅披露还是更正报告额）最终取决于审计师和被审计单位之间的谈判。

[10] 通过统计方法（如回归分析）可以量化分析复核的某些方面（Stringer and Stewart，1986）。通常这些方法可用于形成"预期值"以及确定预期值与企业的报告额之间差异的重要性。然而，即使使用统计方法，许多关键输入还是需要依靠判断。

[11] 有些研究人员也许在判断/决策评估标准中增加对规范模型的遵循性。我们认为，这种遵循性一般是准确性的特殊情况（也就是说，与判断或决策相比，这种外部标准是规范模型的结果）。对规范模型的假设或公理的遵循是另一种特殊情况，规范模型的假设或公理不常用于审计判断/决策研究。

[12] 一些文章清楚地描述了审计阶段。由于另一些文章披露的信息有限（或含糊不清），因此，难以根据审计过程对这些研究进行分类。这时，我们主要关注的是判断/决策研究的因变量在审计过程中所处的位置。

[13] 参阅 Keasey and Watson（1989）针对相似的经验分析采用的应用于非审计会计环境下意见一致程度的不同度量。

[14] 这个奇怪的校准结果也是两项发表于心理学期刊的审计研究（Tomassini

et al.，1982；Solomon et al.，1985）和一项多人信息处理审计研究（Solomon et al.，1982）的研究主题。

［15］将在下一部分评述有关检测概率组合各方面的其他几项研究。

［16］这些研究通常关注与描述模型的符合程度。也就是说，一旦判断或决策与规范模型预测或由其确立的问题解决方法不一致，那么，研究人员就会转而关注、了解形成判断和决策的过程。重要的是，在这些研究中，与判断/决策的描述模型（锚定与调整）预测相比，审计师的判断和决策通常很少直接考虑评估判断和决策的质量或"精髓"。

［17］Huss and Jacobs（1991）就是这样的例外。作者研究了审计师就是否接受推荐的新审计客户作出判断/决策（风险评估）。

第 7 章 知识和记忆在审计
判断中的作用

Robert Libby

过去 10 年间，人们对知识的作用越来越感兴趣，成为审计判断绩效的决定因素。这主要有三个原因。首先，已有研究观察到经验丰富的审计师薪酬更高且常被委以重任（Wright，1988；Bedard，1989），但是，与经验相关的业绩差异方面的研究结果（如 Gibbins，1984）不支持这一观察结果。这种异常现象使人们意识到预测和理解经验效用的原因还需要更多的系统分析。具体来说，这种系统分析强调需要明确完成不同判断任务所必需的知识，何时、如何以及多大程度上正常地获取知识，以及使用知识进而影响决策任务的认知过程（Frederick and Libby，1986；Abdolmohammadi and Wright，1987）。其次，研究人员对诸如分析性风险评估、舞弊侦查和持续经营判断之类结构化程度不高的审计任务（如 Einhorn，1976；Kida，1984；Libby，1985；Biggs et al.，1988）的兴趣越来越浓，这使得他们的关注点转向审计师的特定任务知识在问题认知、假设生成以及信息搜集方面的作用（如 Libby，1981，1983；Gibbins，1984；Waller and Felix，1984a）。最后，上述研究侧重于审计现象的一般知识，而另一些研究人员（如 Plumlee，1985；Moeckel and Plumlee，1989；Frederick，1991）关注的是，针对具体业务所获证据的记忆对决策效果的重要影响。即使在详细工作底稿真正可获得的情况下，短期记忆的限制性使得决策者首先需要求助于他们有关业务的长期记忆，以测试进一步证据的影响。以前的信息检索中发生的错误可能是导致决策失误的重要原因。

目前，许多研究结论认为，完整描述审计判断绩效需要特别关注知识和记忆问题。关于知识和记忆的研究还可以为以下各种实际问题提供深刻见解：经验更丰富的审计师能在什么任务中最有效地运用其技能？应如何组织大学教育、事务所的培训及丰富其经验以使学识最大化？不同类型的学习辅助或决策辅助何时最有利？通才或专家在何时表现得更优秀？哪些初级审计师是最成功的？

虽然最近有许多论文为我们理解知识在审计判断中的作用提供了帮助，但是我们认为，要对审计判断有深入的理解，需要有关知识获取及其判断绩效影响的一般模型，以设计和界定关键变量及它们之间的函数关系。虽然很少有研究专注于模型构建，但是目前的大多数研究旨在实现这一目的。[1]然而，文献中的许多争论似乎都是因为对审计判断绩效基本模型的性质缺乏清晰认识而产生的。近期的一些争论有：经验是知识的替代还是决定因素？在审计师的整个职业生涯中知识都会增加，还是只在有限的范围内增加？审计环境对必要的学识有何要求？又能培养何种学识？知识的差异何时导致绩效的差异？

本章的目的是构建一个关于知识在审计判断中的作用的模型（我们将其称为"知识的前因后果"，见图7—1），然后，利用该模型组织现有文献，以确定哪些方面是我们已经了解的，哪些方面是我们必须去了解的。该模型还为解决现有文献所提出的概念和方法问题提供了基础，探讨了今后的研究方向。如果想更全面、更详细地了解具体的文献评论，可以参考其他几篇文献（Bedard，1989；Choo，1989；Colbert，1989）。

本章的结构如下：首先介绍一个与知识相关的审计判断绩效决定因素的因果模型和研究知识问题（"专业技能范式"）的一般运作方法。然后，用该模型结构化梳理相关文献。在这之后，以该模型和这些运作方法为基础，讨论所评述文献中提出的概念和方法问题。接下来讨论该研究对一般判断和决策理论的影响。最后对未来的研究方向提出建议。

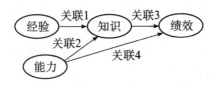

图 7—1 知识的前因后果

审计专业技能：与知识相关的绩效决定因素

知识的前因后果

决策绩效是一个如方程（1）所示的四因素函数（Einhorn and Hogarth，1981a；Libby，1983）：

$$绩效＝f(能力、知识、动机、环境) \tag{1}$$

由于知识在方程（1）中是独立变量，并且由绩效方程中的其他三个因素以及经验所确定，因此这些因素之间的相互关系很复杂。

$$知识＝g(能力、经验、动机、环境) \tag{2}$$

目前文献重点关注能力、知识、经验与绩效之间的关系。为了将讨论限制在可控范围之内，我们预先假定动机和由此产生的认知结果在不同个体之间是不变的，并且高于学识和任务执行的最低要求。[2]此外，第四个因素——环境——也只在任务环境（如任务类型、时间压力、结构）决定知识和执行能力之间的关系时才予以考虑。[3]所提供的学习机会的性质（如反馈的类型、培训、学习辅助）被看成是经验的属性。鉴于这些约束，知识的前因后果可用图7—1所示的路径表示。由图可知：（1）只有两类输入（能力和经验）；（2）这两类输入给作为中间输出变量的知识带来内部状态；（3）除了能力的直接影响以外，知识也影响绩效（输出变量）。[4]

下一部分将简要界定模型中的所有主要变量及其相关维度。然后讨论这些变量在审计环境中的四种关联关系。在该环境中，会计师需要完成各种与学习相关知识有所不同的判断任务。要成功完成任务，会计师必须具备一定数量和特征的知识和能力。因此，成功研究与知识相关的绩效决定因素的关键是，具体化所需知识和执行具体审计任务所涉及的认知过程（查阅 Frederick and Libby，1986；Bonner and Pennington，1991）。

如 Alba and Hutchinson（1987）所指出的，有关的心理学文献中对此处所提及的关系有争议。但是，对于其中大多数关系的存在性是毫无争议的，而且通常能很好地预测这些关系。因此，我们将根据 Alba 和 Hutchinson 的实践尝试着采用一般性解释来尽可能地反映达成共识的观点。

变量定义

一般地，审计师执行的任务及每一任务所需的知识与能力的多样性，要求将审计意见形成过程分解为具体任务并仔细分析其基本认知过程（Frederick and Libby，1986）。[5]因此，可以为每一个具体的审计任务勾勒出一个图 7—1 的分解版，分解图中只包含与这项任务有关的经验、能力和知识。此外，这些关联程度会随任务的变化而变化。例如，Libby and Tan（1992）发现问题解决能力对知识和绩效的影响（联系 2 和联系 4）在 Bonner and Lewis（1990）的盈余操纵任务中很显著，但是在其内部控制任务中却不显著。最后，每个变量都有一些相关维度（查阅 Gibbins et al.，1991；Bonner and Lewis，1990）。表 7—1 概括了这些变量的定义及其所用的维度，下面将对此进行详细阐述。[6]

表 7—1　　　　　　　　　　　变量的定义和维度

经验：与任务相关的经历，它能提供学习机会。
　经历的类型：
　直接经历包括完成任务和复核其他人的工作、收集上级的复核意见（过程反馈）和结果反馈。
　间接经历包括与同事一起讨论其他审计任务、阅读正式的审计指南、教育和培训。
知识：存储在记忆中的信息。
　记忆包括特殊经验的情景记忆，以及概念含义与关联性的语义记忆。

续前表

知识包括世界知识、一般知识和附属专业知识。

能力：完成有助于解决审计问题的信息处理任务的才能。

过程的类型：如编码、检索、分析。

绩效：作出的判断与标准的相符程度。

子任务的组成部分：识别问题、形成假设、信息选择、线索衡量等。

标准：

效果是指与环境事件的联系或结果（如经营失败）、统计标准（如意见的一致程度、指定的专家）。

效率是指任务的时间、成本。

经验。为了使本文保持更宽的关注视野，经验被界定为包括各种各样与任务相关的直接和间接经历，这些经历提供了在审计环境中学习的机会。[7]这些经历包括实际完成的任务、审核其他人的工作、收集上级的复核意见（过程反馈）、收集结果反馈、与同事一起讨论其他审计任务、阅读正式的审计指南和培训。[8]在早期的研究中，有狭义的"经验"（如完成任务）和广义的"经验"（如所有与任务有关的经历）之分。本文采用的是广义的"经验"，这是因为各种经历的存在与否，对确定在审计环境中学到什么发挥了重要作用。经历的类型将决定获得什么知识以及在多大程度上获得知识，因此，经历的类型是实践经验的关键维度。

审计师经历的学习机会的类型会因任务的不同而有所不同。例如，事务所可能会为一些任务提供实质性培训和正式的审计指南，而对其他任务几乎不提供培训和指南（Bonner and Pennington，1991）。类似地，一些任务可以很轻易地获取反馈结果，而其他任务却无法获得（Davis and Solomon，1989；Ashton，1991）。此外，因为许多审计任务和子任务通常在一个人职业生涯的不同阶段予以执行（Abdolmohammadi，1990），所以经验的性质也会随时间而改变。例如，在一项具体的审计工作（如内部控制评价）中，经验不足的审计师可能会记录有关线索（清单所列的控制是否存在），比较有经验的审计师则会组合线索以作出决策（如控制的可靠程度）。也有可能出现的情形是，一个人在一个职业生涯阶段完成一项任务，在之后的阶段中复核其他人完成任务的情况。

由于经验不尽相同，专门的经验应被看成是获得与执行未来各种审计任务有关的专门知识的机会（Libby，1990）。虽然与转移的结果有关的研究非常有限，但是，在对任何"与任务相关"的经验下定义时，都应该考虑在一项任务中学到的知识转移到新任务中的可能性（Marchant，1989）。

知识。知识是存储在记忆中的信息。[9]有关记忆方面的研究经常将具体经验记忆（如 XYZ 公司采购子系统的具体控制）（或"情景记忆"）和概念含义与关联性记忆（采购子系统的有效控制）（或"语义记忆"）进行有效的区分。[10]由于一般审计知识以及与当前审计业务相关的知识都是执行任务的必备知识，因此，这两类知识都与我们的讨论有关。另外，也有人建议采用含有不同功能性质的另一种知识的组织结构（如分类和结构示意图；参阅 Frederick，1991）。因此，知识结构和知识内容都是审计判断绩效的重要决定因素。

由于知识是一种内部状态，其特征不能直接予以观察，因此，记忆内容和组织的模式、相关学识和检索过程都被视为有用的表征（但不是物理表征），只能间接地予以测试。可以根据在知识运用所需要的处理、信息搜寻和判断过程中（就诸如回忆、识别、反应时间和并行语言表达等）可观察的差异，作出与内容或组织差异有关的推论。

审计判断任务的执行涉及广博的知识。Bonner and Lewis（1990）认为有三大类审计知识：世界知识、一般知识和附属专业知识。审计的每个阶段（如内部控制风险评估）都依赖于这三类知识中某一类知识的组成部分（如统计抽样、理想控制、对这类被审计单位的差错频率的了解等；参见 Bonner and Pennington，1991）。如前文所述，审计知识的所有元素与不同任务执行的相关性并不相同（查阅 Frederick and Libby，1986）。

能力。能力在这里被定义为完成信息编码、检索和有助于解决审计问题的分析任务的才能。在心理学中，人类智力的本质是最具争议的问题。现已开发了许多概述主要心智能力的心理测量和计算模型（Sternberg，1984）。许多能力都有助于解决审计问题。

虽然将审计知识和记忆问题联系起来的研究目前还很少[11]，但是，已有的文献一直都认为能力的个体差异会影响学识和判断绩效（参见 Mcok and Vasarhelyi，1984）。与知识一样，能力也是不可观察的内部状态。通常可以利用心理测试的准确性和速度来推断能力的存在性。不同的审计任务可能在不同程度上需要各种能力。

绩效。很早以前，审计判断研究的中心目标一直是评估审计判断绩效及其决定因素（Libby and Lewis，1977，1982）。最近讨论知识和记忆的研究再一次强调了该领域绩效目标定位的必要性（参阅 Bedard，1989；Choo，1989；Davis and Solomon，1989；Marchant，1990）。但大多数研究不仅没有清楚地对所用绩效作出概念上的界定，而且对绩效预期效用的定义通常也是模糊不清的。人们进一步认识到具体审计判断任务绩效的效率和效果是变化不定的（查阅 Davis and Solomon，1989；McDaniel，1990）。

从运用上来说，标准值通常是具体的，且绩效被视为判断与标准的相符程度。评估效果的典型标准值有：环境事件或结果（如经营失败）、统计标准（如贝叶斯更新概率）或其他人的判断（如职业准则、与其他类似判断者或"专家"小组的意见一致程度）。获得每单位信息的时间或成本的最小值被当作效率标准。对判断和标准之间相关度的某些度量（如相关系数、命中率）是有争议的，或被假定为如果其他条件不变，它们与效用是相关的。[12]对效用分析的适当层次（单个审计师、会计师事务所或社会）以及衡量与预期效用之间的相关性形式极少予以考虑。

因为审计师需要完成各种各样的判断任务，所以审计判断绩效也是任务具体化的（查阅 Frederick and Libby，1986；Gibbins et al.，1991）。每项判断任务本身又包含着各种各样的子任务（如线索选择、线索记录等，Bonner，1990），所以绩效可能会因这些组成部分不同而不同。还应当指出的是，审计师如果想获得成功，仅成功地执行技术性审计任务是远远不够的，这是审计判断研究的焦点。

变量之间的联系

图 7—1 描绘了决定知识（中间内部状态）的两个输入——能力和

经验，而能力和知识又是绩效的决定因素（查阅 Marchant，1990）。任务需求决定成功完成任务所必需的知识和知识影响决策问题的过程。如前文所述，这些联系的程度在不同的任务中是不同的。四个变量之间的四种联系为明确现有研究的重点、评估其贡献以及指出今后的研究方向提供了基础。

联系 1：经验和知识之间的关系。如上所述，经验只是提供了学习机会（查阅 Marchant，1990），且这些机会的质量还因情况的不同而变化。因此，可以从经验中获得什么知识不仅取决于与任务相关的经历的数量，还取决于经历类型（Waller and Felix，1984b；Bonner and Pennington，1991）。因为学习既需要学无止境的精神，也需要各种学习方法（查阅 Neuberg and Fisk，1987）[13]，可以通过准确标示学习需要和提供必要手段的程度来判断学习环境的质量。

直接或间接（监督）结果反馈的一些形式常常给出了学习需求的信号。不完整的结果反馈给出的信号是不准确的。当根据判断采取行动时，通常只能获取采取积极行动时的反馈。举例来说，关于雇用或拒聘求职者是否正确的证据是准确评价会计师事务所雇用决策质量的必备材料。但是，与拒聘求职者相关的证据是几乎不可能获得的。成功的高基本比率、低选择比率和（或）处理效果都会导致正的高命中率以及不可观察的许多有消极效应的失误（Einhorn and Hogarth，1978；Libby，1981；Waller and Felix，1984b）。因此，只根据雇用求职者的实际反馈（正向命中率）可能会产生错误的决策规则。当选择行动项目（如将某人送到名校进修）改进绩效时，完整的和不完整的反馈结果都有失公允。[14]

即使学习需要是显而易见的，审计师也可能缺乏更正错误的恰当手段，这是因为错误发生的原因和更正错误的具体措施不是显而易见的。因此，考虑过程反馈的可获性也是评价学习环境的关键因素。Bonner and Pennington（1991）关于审计学习环境的分析有力地表明，教导、职业指南和过程导向的复核反馈促进了学习。与此相反，只有结果的反馈是不可能促进学习的。披露得到良好组织的知识基础对最大化审计任务的学习和专家绩效来说似乎是必要的，特别是在只可获得结果反馈时。

不同类型的直接经验和间接经验似乎也有助于各种知识组成要素的形成。例如，Marchant（1990）认为间接经验（培训、指南和汇总数据）更有助于一般知识的形成，而直接经验更有助于附属专业知识的形成。另外，交互作用也是有可能存在的。Butt（1988）测试了经验和具体案例以及汇总数据之间的交互作用，Nelson（1993）测试了经验和事件频率以及证据诊断之间的交互作用。

如前文所述，一个人在不同的职业生涯阶段通常会从事不同的审计任务。另外，技术培训主要集中在审计执业人员工作的前五年里（Bonner and Pennington，1991）。考虑到额外重复对学习的影响，一个人在其职业生涯中不可能以一个固定不变的速度获得与任何具体任务相关的知识。

联系 2：能力和知识之间的关系。正如所有教师都确证的那样，学到什么知识也会受个人学习能力的影响。[15]要进入审计行业必须经历三个筛选过程，其中包括获得最低的学历要求、通过 CPA 考试（或其他国家的同等考试）和得到雇用。这一过程限制了一些学习能力处于初级水平的人。提升/保持过程阶段的初期进一步限制了范围。虽然能力的持续效应仍然可能存在，但是，这种范围限制有可能弱化审计实践中的这种联系程度的度量，相比而言，在其他应用环境中这种范围限制更大（如 Schmidt et al.，1986）。

联系 3：知识和绩效之间的关系。知识对绩效的影响，取决于审计师的知识、执行具体任务和子任务的能力以及绩效效果/效率特征（查阅 Gibbins et al.，1991）。Bonner and Pennington（1991）对各种审计业务执行效果的分析结果表明，有经验的审计师能更有效地完成涉及"结构过程"的审计任务（查阅 Choo，1989）。结构过程包括搜集和理解内外部信息、生成假设和设计。当因果模式或任务规则对假设评估有用时，审计师也表现得很好。归纳过程的执行情况要稍差一些。归纳过程包括基于统计规则的评估假设、估计和选择备选方案。这种联系表明，要么是与结构过程有关的审计知识的质量更好，结构过程对知识差异更敏感，要么是成功的标准更清楚。

心理研究表明，通过重复所获得的知识可能对绩效效率维度有最大的影响。重复导致程序自动化，进而降低了对审计师有限信息处理能力的要求。这为完成任务提供了资源，从而提高了效率，并在有时间压力的情况下得到了好的效果。随着认知结构越来越完善，评判者也越来越可能分析出重要信息、详细说明现有信息和检索情景知识，从而提高效率（Alba and Hutchinson，1987）。如前所示，所有这些关系都取决于个人知识储备与执行任务所需知识的匹配程度。

联系 4：能力和绩效之间的关系。各种能力（包括语言理解、数值计算、类比推理、记忆能力及其他能力）都与审计判断绩效潜在相关。个体之间的能力差异对个体执行审计任务的影响，取决于对该能力的需求程度。此外，由于存在上文提及的范围限制，且所有审计师都已具备完成一些任务所必需的能力，因此与能力相关的绩效差异可能出现在效率维度而不是效果维度。最后，应当指出的是，通常可用多种方法来解决某一具体判断问题（Brunswik，1955）。例如，一些问题可以采用通用演算法或具体工作启发法来解决。因此，就具体能力允许适当演算方法的运用程度而言，在确定绩效效果时，能力可在一定程度上作为知识的替代。具体工作启发法通常能提供效率优势。在其他情况下，卓越的能力也许能够使用推断来替代不完整的知识。能力和知识的某些最低层次可能是执行业务的必备要求，能力和知识的某些层次是另一种能力和知识的替代，这些事实表明了能力和知识在影响任务绩效时相互作用的可能性。现有的审计文献并没有对这些可能性进行研究。

动机和因此而付出的努力——干扰变量。如上所述，文中讨论的众多关系对审计师的动机强度很敏感，而由此付出的努力水平则取决于具体任务。注意力或认知努力被界定为对所有心理活动的非指定能力输入（Kahneman，1973）。付出的努力可以有不同的强度和持续性。在图7—1 中，认知努力被视为一个干扰变量，它既决定了学习的程度，也决定了成功运用知识的程度，但是并没有改变模型中其他关系的标记。

在一些任务中，努力（更加努力地工作或工作时间更长）也可以用作次要知识或能力的替代。

结论。下面简要描述对审计判断绩效决定因素的讨论：

1. 会计师执行各种各样的判断任务。

2. 不同任务的区别体现在以下方面：

（1）学习相关知识的机会来自非正式或正式的培训和经验；

（2）成功完成这些任务所需的能力、知识和努力的数量和性质不同。

3. 审计师的能力和知识与完成任务所需能力和知识的适合程度决定着绩效的各方面。

"专业技能范式"

Frederick and Libby（1986）建议，一系列研究知识问题的常识性指南应该基于 Fiedler（1982）的研究成果。这些指南在此被称为专业技能。

概念角度：知识和认知过程的具体化。考虑到各种审计业务及其所需知识的数量和性质存在差异，第一条指南建议，应该预先形成关于具体知识效果或其对可观察行为的组织的假设。这就需要对完成具体任务所需的知识，这些知识何时、如何及在多大程度上可以获得，以及其影响任务的过程予以具体化。根据分析来形成假设，不仅会增加证实重要效果的机会，而且会为确定未能证实预期效果的原因提供基础。

运作角度：知识和任务之间的相互作用。知识是不能直接予以观察的内部心理状态。因此，第二条指南建议证实已假设知识的差异和（或）该差异对绩效的影响，要求构建一个使用/不使用该知识（或使用别的知识）有可观察的差异的实验任务。之前诸多研究未能发现经验效果可能是由那些研究所用的任务导致的，那些研究所用的任务是，具有不同经验的审计师被期待有相同的知识，或具有不同知识的审计师被期待产生相同的行为（查阅 Bonner，1990）。这些任务被称为新手任务。

第三条指南指出，通过操控刺激物和（或）环境因素（这里的观点是环境激活了与所评估的刺激物相互作用的知识元素）确立最佳的不同知识元素与个体不同经验的比较。如果目标知识与刺激物相关，就必须操控该刺激物。相应地，如果它与环境相关，则必须在不同环境中评估各个刺激物。最后，如果假设的知识与环境及刺激物（刺激物因环境而定）的相互作用有关，则环境和刺激物都必须予以操控。

　　基于第三条指南的设计功效，主要取决于其排除知识或绩效差异替代解释的能力。Frederick（1991）的研究中给出了一个测试经验和知识之间联系（联系 1）的例子，说明了此类设计的功效。Frederick 在研究中调查了经验丰富的审计师和经验不足的审计师在一般内部控制知识的组织方面的差异。其研究的前两个假设表明，培训使经验不足和经验丰富的审计师了解了内部控制知识的分类结构（通过内部控制目标来组织），而在遇到实际系统时，只有经验丰富的审计师才能获得内部控制知识的示意图结构（通过交易流程来组织）。他将根据只存在示意图结构的暂时联系形成的假设，用作辅助唤起记忆的检索线索。由于只有经验丰富的审计师才有内部控制知识的示意图结构，因此只有他们才能较好地回忆起示意图组织的控制知识。

　　他选择了一组具有 3～5 年执业经验的审计师和一组没有任何执业经验的学生，向他们分别提供一份采用分类列示（按目标）或示意图列示（按交易流程）方式的 33 个相同的采购与付款控制清单，来测试这些预测。由于他的假设与刺激物有关，因此改变了刺激物（信息的组织）和 2×2 被试者间设计的被试者经验。他要求参与者学习控制，然后回忆和记下所想起的控制。然后，他记录在每种条件下不同被试者记下的控制数量。正如图 7—2 中的预测和说明所示，无经验的被试者在不同方式下回想起的控制数量并无显著差异，但是，有经验的被试者在回忆示意图列示的控制时表现要好得多。

　　设计的功效在于高度保证所得结果是由知识组织的差异造成的，而不是由其他被试者差异或知识内容差异导致的。通过考虑两个更简单的替代设计，可以很明显地发现这些设计的相对弱点。第一个替代设计是：如果只采用示意图结构的材料，则经验丰富的审计师比经验不足的

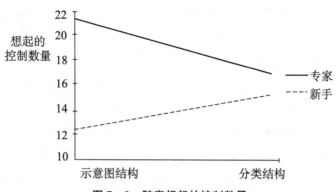

图 7—2　随意想起的控制数量

审计师做得好，那么，这一结果的两个重要替代解释不能予以排除——一是经验丰富的审计师一般都有更好的记忆力（对所有刺激物来说）；二是即使面对相同结构的材料，经验丰富的审计师也有更丰富的知识（他们对刺激物熟悉以致更容易回忆）。第二个替代设计是：如果只要求经验丰富的审计师学习分类结构和示意图结构的材料，则针对示意图结构的材料的记忆表现得更好的原因可能是，即使不考虑内部控制的已有知识，示意图式的材料更便于记忆（例如，因为它与更简单的记忆有关）。Frederick 采用的 2×2 设计排除了所有替代解释，这是因为它们会产生类似图 7—2 所示的线段。可用类似的设计来测试图 7—1 模型中的四条连线。

我们所知道的与知识相关的效果

现有文献的分析主要关注图 7—1 所示的模型中一个或多个联系的研究。除那些调查结果的适用性更广泛的文献外，对模型中每一种联系的现有文献分析都是按照审计任务进行分类的。在大多数情况下，对那些没有事先假设与特定知识相关效果的探索性研究本章不予以评述（例如，那些一般经验绩效相关性作为次要发现结果的研究）。

根据图 7—1 归集现有的研究文献有一些问题。一是，如前所述，有些研究的目的并没有清楚地予以说明，有些研究的设计基础可能与这里所用的概念框架不同。因此，一些归类可能会模棱两可。二是，现有的文献用以解决与知识相关的问题的一般方法或明或暗地假设经验的差异反映在知识的差异中（联系 1 是有效的），这些方法评估了经验和绩效之间的关系，得出了关于知识和绩效之间的联系的研究结果（联系3）。虽然根据是否测试联系 3 的意图对这些研究进行了分类，当然，这种测试连接了假定的经验与知识以及知识与绩效之间关系的测试。

联系 1：审计师知道什么以及他们是如何知道的

本部分所讨论的研究在目的和方法方面有极大的不同，主要体现在以下三个方面。第一，此类研究中的一些研究仅限于记录经验丰富的审计师知道的特定方面，而其他研究还涉及了学习过程。第二，许多关于经验对知识的影响的研究，是根据经验差异和判断差异之间的系统来推断经验与知识之间的联系的。但是，在知识影响判断任务过程的具体化中产生的错误可能会使推论无效。所以，很少的研究采用记忆测试法（如记忆力）来评估这种内在联系。第三，绝大多数关于学习的研究检测了某段时期内积累的经验对具体知识元素的影响。几乎没有研究识别了具体经验对具体知识元素的影响。

财务报表错误。Peters et al.（1989）在总结经验丰富的审计师的固有风险评估的习惯做法时，注意到这些评估是以逐一账户评估为基础的。以这种方式形成固有风险评估判断时，有用的知识片段是各类账户容易出现差错的程度。Ashton（1991）通过运用频率知识测试方式，发现经验丰富的审计师可以识别制造业和零售业中最容易出现重大差错的几个账户，但不能准确识别这些行业中不常出错的账户，也无法准确识别自然资源和金融行业中哪些账户容易出错、哪些账户不容易出错。该研究结果进一步表明，这种知识是被试者早期工作期间积累的知识（即这是一项新手任务）。基于特定行业具体经验的差异化学习的一些迹象也很明显。

一些文献研究了账户差错类型或起因的学习（如提前确认销售、不记录销售退回等）。这些差错[16]和各种非差错起因被看成是指导审计过程中诊断活动的假设（Libby，1985）。Libby and Frederick（1990）已经证实，随着审计师不断积累经验，他们识别财务报表潜在差错的知识更加完备，他们了解了错误发生率，并以知识维度（包括交易循环）组织自己的知识。Libby 和 Frederick 运用频率测试方式测试了首因效应，运用假设生成任务方式测试了制造业环境中的次因效应和三因效应。其结果表明，学习会持续至被试者职业生涯的前五年。由于反复学习的预期效益递减，因此大多数学习行为都发生在最初几年，可以明显看出，五年后几乎没有进一步的学习行为（参见 Ashton，1991）。有趣的是，Kaplan and Reckers（1989）的研究结果表明，经验不那么丰富的审计师更有可能获得意料之外的审计证据。这与 Libby and Frederick（1990）的意见一致。Libby and Frederick（1990）认为，在审计过程中关注以前出现的舞弊案件可能会让学生有不切实际的想法。这可能与下面将讨论的职业怀疑态度相关。

Tubbs（1992）运用自由回忆任务和条件预测任务来进一步检测关于财务报表差错知识的形成。其研究结果表明，经验更丰富的审计师能够意识到更多的差错，拥有更准确的差错知识，知道更多的非典型差错和差错的因果关系特征，诸如出现差错的部门和背离的内部控制目标（虽然只认识到背离的内部控制目标，但也增加了经验）。DeSarbo et al.（1994）在全体审计师被试者自由整理 35 个财务报表差错的实验中，也发现了关于交易循环和审计目标维度方面的证据。Frederick et al.（1994）通过要求学生、审计师和管理人员根据交易循环和背离的审计目标来整理这些差错，发现在一个人的职业生涯中学会使用交易循环的方法早于学会使用背离审计目标的方法。这些研究结果和下文将介绍的其他研究结果——会计中的因果关系和控制系统与财务报表差错诊断之间的知识很重要。

三项研究测试了具体经验对关于财务报表差错的学习的影响。Libby（1985）的研究结果说明，近期发现具体差错的经验增强了审计师对这一差错的记忆。在此项研究和上文所介绍的研究中，发现不同差错的经验被视为由自我报告度量的已观察独立变量，这是因为在实际未予控制的工作环境中，被试者才有兴趣学习。有两项研究试图在实验室里通过实验操控来测试不同类型经验的影响。Butt（1988）的研究表明，与新手相比，经验丰富的审计师能够更好地组织其记忆结构，进而使得他们更有效地获得用于上述任务的相应频率信息。该研究还证实，当以逐个案例的形式而非总括的形式提供频率信息时，被试者能更有效地获取这些信息，这可能意味着实践和教学的效果存在差异。此外，当总括信息结合其他逐个案例信息予以提供时，其效果将得以增强。Nelson（1993）测试了差错频率和分析复核所用财务比率诊断的联合学习过程，再次证实准确的学习是以逐个案例为基础而获得的。

内部控制评价。一些研究测试了经验丰富的审计师的内部控制知识。这些研究中的一部分研究被设计为验证经验丰富的审计师对某些内部控制概念的理解，另一些研究却试图测试经验和知识之间的关系。这两类研究中的大多数研究都推测判断差异是知识的基础。另外，有两项研究采用记忆方法调查了经验更丰富的审计师是否拥有更多关于良好内部控制系统特征的知识，能否更好地组织具有良好内部控制系统特征的知识（Weber，1980；Frederick，1991）。

Frederick and Libby（1986）的研究结果表明，内部控制薄弱环节对财务报表影响的预测主要以两种知识为基础：（1）复式记账导致某些同现（cooccurrence）账户同时出错的知识；（2）内部控制薄弱环节与具体账户差错相关联的知识。研究还认为经验丰富的审计师拥有这两种知识，新手只拥有第一种知识。Tversky（1977）的特征匹配模型被用作预测这些知识差异在判断账户差错同时发生时所产生的影响的过程模型，其研究结果证实了关于知识差异的假设。Brown and Solomon（1991）的政策捕捉研究提供了关于经验不足的审计师也知道账户同现的进一步证据。Bonner and Lewis（1990）要求不同经验的审计师列举制造企业因内部控制薄弱而可能出现的两个差错，发现一般审计经验和制造业审计经验与对这些关系的认识有关。

有三项研究利用政策捕捉方法测试了审计师是否理解控制特征与审

计风险判断或计划决策之间的具体关系。Libby et al.（1985）利用审计风险模型形成了关于会计处理过程对差错敏感程度的或有性或构形性、控制设计强度和与控制依赖决策相关的符合性测试强度的预测，在挑选出一组专家审计经理和合伙人评估一系列的现实案例后，发现这些被试者所作出的决策与研究者确认的关系一致。Libby and Libby（1989）关于经验不足的审计师的研究结果表明，被试者不太了解这些或有性。Brown and Solomon（1990）研究了具体控制之间的构形关系知识，他们测试了在职责分离控制强或弱时，审计师是否理解补偿性和放大性控制的不同效果。虽然没有依据经验水平进行比较，但是有40%的审计师认识到这一关系。

虽然上述研究详细阐述了内部控制知识的性质并评估了其与经验的关系，但只有一篇文章研究了不同类型的经验对内部控制知识可获性的影响。Spires（1991）研究了企业手册中关于培训和正式指南的两个可替代企业政策对各种符合性测试已察觉强度的影响。研究发现，虽然来自不同事务所的审计师都倾向于赞同，符合性控制强度的次序与它们对内部控制可靠性的评判结果一致（如文件检查和重新执行相结合的测试和可靠性强于仅进行文件检查的测试，文件检查测试的可靠性又要高于询问和观察测试的可靠性），但是，来自要求重新执行的事务所的审计师获取的保证程度更高。而且，事务所政策手册（指导文件）明确说明询问和观察为弱测试的，其审计师获取的边际保证程度并没有高于其他事务所的审计师。

Weber（1980）是第一篇直接评价记忆过程（回忆）结果并考虑记忆过程结果与判断差异之间关系的文章。现有的文献都很好地重现了这篇文章中的方法。Weber 也是第一个调查附属专业知识的人。他测试了电算化（EDP）审计专家的计算机控制知识是否比缺乏经验的审计师更多且组织得更好。经过专门化培训且具有经验的电算化审计师记起的控制比经验不足的审计师多，而且在他们的记忆中聚类（clustering）更多。该结果证实了 Weber 的假设。

Frederick（1991）首次假设经验丰富的审计师和经验不足的审计师

在知识的组织方面存在特殊差异。该研究再次将注意力放在学习的替代资源上，并认为通过培训可以同时使经验丰富和经验不足的审计师学习控制的分类组织（此时的控制与确保审计目标的实现有关），但是，关于实际系统的经验是学习控制的示意图结构（此时的控制与交易流程有关）的首要来源。如前文所述，当信息是以示意图结构（按交易流程）提供时，就示意图结构控制间的额外临时联系而言，只能使经验丰富的审计师回忆更多的内部控制系统信息。这就表明经验丰富的审计师的部分优势是，他们能更好地回忆起内部控制系统的属性，这是因为他们已经获得了示意图知识结构。在下面有关该研究的介绍中，Frederick 把这种优势和记忆错误的特定类型联系起来。Biggs et al.（1987）认为经验丰富的审计师根据以前的具体案例来评价电子数据处理控制，再次强调实际系统经验的重要性。这些研究阐述了语义记忆结构是如何影响编码和唤起情景记忆的。

实质性程序。在三项研究中，检测了审计师的实质性测试知识。Brown and Solomon（1991）的政策捕捉研究证实，经验丰富的审计师认识到一些实质性审计程序的补偿性。在 Biggs et al.（1988）关于分析复核帮助计划其他程序的言语记录研究中，审计经理能更好地理解客户问题和恰当审计程序以及目标之间的联系（如增加应收账款函证与应收账款的可收回性无关）。类似地，在 Bonner and Lewis（1990）的研究中，要求审计师被试者列举两个识别已列示的财务报表差错的实质性程序，其结果表明，知识与工作经验以及从事制造业审计工作的时间相关。

在估计分析程序的风险时，Bonner（1990，1991）发现经验不会影响衡量线索所需的必要知识，但是，经验更丰富的审计师拥有更多关于影响分析程序风险因素的知识。然而，与 Spires（1991）类似，其研究结果只在那些工作手册中提供了有关分析程序的详细指导的事务所中明显出现。[17]

持续经营问题。Choo and Trotman（1991）在告知审计师主管合伙人企业可能存在持续经营的问题后，要求审计师考察企业的信息。该研究假设更有经验的审计师（有 3 年以上工作经验）可能更清楚一个经营失败的企业的一些特征。更有经验的审计师会更关注与经营失败不一致的信息。在判断关于该企业未事先说明的事实真相时，经验丰富的审计师比经验不足的审计师更有可能考虑与经营失败不一致的信息是否属实。但是，无论是经验丰富的审计师还是经验不足的审计师，都可能会考虑与经营失败一致的信息是否属实。也就是说，在既定持续经营问题下，所有的审计师都认为"失败的"事实比"能持续经营下去的"事实的可能性更大；但是，经验更丰富的审计师有更大的心理准备接受有持续经营问题企业的"能持续经营下去的"事实。这些研究结果能够作为支持存在组织得更好的知识结构的解释。Ricchiute（1991）发现按因果关系整理的持续经营证据比以正常工作底稿形式整理的证据更有影响，这进一步证明作为审计知识组织框架的因果模式是很重要的。

职业怀疑。审计师在所有审计任务中应该保持一种职业怀疑态度。有大量的研究调查了审计师是否持有这种怀疑态度以及它是如何与经验一起发展的。

衡量怀疑态度的一种可能方法是关注不一致或矛盾的信息。Choo and Trotman（1991）发现经验丰富的审计师比经验不足的审计师能回忆更多与持续经营假设不符的信息。Moeckel（1990）发现在复核审计工作底稿时，审计师的经验越丰富，越能更好地发现证据中的矛盾。[18]同样，Bouwman（1984）指出，在学生和审计师审查财务报表时，学生会忽视信息中的矛盾之处，审计师则会"集中注意"这些矛盾。这三篇文章虽然采用了不同的方法（以唤起记忆作为因变量进行相对抽象的实验、更"自然"的识别试验、言语记录分析研究），却得到了相似的结果。

判断研究也得出了一系列一致的结果。在判断研究中，经验不足的审计师比经验丰富的审计师更保守或更不乐观。在 Wright et al.（1991）的试验 1 中，审计师对持续经营主体继续经营的概率作出的估计高于学生的估计。另外，在实验 2 中，经验丰富的审计师的估计高于经验不足的审计师的估计。在 Abdolmohammadi（1991）的研究中，当所有被试者都没有决策辅助时（与存在辅助的估计一样），经验不足的审计师的预期总体偏差率高于经验丰富的审计师。Messier（1983）的研究表明，经验不太丰富的合伙人的重要性和披露临界值都低于经验丰富的合伙人。在 Abdolmohammadi and Wright（1987）的研究中，经验不太丰富的审计师更有可能就土地账面价值减抵的不确定性发表保留意见，且更有可能要求被审计单位调整。

这是认知差异，还是效用函数差异，抑或两者兼而有之？存在一些认知要素的迹象：Abdolmohammadi（1991）发现"经验不足者的保守"会因决策辅助而消失，Biggs et al.（1989）发现经验不丰富的被试者会使用过多的测试程序，这是因为他们不知道哪些程序真正有效或他们对效率问题的认识还不够，所以，进一步研究这个持久不变结果的原因是有必要的。

联系 3：知识对绩效有什么样的影响

如前文所述，研究执行效果的主要方法是假设经验和知识之间的联系（通常基于详细任务分析），评估经验和绩效之间的关系，并将此归因于知识和绩效之间的联系（联系 3）。这些测试是联系 1 和联系 3 相结合的测试。虽然人们已经注意到将知识作为独立变量的价值（Davis and Solomon，1989；Libby，1990），但是只有极少数的研究单独测试了联系 3。

财务报表错误。在 Libby and Frederick（1990）的研究中，较有经验的审计师分析出的错误原因大多数是令人信服的，而难以令人信服的较少。如前所述，较有经验的审计师在错误原因频率知识测试中得分更高。与假设形成任务中的审计结果解释一样，较有经验的审计师也更多地分析出了事件发生的原因。这些研究结果暗示，在寻求证据解释时，经验丰富的审计师的效率或效果更好。Bonner and Lewis（1990）也发现那些在分析复核知识测试中得分较高的人，能更准确地了解产生异常波动错误的原因，更准确地解释错误是如何影响账户和比率的。

Bedard and Biggs（1991）的言语记录研究结果与这些实验研究结

果一致。审计师就含有错误的存货进行分析复核。如果就哪一个阶段最容易产生错误形成假设，那么，经验最少的审计师在此阶段面临的困难最大。在 Bedard 和 Biggs 的研究（即将发表）中，他们认为拥有近期制造业经验和更易获得知识的审计师能更好地形成正确的假设。Johnson and Jamal（1987）以及 Johnson et al.（1989）的研究证实了行业专门知识的重要性。这些研究认为，拥有相关行业经验的审计师比拥有程度不一总体审计经验的审计师能更好地发现由于舞弊导致的错误。Marchant（1989）也注意到类似的问题，发现拥有处理会计系统不同环节相似的差错的经验并不能帮助形成假设。但是，得出这一结果可能是因为具体执业中获得的知识支配着实验中所获得的知识。

Heiman（1990）很清楚地阐述了将可获知识的易得性作为绩效决定因素的重要性。该研究调查了在对错误假设的评价中，审计结果替代解释知识的影响力。提供替代解释显著降低了审计师对已评价错误的概率估计。那些被要求形成其自身替代解释的被试者，都根据自己能想起的记忆中的替代解释数量调整了概率。在相关的研究中，Anderson and Wright（1988）认为就事件后果形成解释增加了它的已感知的概率，但这只是针对经验不足的审计师而言的。

内部控制评价。经验丰富的审计师拥有更多关于良好内部控制系统特征的知识，且能更好地组织良好内部控制系统特征的知识（Weber，1980；Frederick，1991）。然而，在执行内部控制判断任务中并没有表现出这种大且可靠的差异（Wright，1988）。例如，Bonner and Lewis（1990）的研究只能解释，执行包括四个经验和知识变量的内部控制任务时有 3% 的差异。现有文献中一项有趣的研究结果也许能解释这一调查结果。请注意，Bonner（1990）的第一个实验表明，经验不足的审计师能与经验丰富的审计师一样认识到良好内部控制的特征，但是，Weber（1980）和 Frederick（1991）暗示经验不足的审计师不能像经验丰富的审计师那样想起良好内部控制的特征。这就表明知识差异（如较强的痕迹、更好的组织）对要求想起而不是认识的任务来说是至关重要的（查阅 Libby and Lipe，1992）。大多数内部控制任务的结构性质限制了对记忆的依赖，进而可能因此限制知识对绩效的影响（查阅 Libby and Frederick，1990）。

只有一项研究调查了知识获得方式对绩效属性的影响。同样，该研究结果表明不同的学习机会会获得不同层次的知识。Meixner and Welker（1988）测试了重复执行任务、上级的政策反馈、工作小组行为模式的学习或者没有采用一致政策的低劣执行者的失败率，是否会提供更加有效的学习机会。研究发现，后三种经验而不是重复行为（熟悉）这一变量与提高意见的一致程度相关联。这一研究结果与 Bonner and Pennington（1991）的结论（前文已述）一致。

Plumlee（1985）的研究结果表明，在内部控制评价中知识可能存在某种劣势。在该研究中，内部审计师在评价其参与设计的系统时，识别内部控制薄弱环节的能力还不如那些没有参与系统设计且不太熟悉内部控制的人。导致这个现象的原因值得进一步调查。

实质性程序。Bonner and Lewis（1990）发现相关 CPA 考试和教科书式的问题以及自我评级度量的先进分析程序知识，与类似于 Libby（1985）以及 Bedard and Biggs（1989）研究中采用的分析复核任务的优秀绩效相关。

与 Plumlee（1985）一样，Moeckel and Plumlee（1989）发现知识的某些形式可能存在某种劣势。该研究主要关注审计师对以前审计证据的不适当记忆的信心。研究发现，当审计师把自己的推论与实际获得的证据相混淆时，有见识的审计师对其记忆力有更强的信心。这种信心程度反映了审计师更愿意依赖记忆而不愿意依据工作底稿，这时审计师就有可能发生判断错误。

持续经营问题。Choo（1991）要求审计师判断已经经营失败的企业的失败概率，并记录他们将如何实施进一步的调查和他们作出目前判断的基础。研究结果表明，审计师知识越多（能正确描述经营失败企业的特点和恰当的调查程序），预测越准确（较高的失败概率）。虽然在一些审计任务中，经验能得到更好的意见一致程度，但是，Wright et al.（1991）并没有发现持续经营判断的经验提高意见一致程度的证据（无论是审计师对学生；还是经验丰富的审计师对经验不足的审计师）。

重要性水平。一些研究根据一般审计经验调查了重要性临界值的差异。审计师对重要性的判断较之学生的判断有更高的一致性和意见一致程度，部分原因是他们对线索的衡量不同（审计师比学生更多地依赖最重要的线索——净利润效果（Krogstad et al., 1984））。Krogstad et al. (1984) 发现不同等级审计师之间对重要性的判断没有差异；但是，Messier（1983）发现，相对于经验不足的合伙人，经验更丰富的合伙人对重要性的判断显示了更高的意见一致程度以及已解释的方差百分比更高。这些研究结果基本与 Ashton and Kramer（1980）对内部控制评价的研究结果一致。Carpenter and Dirsmith（1990）发现拥有合同条款本质上已废止的具体经验的审计师更有可能考虑这些条款的重要性，且（或因为）这样的经验使审计师更有可能认为这些交易纯粹就是盈余操纵。

附属专业知识。Bonner and Lewis（1990）的研究提供了附属专业知识作为审计绩效决定因素的重要性的重大证据。在其金融工具审计任务中，通过套期保值而不是利率掉期知识测试度量的附属专业知识，与利率掉期任务的执行情况显著相关。

联系 2 和联系 4：能力对知识获取和绩效有什么影响

直到最近才有人同时研究个体能力差异和审计专业技能性质（Bonner and Lewis，1990）。[19] 在这项研究中，研究者针对不同变量，通过使用上述"专业技能范式"（Frederick and Libby，1986；Butt，1988；Bonner，1990；Frederick，1991；Nelson，1993）或进行确保能力与其他诸如经验（Marchant，1989）之类的兴趣变量不相关的测试，控制了已有专业技能相关文献中的传统方法。

Bonner and Lewis（1990）既认识到需要考虑审计知识和判断绩效的任务种别性，也认识到了评估而不是控制作为绩效决定因素的作用的重要性。该研究以经验作为不可度量的知识的替代变量，运用回归分析估计了能力和知识对四项审计任务绩效的影响。

该研究的数据分析方法中所隐含的模型如图 7—3 所示，这个模型与本章所运用的框架有所不同，它并不能直接估计经验和能力对知识的影响（联系 1 和联系 2）。为了评估图 7—1 中的联系 1 和联系 2 以及联系 3 和联系 4，在图 7—1 中，能力和经验被视为导致内部状态——知识——的输入自变量，而知识又连同能力一起直接决定绩效。Libby and Tan（1994）运用图 7—1 中的概念模型，再次分析了文章中的相关系数矩阵，并利用 LISREL7 测试了这些因果关系。[20]

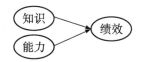

图 7—3　Bonner and Lewis（1990）分析中内含的模型

Bonner and Lewis（1990）只用了一种衡量能力的方式：用 GRE 中与解决问题相关的考题的得分来衡量解决问题的能力。Libby and Tan（1994）进一步分析指出，解决问题的能力显著影响一般商业知识和金融工具知识的获取（联系 2），且在根据分析复核诊断账户差错和揭示盈余操纵的过程中，解决问题的能力也与绩效（联系 4）存在显著的正相关关系。这些模型还表明，经验增加了与所有四项审计任务相关的知识。[21]

关于多种联系的其他研究。 有三项研究组合研究了经验—知识—绩效之间的关系。如上文所述，Libby and Frederick（1990）评估了分析复核任务的频率知识（采用测试的方式）和关于假设形成的实验的效果。研究发现，经验更丰富的审计师拥有更准确的差错频率知识，且能形成更频繁发生的差错作为分析复核结果的解释。Heiman-Hoffman（1992）通过路径分析，发现经验更丰富的审计师了解更多的关于分析复核结果的替代假设，这反过来又影响着他们评价目标假设的可能性。关于内部控制方面，Frederick（1991）发现，虽然组织得较好的示意图结构内部控制知识（经验丰富的审计师才拥有此类知识）提高了绩效，但是，这并不能帮助被试者识别已遗漏的内部控制。

如上文所述，在关于四项审计任务绩效决定因素的心理研究中，Bonner and Lewis（1990）评估了不同类型的能力和知识的作用，指出并证实了这些因素在不同任务中的相对贡献是如何发生变化的。这篇文章相当重要，因为它是第一篇试图进行跨任务比较研究的文章。然而，正如此处所讨论的和 Marchant（1990）指出的，需要强调的是，因为经验是过程的输入而知识是输出，所以将经验和知识作为绩效的竞争解释是不恰当的。

概念和方法问题

如前文所述，最近发表了一些关于审计专业技能性质的评论文章（Libby，1989；Bedard，1989；Choo，1989；Colbert，1989；Davis and Solomon，1989；Marchant，1990；Bonner and Pennington，1991）。这些文章表达了两个共同关注点：（1）在界定变量和变量之间的关系时，需要做得更精确；（2）需要继续关注上文所说的三个主题。这两个关注点都反映在对"专业技能"这一术语含义的讨论中。图 7—1 所示的模型为阐明当前和今后的研究目的奠定了基础，且说明了专业技能研究应包括那些调查因果模型中的一个或多个联系的研究。虽然不是所有研究都直接评估了绩效影响，但是，根据模型中的具体联系对研究目的的界定可知，这最终将与决策绩效的某些方面存在联系。再次考虑上述讨论的主题，这些联系也关注了与知识获取及其运用于决策问题相关的过程。

虽然图 7—1 中的模型也可帮助阐明研究目的，但是具体的研究将会调查这些联系的不同方面。一般来说，针对联系 1 和联系 3 的研究将侧重于以下两个问题中的一个问题（Libby，1989；Bonner and Pennington，1991）：（1）一般地，人们从培训和经验中获得什么知识以及如何影响绩效？（2）培训和经验中的哪些具体方面会导致知识和绩效的差异？针对联系 2 和联系 4 的研究将侧重于第三个问题——为什么经验相同的个体会在学习和任务执行中表现出差异？不同研究将会先调查不同能力和（或）经验与不同类型的知识之间的关系，然后调查不同能力和（或）经验与不同任务的绩效各个方面之间的关系。一旦对研究中需要调查的问题进行了这样的分类，就可以评价众多操作选择的恰当性。

使用本章所提供的框架也可以易化现有研究成果中提及的众多有争议的解决方法。前文综述中讨论的大多数争议都是围绕着这样一个问题：何时可以预期经验—知识—绩效之间存在的联系以及这种联系的程度如何？这一问题的重要子问题有：（1）经验是知识的替代变量还是知识的决定因素？（2）知识在一个人的整个职业生涯中还是在其部分职业生涯中会有所增长？（3）审计环境如何诱导学习行为以及培育何种类型的学习方式？（4）知识差异何时导致绩效差异？

经验是知识的替代变量还是知识的决定因素

从理论上来说，与任务相关的经验（连同能力和努力一起）是输入或知识的决定因素。此外，经验只代表了获得知识的机会（查阅Marchant，1990），且这些机会的特质也有很大差异（查阅 Davis and Solomon，1989；Bonner and Pennington，1991）。因此，经验与知识的关系是不完善的，两者之间的关系也会因不同情况以及不同个体而有所不同。

上文所述的多数研究中，经验被用作知识的实验操作替代变量。这种替代的适当性取决于经验与知识之间的预期相关程度，而这又取决于前文所述的各种因素。然而，如果假定度量差错中不存在差异，则实际获得知识的衡量方式肯定比学习机会（经验）的度量方式与绩效有更密切的相关性，因为学习机会的度量方式中存在介入这种相关性的其他变量。[22] Choo（1989），Davis and Solomon（1989）以及Libby（1989）都赞成运用更直接的衡量方式来测试知识与绩效之间的关系，而Bonner and Lewis（1990）就采用了这种直接的衡量方式。然而，关于经验和知识之间关系（联系1）的研究与关于知识和绩效之间关系（联系3）的研究都是我们理解专业技能性质必不可少的。

衡量经验的恰当方式在上述评论中也备受关注。除了极少数的研究是在实验室里控制经验（Butt，1988；Nelson，1993）之外，在其他的研究中，经验是用自我报告的方式来衡量的可观察变量。审计经验的时间或等级是最常用的衡量方式。Bonner and Pennington（1991）指出，由于经验的时间与绩效的相关性很大，审计师一定有机会在整个度量期间内获得必备知识，且这些知识从某种程度上讲一定是一般性知识，因此，几乎每个担任审计师的从业者都一定有机会获得一个标准化的知识体系。该研究进一步指出，因为上文所述的绝大部分研究都调查了满足这些条件的审计知识和判断任务（查阅 Libby，1987），所以采用这些一般衡量方式是一个恰当的起点。

从性质上来说，采用一般度量法时，任务的相关经验与知识之间联系的密切程度一定要低于采用更具体的度量方法时。但是，这并不表示只有更具体的度量方法才是研究人员感兴趣的或者是适合研究人员的，关键在于所选度量的适当性必须根据研究的目的来评价。就整个审计过程中审计师必须解决的更一般的审计决策问题进行的研究，有必要侧重于经验的更一般的衡量方式，而就那些需要真正的专家参与决策问题进行的研究（这种研究与需要专家的情形一样都很少），则自然会将侧重点放在更具体的衡量方式上。

知识在一个人的整个职业生涯中还是在其部分职业生涯中会有所增长

如前所述，许多审计任务都是在不同的职业生涯阶段完成的（Abdolmohammadi and Wright，1987）。这一事实以及反复学习效应的递减性，使得经验程度相关点（预期还能进一步通过学习获得经验）的选择成为一个至关重要的设计问题。采用不太具体的经验衡量方式通常只会增加随机度量误差，从而降低测试功效；错误选择经验程度的相关点又可能导致研究的是实际经验中毫无意义的差异。Ashton（1991）举例阐述了以上两点。Ashton 调查了特定行业的账户差错率知识，证实了更具体的经验衡量方式是如何与知识密切相关的。与此同时，她认为关于制造业公司的账户中最频繁出现差错（应收账款、应付账款和存货）的知识（这些知识可以通过审计教材来了解）与所有的经验衡量方式无关（这是一项"新手任务"）。类似地，当要求审计经理评估差错起因的出现频率时，由于学习效应的递减性，超过 5 年的经验与知识无关。在后两种情况下，所有被试者小组都几乎获得了知识渐近水平。

不应该预期经验能够不断地增加知识或提升绩效。因为在经验这一连续"数轴"中如何选取与实际经验适当匹配的点和实验任务，是形成与测试关于知识效果的假设的关键。

误差度量也限制了人们跨会计任务比较以及在会计任务与非会计任务之间进行比较的能力。在任务难以区分，或者在跨任务之间经验、知识或绩效度量中存在不同程度的误差时（Marchant，1990），直接比较跨任务知识水平、绩效或者这三个变量之间的关联都是不恰当的。由于大多数实验并不是从环境中随机地选取任务和个案样本（这些任务与个案并不符合样本设计的"代表性"），因此并不适合进行参数估计或诸如此类参数的比较。利用系统设计的实验一般更适合测试效果的存在性和方向而不是具体程度。

审计环境如何诱导学习行为以及培育何种类型的学习方式

目前唯一予以详细讨论了的就是学习环境的性质，且学习的实验性研究也只侧重于频率学习（Butt，1988；Nelson，1993）或多重线索概率学习（Ashton，1990）。Bonner and Pennington（1991）就源自经验或培训且与不同任务相关的部分知识，对合伙人和经理调查了大型事务所使用的培训安排、执业指南和复核资料。研究得出的结论是，培训教学、执业指南和过程（复核）反馈与绩效有显著的相关性，但是结果反馈与绩效的相关性不强。最有效的反馈形式是督导人员的复核，这能推进因果关系的学习。关于培训教学与实践的作用，研究结论是，最能促进学习的是通过培训教学来提供因果关系模型，其次是实践。

Bonner 和 Pennington 的分析表明，审计环境中的学习质量在不同任务之间存在迥然差异。关于审计环境中学习质量的问题又因假定的整合程度蒙上了另一层阴影。例如，从单个审计师的角度来看，最重要的是学习导致上级采取积极的复核行为，而不论该行为对成本或差错侦查效果的可能影响。众多事务所遵循的细节复核程序应该能够促进这一类学习。类似地，对单个高级审计师来说，随后的实质性测试提供了与其对内部控制判断评价有关的结果反馈，这再一次促进了学习。然而，从事务所层面来看，很难评估审计策略的变化对误受或误拒成本与频率的影响。要是从社会层面来看，就更是含糊不清了。因此，要更好地理解审计环境中的学习性质还需要进一步的研究与分析。Butt（1988）以及Nelson（1992a）的实验以及 Bonner and Pennington（1991）的多方法研究已朝这一方向迈出了重要的步伐。

知识差异何时导致绩效差异

知识差异对绩效的影响是知识和任务、研究所涉判断组成部分的敏感性以及研究所涉绩效标准相互之间匹配程度的函数。由于知识是随任务而具体化的，因此，了解更多一般知识的审计师可能并不一定拥有更多与手中任务相关的知识，也不一定拥有更多与手中任务相关的正确知识。Johnson and Jamal（1987）的个案描述——经验不足但拥有相关的具体专门知识的合伙人要比拥有更多经验和一般审计知识的合伙人做得更好——很好地阐述了这种可能性。[23]

Einhorn（1976）和 Libby（1985）表明，组织得较差的任务的某些组成部分（包括假设生成）都对知识差异特别敏感。Bonner（1990，1991）也证实了典型多线索组合任务中各组成部分对知识差异的不同敏感性。Bonner and Pennington（1991）的分析进一步说明了这种差异灵敏性。以上所述均已暗示我们还必须考虑，是否要预测效率结果而非效果结果。这再次强调了分析何时、如何和在多大程度上获得完成任务所需的知识及其对判断任务影响过程的必要性。

对判断和决策理论的贡献

虽然大多数会计和审计研究并没有比较认知竞争理论的有效性，但是，审计领域为测试基础研究结果在一个扩展时期内所习得的复杂任务中的推广提供了机会。在审计领域中，大量拥有类似培训和经验的相似个体在相同的组织结构中执行日益复杂且重要的系列类似任务达 20 年或更长时间。因此，审计环境为研究专业技能的长期发展提供了几乎唯一的实验室。我们对专业技能性质的实践兴趣也导致了对基础社会科学文献中还未研究的关系进行研究。下面将介绍为数不多的几个例子。

正如 Solomon 和 Shields 所指出的（本书第 6 章），目前已有很多非会计判断任务的研究结果推广至会计审计任务。不过也有研究委婉指出了目前理论的局限性。在这些研究中需要特别关注 Butt（1988），Nelson（1993），Anderson and Wright（1988）以及 Frederick（1991）。

Butt 发现审计师关于财务报表差错的知识结构会影响频率知识。特别是与差错密切相关的实例导致高估两种差错发生的预期频率。由于自动过程不受以前知识的影响（Hasher and Zacks，1984；Libby，1985；Ashton，1991；Nelson，1994），因此，频率知识影响被试者自然分类结构知识的事实，使得表明这种知识完全自动性的理论的完整性成为一个有待解决的问题。这些研究结果还表明，有关频率知识准确性的测试会受到度量工具所隐含的分类结构与被试者自然分类结构相适性的影响（参见 Frederick et al.，1992，该文献描述了财务报表差错的自然分类结构）。

Nelson（1993）发现，Medin and Edelson（1988）发现的逆基本比率效果（一种不准确运用源自经验的频率信息的特殊类型）并没有推广至财务报表差错频率知识中。有趣的是，对有经验的审计师和新手被试者来说，类似的研究结果均表明这些结果并不是由知识差异导致的。相应地，在 Anderson and Wright（1988）对审计环境效果解释的研究中，能够复制新手被试者的心理结果，但不能复制经验丰富审计师被试者的心理结果，这表明存在知识效应。

Frederick（1991）关于侦查遗漏控制的研究，第一次引入复杂刺激物和有见识被试者干扰对输出进行了测试。研究发现构造良好的示意图记忆结构消除了分类间的输出干扰。但是，与图式理论的预测相反，示意图记忆结构并没有消除分类内的输出干扰。

虽然上述研究测试了现有理论的局限性，但是，其他的审计研究已审查了自然发生在学习和审计决策环境中的新现象。值得注意的是，Butt（1988）调查了源自具体个案和概要资料联合提供的事件频率学习。结果发现，要是仅提供概要资料，即使经验丰富的被试者也不能准确地学习，而增加具体个案资料能帮助其学习概要资料。诸如此类的研究既可使心理学理论得以延伸，也可以使审计师培训指南切实可行。

结　论

研究能力、经验、知识以及绩效之间关系的文献是审计判断研究中增长最快的部分。采用各种方法（包括政策捕捉、概率判断、学习和记忆、问题解决、心理测量和档案资料分析）的研究使我们的理解加深。多样性是该类文献的一个重要优点。更广泛的心理测试方法（如 Bonner and Lewis，1990）以及更深入、更集中的记忆研究（该类研究审查了单个联系或多对联系，如 Frederick，1991）有不同的优缺点，并对审计专业技能的性质研究作出了重要贡献。类似地，在实验室探讨以经验为基础的学习研究以及评价通过实践积累的经验结果的研究，也对专业技能难题有不同程度的贡献。侧重于各具体联系或联系集的不同研究方法是全面了解审计专业技能性质所必不可少的。

关键是我们要意识到理解图 7—1 所示的每种联系对了解审计专业技能性质同样重要，以下这个事实很好地阐述了这一点。即使经验与绩效间的联系已得到适当证实，在不了解导致绩效差异的知识差异的情况下，我们还是无法理解它们对完善决策的影响。Hogarth（1991）提出了类似的观点，认为在不了解过程的情况下，人们无法确定改进绩效的具体措施。

今后的研究必须考虑动机的影响（因为动机本身就是环境的一个函数），诸如行为合理性、问责制和审计环境中的奖励结构（Gibbins，1984）等因素会影响审计师的（认知或生理）努力程度。这些因素还可能会影响与任务有关的知识或注意力水平，从而影响绩效（Libby and

Lipe，1992）。

无论所涉及的问题或所用的方法是什么，成功研究审计专业技能的性质有两个关键点。一是要精确界定变量及变量间的相互关系，图 7—1 中的概念模型可能有助于形成这种精确界定。二是要了解"专业技能范式"中的指南。要成功研究这些问题，必须事先根据对完成具体任务的必备知识，何时、如何和在多大程度上获得知识以及与任务相关过程的具体说明来形成假设。然后，必须运用能合理预期拥有不同知识的被试者和知识差异有可观察蕴含的实验任务，对这些假设进行测试。如前文所述，先前的研究未能发现经验的效果的原因在于这些研究中所运用的任务。这些任务要么预期经验丰富和经验不足的审计师具有相同的知识，要么预期不同的知识导致相同的行为。其他的结果也令人怀疑，因为它们未能控制符合专业技能范式的替代解释。只有通过更仔细的概念和实证分析才会增加我们对审计师专业技能的了解。

致　谢

本章部分地以 Libby and Luft（1993）的文章为基础。我要感谢 Bob Ashton，Sarah Bonner，Bill Kinney，Joan Luft，Mark Nelson，Ken Trotman 和 Bill Wright 对本章早期文稿的评论。

【注释】

[1] 最重要的是，Bonner and Lewis（1990）采用了审计师绩效模型，Bonner and Pennington（1991）进一步探索了该模型中的一些关系。

[2] 本章稍后将进一步讨论动机问题。

[3] 读者可以参阅 Libby and Luft（1993），Solomon 和 Shields（本书第 6 章）、Messier（本书第 8 章）对这些问题的详细讨论。

[4] 诸如努力之类的其他变量（这些变量不是本章的重点研究对象）也会影响学习和绩效。

[5] Felix and Kinney（1982）以及 Solomon and Shields（本书第 6 章）提供了

这一审计过程的具体分解，Bonner and Pennington（1991）分析了审计过程每阶段所涉及的认知过程。

［6］下文列举的这些维度并不包括全部内容，但是，我认为所列举的应该是与模型化审计判断知识有关现象最相关的变量。

［7］这与人们熟知的 Alba and Hutchinson（1987）的定义类似。

［8］绩效和由此产生的反馈也间接地影响了个体未来要面对的经历（如早期的晋升改变以后的工作指派）。

［9］信息可以被感知或推测。

［10］心理学文献中也发现了一些其他区别，如事实和属性的描述性知识与作用于描述性知识的规则和程序的程序性知识之间的区别（参见 Waller and Felix，1984b；Choo，1989），但是对审计判断文献没有太大的作用。

［11］Bonner and Lewis（1990）是一个著名的例外情况。

［12］文献偶尔会讨论度量审计判断绩效各种要素所面临的问题和各种已运用度量的有效性问题（如 Libby，1981；Gaumnitz et al.，1982；Ashton，1985；Trotman and Yetton，1985）。

［13］这些情形假定了适当的动机并适用于不会主动进行的学习。

［14］对审计结果反馈稀缺性与充足性的争论将在下一部分予以讨论。与其他争论一样，大部分争论都是源于未能界定变量及确定与知识相关的绩效或专业技能决定因素模型。

［15］如前所述，学习也是一个努力的函数，本章后文将对此予以讨论。

［16］此处的"差错"一般包括非故意错误和账务的不当处理。

［17］值得注意的是，与 Frederick and Libby（1986）一样，Bonner（1990）运用预期经验差异会有较小效果的二手类似结构任务，控制了经验和被试者差异。

［18］职责的分配也有助于发现矛盾的证据（Moeckel and Plumlee，1990）。

［19］但是，Dickhaut（1973）调查了不同会计环境中的这些关系。

［20］Bonner and Lewis（1990）以及 Marchant（1990）都建议今后的研究采用这种一般方法。

［21］这包括上述两项任务和内部控制以及金融工具任务。

［22］如果经验度量比知识度量含有更多的度量错误，那么，这个问题将更严重。

［23］然而，在这种情形下未能运用控制任务，可能有很多关于这一结果的重要替代解释，包括经验较少的合伙人在所有任务中都做得更好的可能性。

第 *8* 章　关于审计判断辅助手段及其发展的研究

William F. Messier，Jr.

　　自 1974 年 Ashton 的开创性著作问世以来，审计师判断过程问题得到广泛的研究。[1]总体说来，审计判断研究的结果与之前的许多心理学研究结果相一致，包括透镜模型、启发式与偏见[2]、记忆以及专业技能等方面的研究结果。本书中由 Solomon 和 Shields 撰写的第 6 章以及 Libby 撰写的第 7 章对此已有讨论。大部分研究认为，通过运用决策辅助手段可以改进审计判断。本章的目的在于回顾与分析关于审计领域的决策辅助手段及其发展的研究。

　　本章安排如下：第一部分介绍背景，第二部分讨论开发或运用决策辅助手段的动机，第三部分讨论审计决策辅助手段对个体判断以及会计师事务所的潜在影响，第四部分介绍审计决策辅助手段的类别，第五部分回顾关于审计决策辅助手段的研究，第六部分讨论会计师事务所对决策辅助手段的开发，最后，本章的结尾部分提出未来的研究领域。

背　景

　　审计是指审计师为了报告经济实体的可量化信息与某些既定标准

（如一般公认会计原则）之间的相符程度，收集并评估这些信息（如财务报表）的证据过程（AAA，1973）。在第 6 章图 6—1 中 Solomon 和 Shields 描述了审计程序包括以下七个阶段：（1）定位；（2）评价会计信息系统结构与流程；（3）策略性计划；（4）计划财务报表认定的间接测试及评价测试结果；（5）计划财务报表认定的直接测试并评价测试结果；（6）评价汇总的结果；（7）选择审计报告。

审计师在完成这些活动时所遵循的决策过程与 Einhorn and Hogarth（1981c）提出的决策模型一致。该模型包括以下三个方面：搜集信息、评价信息与行动/选择。例如，假设审计师想要确定某企业的销售交易内部控制结构能否充分可靠地预防销售收入与应收账款的重大错报。信息搜集阶段涉及与企业员工一起讨论现有的销售系统控制程序，可能还包括检查按照该系统处理的销售交易样本。信息评价阶段要有针对内部控制结构预防重大错报的假设，评估已获得的证据的可靠性与诊断性。第三个阶段涉及审计师选择是否依赖企业内部控制结构。审计师运用了多种决策辅助手段以支持决策过程中的所有活动。

本章采用 Rohrmann（1986，p. 365）对决策辅助手段的定义，因为该定义广泛地适用于各类决策辅助手段。其定义如下：

> ……任何为创立、评价与备选方案（行动过程）选择的明晰程序都是适合实践运用和多项运用的。换句话说，决策辅助手段是一种技术而不是理论。

这个宽泛的定义在本章稍后会加以提炼以适用于审计环境。

开发或运用审计决策辅助手段的动机

在审计中运用决策辅助手段由来已久。审计决策辅助手段具体包括审计方案、内部控制调查问卷表、决策表以及各种核对清单。在前文讲到的内部控制的例子中，在信息搜集阶段可以运用内部控制调查问卷表搜集关于会计系统现有控制程序的证据。类似地，可以运用决策表评价为预防重大错报设计的各种控制程序组合。根据运用这些决策辅助手段所搜集与评价的证据以及其他证据来源，审计师选择依赖或者不依赖被审计单位的内部控制结构。

审计研究人员与从业人员最近投入了大量精力来关注有关审计决策辅助手段的研究。他们对此问题感兴趣的部分原因是，会计师事务所的审计方法从经验导向转变为研究导向（Ashton and Willingham，1989）。过去，审计师设想如何解决一个与实践有关的特别问题，基于实践此设想的决策辅助手段得到了一定程度的非正式开发。[3] 近来，审计研究人员与从业人员严格审视了审计过程的各个方面，提出决策辅助手段可能可以解决一些已识别的问题。因此，近期开发的决策辅助手段更多的是由系统化的研究所推动的，而不是审计师日常的本职工作经验所导致的（Elliott，1983）。

早期的审计判断研究指出了无辅助的审计判断的潜在缺点。例如，透镜模型研究经常发现审计师之间缺乏意见的一致程度（即，不同审计师评价相同的证据经常得出不同的判断结果）。另外，其他研究表明，审计师经常对基本比率信息不够敏感，且没有全面理解样本规模与样本方差之间的反向关系。正如 Ashton and Willingham（1989）中所提出的，"审计决策研究的最终目标是为改进审计决策提供科学依据，从而提升审计的效率与效果"。针对审计判断研究指出的缺点，研究的关注点应该从简单地证实判断偏见、误差与不一致，转向开发能够改进无辅助判断的决策辅助手段。

另外还有两个因素激励会计师事务所开发具有改进审计效率与效果潜力的决策辅助手段。其一是竞争压力，部分压力是由美国注册会计师协会的职业道德行为守则有所修改而导致的（如禁止竞争性招标与广告），从而激励着会计师事务所寻找更有效的审计方式。其二是近期国会就审计师涉及大多数已公开的储蓄与贷款失败事件所进行的调查（美国审计总署，1991），以及审计总署关于政府机构审计的质量报告，引发了关于审计效果的问题。

审计决策辅助手段的影响

当决策辅助手段被提议作为改进审计判断的一种方式时,它并不必然遵循成本效用原则。另外,决策辅助手段对审计师的判断与会计师事务所的活动既有积极影响也有消极影响(Ashton and Willingham,1989)。下面首先讨论决策辅助手段的替代方法,之后讨论决策辅助手段对于个体判断与会计师事务所的潜在影响。

决策辅助手段及其替代方法

决策辅助手段并不是解决审计师决策不一致、偏见与错误的唯一的可能方法。Fischhoff(1982,P424)认为,一般来说,产生偏见或者不一致性的原因本应决定了恰当的除偏策略。他提出,这种恰当的策略取决于评价究竟是由错误的任务、错误的判断还是由任务与判断的错误搭配所导致的。[4]

当偏见是由错误的任务所致时,决策辅助手段将不可能克服这一问题。在这种情况下,更恰当的做法是清楚阐述判断的内容,或者阐明不可能解决任务的原因。当这一问题是由判断所导致且判断留有改进空间时,那么,恰当的策略是加强关于任务的培训。如果判断难以改善,在这种情况下运用某些决策辅助手段将是更合适的策略。当任务与判断搭配错误时,则应该重新组建"个人任务系统"或者需要拓展培训。系统重组可能会运用决策辅助手段。因此,当任务能够重组以更加符合判断的信息处理能力,或者不能确定培训能否成功时,决策辅助手段比培训更受青睐(Ashton and Willingham,1989,p. 8)。

在追加培训与决策辅助手段之间进行选择时,需要考虑的重要事项是这两种备选方法的相关成本与效果。正如 Ashton and Willingham(1989)指出的,我们对于审计中运用培训与决策辅助手段的相关成本与效果所知甚少。该问题在本章明确未来研究领域的部分深入讨论。

决策辅助手段对个体判断的影响

　　许多决策辅助手段都是基于这样一个假设前提：个体对问题作出一系列的小判断比作出一个总体判断更加有效。这些小判断通常作为形成决策或针对大问题提出建议的决策辅助手段的输入。当决策辅助手段用于支持单个审计师的审计判断时，这种分解方法对审计判断具有潜在的含义。[5] Ashton and Willingham（1989）引用了以下效果：（1）对判断重视程度的提升；（2）判断输入结构的增加；（3）判断一致性的提高或降低；（4）合理化决策辅助手段输出的需要；（5）审计师对决策辅助手段的回避。

　　对判断重视程度的提升。运用决策辅助手段组合审计师的输入判断并不减少对良好职业判断的需要。在审计决策辅助手段用于组合若干输入判断时，审计师的职责就是提供那些输入判断。例如，审计抽样指南（AICPA，1983b）中的非统计抽样的样本规模的等式与表格，就要求审计师提供样本规模的三个输入判断（预期保证程度、可容忍误差以及预期误差），而不是一个判断。在这种方式下分解所有的判断意味着，会计师事务所在其适当形成相关输入判断时，需要培训其审计师。然而，对输入判断的日益重视可能导致审计师将其任务视作机械性的，从而无法充分地关注每一个小判断（Ashton and Willingham，1989）。

　　结构化输入判断。运用决策辅助手段可能导致输入信息的结构化程度提高。之前的研究认为，信息处理在输入信息与所用决策模型同构时能够得到改进。例如，Einhorn（1972）提出决策者擅长识别重要的输入线索，但当那些输入组合在一起形成一个判断时，却产生了不一致的结果。Einhorn（1972）建议利用专家去识别与测量输入，但应该运用机械组合规则（或决策辅助手段）而不是人工组合。结构化输入判断的运用可能导致更高的判断一致性，因为决策者可以更容易地使用决策辅助手段。

　　一致性的提高与降低。运用决策辅助手段的目的之一就是提高判断

的一致性（既包括意见的一致程度也包括稳定性）。前面讨论过的许多
关于审计判断的研究都指出，审计师在执行许多任务（如内部控制结构
评估与审计重要性判断）时，意见的一致程度相对较低。这种要求审计
师作出若干判断而不是一个判断的分解方法，有望提高审计师判断的一
致性。然而，有证据显示，运用基于分解法的审计决策辅助手段有可能
降低一致性。[6]例如，Kachelmeier and Messier（1990）发现运用审计
抽样指南（AICPA，1983b）中的非统计抽样的样本规模的等式与表格
判断样本规模时，比凭直觉判断的样本规模差异性更大（更低的意见一
致程度）。然而，Libby and Libby（1989）发现，内部控制环境中的组
成部分判断为就此任务进行过专门培训的被试者所熟悉时，一致性结果
得以提高。该研究表明，如果输入判断得以适当结构化，将产生积极
影响。

合理化决策辅助手段输出。审计师的部分决策过程涉及合理化所作
的决策（Gibbins and Emby，1984；Messier and Quilliam，1992）。审
计和其他方面的研究认为，合理化导致一致性的提高（Ashton，1990，
1992；Hagafors and Brehmer，1983；Johnson and Kaplan，1991）。
Ashton and Willingham（1989）讨论了在运用决策辅助手段与明确要
求决策合理化之间的权衡。研究人员认为这是个重要的问题，因为"合
理化的成本可能比开发和维护决策辅助手段的成本要小得多"。然而，
如果决策辅助手段已具体运用于事务所的实践中，则此时需要考虑的问
题就很多了。源自决策辅助手段的结果是否足以合理化这一决策或者是
否需要进一步的证实？谁有权无视决策辅助手段结果？在什么情况下
（假设这已事先确定）允许有人享有这种授权？

对决策辅助手段的回避。审计师可能可以在某些情况下回避决策
辅助手段。例如，审计抽样指南（AICPA，1983b）中的样本规模的等式
与表格就可以通过"逆向工作"（working backwards）予以回避
（Kachelmeier and Messier，1990）。也就是说，审计师可以决定所要求的
样本规模，然后选择输入判断以得出所要求的样本规模。Kachelmeier and
Messier（1990）的结论支持了逆向工作假说。对于一个对执行决策辅助

手段感兴趣的会计师事务所来说，最小化这种可能性是一个需要认真考虑的事项。

决策辅助手段对于会计师事务所的影响

决策辅助手段可能对会计师事务所产生许多重要的影响。下面的讨论集中于三个可能的影响因素：（1）事务所审计方法结构的提升；（2）与开发和执行有关的组织影响；（3）法律责任问题。[7]

事务所审计方法结构的提升。执行审计决策辅助手段有可能提升会计师事务所的审计方法结构。Cushing and Loebbecke（1986）检查了15 家事务所的审计手册，得出以下结论：15 家事务所的审计技术可以按照已结构化至非结构化的程度进行分类。Kinney（1986）检查了事务所对于影响审计程序结构性质的审计准则的投票模式，发现具有相对结构化技术的事务所倾向于赞同提升结构的准则，而具有相对非结构化技术的事务所更倾向于不赞成那些准则。

在 Cushing and Loebbecke（1986）以及 Kinney（1986）的研究之后，人们发现审计技术影响客户的披露模式（Morris and Nichols，1988）、审计小组成员间的控制和协调机制（Bamber and Snowball，1988）、对组织特征和职责压力的认知（Bamber et al.，1989）、对决策辅助手段的运用（Kachelmeier and Messier，1990），以及固有风险判断（Dirsmith and Haskins，1991），如果已增加的决策辅助手段提升了审计方法结构，对此类变量的深入影响就有可能发生。

组织的影响。如果决策辅助手段被看作一种技术（Rohrmann，1986），那么其对组织会产生大量的额外影响（Cooper and Zmud，1990；Markus and Robey，1988；Weiss and Birnbaum，1989）。遗憾的是，正如 Markus and Robey（1988）在回顾信息技术与组织变化时所指出的，很少有关于技术与组织变化之间关系的可靠的推广普及。在审计中，对于该问题的研究目前还很少或者说几乎就没有。因此，下面的讨论是探索性的，且以信息系统和组织方面的研究文献为基础。有很多此类研究成果已经运用于公司实践。由于会计师事务所是合伙制的，面临着不同的运营模式与法律责任约束，因此，此类研究结果也仅仅是一种参考。

技术（如决策辅助手段）可以视为"确定或强烈制约个体与组织行为的外生力量"（Markus and Robey, 1988）。Weiss and Birnbaum（1989）指出对于如何执行技术战略仍知之甚少。然而，Cooper and Zmud（1990）提出了一个信息技术应用过程的模型，它包括六个阶段：设立、采用、调整、接受、常规化与灌输。与应用信息技术有关的组织行为在该模型的每个阶段都会发生。

应用诸如决策辅助手段之类的技术既能够产生自上而下也能够产生自下而上的影响。通常我们假设某个级别的管理层同意引入决策辅助手段，且这一决策辅助手段将会被终端用户所采用。例如，会计师事务所的行政主管可能为某个特定审计任务开发决策辅助手段。在对外勤工作予以适当测试后，该事务所可能会在每个办公室推行决策辅助手段，这将引发许多潜在的重要事项。

第一，在会计师事务所应用诸如决策辅助手段之类新技术的最佳方法是什么？事务所的行政主管应该强制推行决策辅助手段吗？决策辅助手段只能由有权运用该手段的终端用户获得，还是也可以由未经许可的终端用户获得？两种方法互有利弊。[8]强制推行决策辅助手段的益处之一，是可以提高事务所的意见一致程度。然而，要求事务所的审计师运用决策辅助手段，可能导致诸如回避之类的不良行为，就像前文所讨论的一样（参见 Kachelmeier and Messier, 1990）。

第二，在运用决策辅助手段的过程中，对于会计师事务所来说，执行工作的政治方面十分重要（Dyer and Page, 1988；Page and Dyer, 1990；Weiss and Birnbaum, 1989）。会计师事务所需要认识和管理员工的各种利益，员工可能会受到成功运用决策辅助手段的影响（Cooper and Zmud, 1990）。例如，如果决策辅助手段看起来是某些员工所执行任务的替代，那么他们有可能会暗中破坏事务所的执行工作。关于政治后果的另一个例子涉及运用审计专家开发专家系统。如果审计专家认为未来实施专家系统是对其工作的一种威胁，或者会降低其在事务所的影响力，那么，专家可能不会全面配合系统开发。

法律责任。运用决策辅助手段，特别是专家系统，可能引起会计师事务所的法律责任问题。例如，会计师事务所的审计师可以获得事务所的专家系统，但审计师却没有使用该系统，如果日后发现审计相关方面存在某种缺陷，则该审计师和事务所是否负有责任？或者，假设某审计师无视决策辅助手段的建议，这是否应视为缺乏应有的职业关注的证据？最后，假设专家系统作出了错误的决策，谁应该对此负责，应该采用什么标准来衡量专家系统的运行效果？Frank（1988，p. 63）认为，技术将使许多认知任务脱离人的控制，因此会改变当前法律系统下的假设前提，这对立法机构提出了重大挑战。

审计决策辅助手段的种类

本章前文给出了关于决策辅助手段的宽泛定义（Rohrmann，1986）。审计中的决策辅助手段，其范围包括从计算样本规模的简单工作表（Elliott，1983）到诸如风险顾问（Risk Advisor）之类的复杂的计算机导向专家系统（Graham et al.，1991）。出于讨论需要，此处将决策辅助手段分成三类：简单或确定性的手段、决策支持系统与专家系统。简单或确定性的决策辅助手段可能是计算机化的也可能不是，它包括以简单算术方式帮助判断的任何工具。决策支持系统被定义为："管理者通过数据与模型的直接相互作用，在半结构化决策任务中用于辅助决策的计算机导向系统"（Benbasat and Nault，1990）。决策支持系统的基础是有限且专门化的知识。专家系统被界定为一些计算机程序，这些程序使用的是某特定问题领域的专门化知识（而不是一般知识），运用的是符号推理而不仅仅是数字计算，并在高于非专家人士能力水平的基础上得以运行（Luconi et al.，1986）。

Abdolmohammadi（1987）以及 Messier and Hansen（1984，1987）采用了类似的方法对决策辅助手段进行了分类，其根据主要是任务类型

（复杂程度）以及针对该复杂程度要求的决策活动。任务的复杂程度分为三类：结构化的、半结构化的与非结构化的。决策阶段与 Einhorn and Hogarth（1981c）的模型一致：信息搜集、信息评价与行动/选择。[9]随着任务从结构化到半结构化再到非结构化变化，其复杂程度逐渐提高，所需的专业技能也相应提高。类似地，决策辅助手段的复杂程度也同样提高。这些关系列示在表 8—1 中。

表 8—1　　　　　　　　任务、决策阶段与决策辅助手段种类的关系

决策阶段	任务		
	结构化的	半结构化的	非结构化的
信息搜集	良好界定	合理界定	界定不足
信息评价	不确定性低	存在不确定性	不确定性高
行动/选择	很少判断	一些判断	大量判断
专业技能水平	低	中等	高
决策辅助手段种类	简单/确定性的	决策支持系统	专家系统

　　对于结构化的问题，信息搜集通常界定良好，欲评价的证据不确定性很低，行动/选择涉及很少的判断，且决策必需的专业技能一般较少。对于这种任务，依据某类算法的简单决策辅助手段是最适合的。当任务属于半结构化时，信息搜集可合理界定，欲评价的证据存在部分不确定性，决策需要一些判断，且需要中等程度的专业技能。决策支持系统适合此类任务。非结构化的任务最好是采用专家系统。这种任务信息搜集界定不足，欲评价的证据存在很大的不确定性，行动/选择涉及大量判断，且决策需要较高的专业技能。下面沿用决策辅助手段的这种分类形式，来作为讨论审计决策辅助手段研究与发展的框架。

关于审计决策辅助手段的研究

　　尽管已经证实的人类作出判断的缺点促使研究人员提议将决策辅助手段作为改进决策的方法，但令人惊讶的是，鲜有针对审计决策辅助手段影响的研究。另外，大部分已有的研究都集中于简单/确定性的决策

辅助手段。所以，下面将回顾调查简单决策辅助手段影响的研究，并对所选取的关于专家系统的研究进行概述。

简单决策辅助手段

大部分简单决策辅助手段都采取分解策略。决策辅助分解法的优点包括：（1）它迫使决策者考虑所有相关信息；（2）它帮助决策者正确地综合相关信息；（3）它减少决策者的认知压力（Jiambalvo and Waller，1984）。一些审计研究已经在多种环境中研究了分解法。

审计准则公告第 47 号（AICPA，1983a）引用的审计风险模型[10]是为编制审计计划而确立的模型，它将审计师对审计风险的评估分成三个组成部分：固有风险、控制风险和检查风险。[11]该模型可视为帮助审计师确定审计测试适当水平的一种决策辅助手段。有三项研究针对审计风险模型作为决策辅助手段的效果进行了检查。在这些研究中，审计风险模型被看成是组合审计师对审计风险各组成部分的评估的算法规则。

Jiambalvo and Waller（1984）比较了两组审计师针对四个应收账款案例，评估审计风险模型组成部分的情况。其中一组对细节风险的测试进行了整体评估，而另一组不仅评估了细节风险的测试，还评估了审计风险、控制风险和分析程序风险。结果显示，运用整体法或分解法评估细节风险的测试不存在差异。然而，运用分解法的小组对细节风险测试的直觉评估得出的结果，与对三个组成部分的评估进行算术相加得出的结果之间存在差异。前者要小于后者，这表明审计师的风险组成部分的直觉组合与审计风险模型的组合不一致。

Daniel（1988）遵循审计准则公告第 47 号的建议，将固有风险作为一个单独组成部分，拓展了 Jiambalvo 和 Waller 的研究。[12]在研究中，Daniel 要求审计师就其自主选择的审计业务评估应收账款账户的审计风险，并将审计风险评估结果分解至不同的风险组成部分。Daniel（1988）发现，无论运用审计准则公告第 39 号的公式，还是运用第 47号的公式，审计风险评估结果都低于采用整体（直觉）评估法得出的结果。这就佐证了 Jiambalvo 和 Waller 关于审计师的整体风险判断与审计风险模型不一致的研究结果。[13]因此，分而治之的策略在审计风险模型中似乎没有效用。

Libby and Libby（1989）指出这些研究中存在两个问题。第一，被试者对一个或多个判断的组成部分并不熟悉，而且没有接受培训。第二，对于被试者来说，要求针对组成部分以概率形式予以评估尤为困难。Libby and Libby（1989）研究了与 Einhorn（1972）提出的专家度量法/机械组合法（让决策者度量线索，然后运用一个模型将这些度量结果组合形成一个整体判断）非常类似的技术的效果。Libby and Libby（1989）采用了 Einhorn 的方法，根据从内部控制专家组（Libby et al.，1985）以及由所涉事务所的两位合伙人和一位高级经理所组成的委员会那里收集的数据，开发了一个机械化模型（如决策辅助手段），对控制可靠性进行决策。审计师被分为两组：一组采用专家度量法/机械组合法；另一组采用整体判断法。采用整体判断法的小组对会计循环的可靠性作出总体判断；采用专家度量法/机械组合法的小组对循环中的每个流程的控制强度作出判断并进行测试，然后运用机械模型组合这些组成部分的判断。两个小组都接受了关于审计风险模型组成部分及其在实践中的运用的培训。采用专家度量法/机械组合法的小组还接受了关于运用组成部分判断的反应等级（response scale）的培训。被试者评价了根据 Libby et al.（1985）相关内容改编而成的 6 个案例。

结果指出，采用专家度量法/机械组合法的小组对控制可靠性作出的判断比采用整体判断法的小组更接近于事务所专家作出的判断。Libby and Libby（1989）将这一研究结果与之前的研究结果（Jiambalvo and Waller，1984；Daniel，1988）的差异归因于以下两个因素：第一，组成部分的选取及其描述更加符合事务所的工作底稿格式，且被试者接受了针对任务中不熟悉方面的培训；第二，该研究运用了线性组合规则，而之前的研究运用的是乘法规范模型，因此有可能放大了反应错误。

Butler（1985）假定审计师可能会发现实质性细节测试的抽样风险

评估是一个认知复杂的评估且会产生偏见。Butler 以 Kahneman and Tversky（1979a）的除偏程序为基础，构建了一个简单的四问题决策辅助手段。这些问题关注审计师对于分布信息（如参考类）的注意力以及他们对抽样风险评估的判断能力。两组审计师对与应收账款函证有关的 8 个案例进行了风险评估。控制组没有运用决策辅助手段进行评估，实验组则运用四问题决策辅助手段，比较审计师根据多项式金额单位抽样程序统计确定的风险评估结果。比较结果显示，相对于控制组的审计师来说，运用决策辅助手段进行判断的审计师得出的结果，更接近抽样程序的结果，并且就账户余额作出的接受（或拒绝）决策也更正确。

Kachelmeier and Messier（1990）检测了美国注册会计师协会审计抽样指南（1983b）中所包含的非统计决策辅助手段，以及对审计师的样本规模判断的影响。该研究分析了三大问题。第一，要求审计师集中关注决策辅助手段的三个组成部分而不是直接关注整体判断（样本规模），以检验运用决策辅助手段是否解决了"小数目法则信念"偏见[14]（Tversky and Kahneman，1971）。决策辅助手段的组成部分要求审计师评估针对测试的审计保证程度、总体预期差错额以及账户余额的可容忍错报额。第二，检验审计师是否以渴望的（凭直觉判断的）样本规模为起点，然后使判断的这些组成部分适于这个样本规模，进而回避决策辅助手段。第三，检验运用决策辅助手段是否影响样本规模决策方差。

三组高级审计师为测试存货选择了一个非统计样本。第一组不运用决策辅助手段判断样本规模；第二组运用决策辅助手段计算样本规模；第三组仅仅提供决策辅助手段组成部分的输入参数，然后由研究人员计算样本规模的结果。研究结果显示：（1）决策辅助手段导致更大的样本规模；（2）有证据表明审计师会"逆向工作"；（3）决策辅助手段导致被试者的判断有更大的方差。[15] Kachelmeier and Messier（1990）得出的这些结论支持了 Ashton and Willingham（1989）提出的决策辅助手段可能存在消极影响的观点。

Ashton（1990）同样表明，在任务特征（即任务本身）损害了决策辅助手段的积极影响时，运用决策辅助手段可能会对决策产生消极影响。Ashton的框架有两条原则。第一，诸如财务激励、业绩反馈和决策合理化之类的任务特征，通过增加压力使决策者表现良好有可能提高也有可能降低绩效。第二，此类特征的出现，通过改变任务性质进而可能抵消决策辅助手段的积极影响，促使决策者相信"带有风险的"决策对于获得良好业绩十分必要。反之，实施"带有风险的"策略也可能导致决策者降低对机械化决策辅助手段的依赖，进而导致业绩下降。

一项研究要求高级审计师预测穆迪投资服务公司（Moody's Investors Service）对16家工业公司发行的债券等级的评级，测试了这一框架。研究人员向被试者提供了与穆迪评级相关的三个财务比率，被试者被分为八个小组：其中一个小组在采用没有决策辅助手段，且没有接收财务激励、业绩反馈或合理化等信息的情况下对债券进行评级；三个小组在没有采用决策辅助手段但接收了激励、反馈或合理化等信息的情况下对债券进行评级；一个小组采用了决策辅助手段但没有接收激励、反馈或合理化等信息；最后三个小组采用了决策辅助手段并且接收了激励、反馈或合理化等信息。研究结果表明，决策辅助手段与激励、反馈或合理化等任务特征信息相结合时的业绩，比不结合时更低。

在一项相关的研究中，Ashton（1992）将一个可以获得决策辅助手段的小组与一个控制小组（没有运用决策辅助手段）以及一个被要求为他们的判断提供书面合理化理由的小组进行比较（书面合理化判断理由当然是审计过程中不可缺少的一个组成部分（Gibbins and Emby，1984；Messier and Quilliam，1992））。研究结果显示，可获得决策辅助手段的审计师以及要求提供书面合理化判断理由的人员的判断比控制小组的更准确、一致性更高。提供合理化理由小组的准确性和一致性提高了60%，可获得决策辅助手段的小组的准确性和一致性提高了89%。然而，正如Ashton所指出的，开发、维持与更新辅助手段的费用很可能高于有关合理化理由的费用。

专家系统

研究人员对于开发专家系统有两种不同的动机（Messier and Han-

sen，1987）。一种是根据一位（或几位）专家开发认知模拟。采用这种
方法，研究人员试图捕获专家遵循的过程和专家作出的决策。另一种动
机是开发一个执行任务的效果与专家一样好的系统，可以几乎不考虑模
拟基础决策过程。[16]

Biggs et al.（1993），Merservy et al.（1986）以及 Peters（1990）
研究了认知模拟法。Boritz and Wensley（1990，1992），Dungan and
Chandler（1985），Hansen and Messier（1986a，b），Messier and
Hansen（1992）以及 Steinbart（1987）提出的专家系统，考虑了任务
的良好执行。[17]为了开发这些系统，知识获取法运用了包括调查问卷、
采访、协议分析、专家系统外壳和规则归纳方法等多种方法。下面将评
述每种方法的两个例子。

Merservy et al.（1986）构建了一个专家系统——审计师对已识别
系统控制的反应（Auditor Response to Identified Systems Controls,
ARISC），它模型化了审计师对采购循环内部控制的评估过程，运用协
议分析、采访和教科书方法开发了一个审计经理（其所在的公司将其认
定为专家）的电算化模型。ARISC 模型通过与专家协作，使在系统中
处理内部控制的案例原型得到改进。对模型的验证涉及将模型的处理及
决策与专家和 3 位其他审计经理的处理及决策进行比较。数据分析集中
于假设形成、问题解决过程、运用线索、推理路线和结果等五个方面的
完整性、效果性，以及系统与审计师的一致意见。研究结果支持
Merservy et al.（1986）的结论——"模型看似模拟了审计专家的过
程，特别像那位被模仿的审计师"。

Peters（1990）为编制审计计划开发了一个关于风险假设生成过程
的认知电算化的模型。这一系统在表处理程序（LISP）中予以程序化。
这个基础模型将审计师为形成风险假设而使用的知识范围、为运用知识
而使用的程序以及风险假设的形式与内容具体化了。在三个阶段中，各
种数据搜集技术被用于该模型的开发。第一阶段包括文献回顾、观察两
次审计计划编制会议以及自由回答式的访问。来自两家"六大"的 9 位
审计师参与了这一阶段。在第二阶段，Peters 对来自两家"六大"事务

所的 6 位审计师进行了结构化访问。访问包括再现风险决策，和模拟客户转移讨论[18]至识别审计师的审计风险因素。第三个阶段要求两位审计经理选择一个客户，并重新构建用于识别审计风险的程序。将这些数据与从其他两个阶段中搜集的信息结合起来，构建风险假设生成过程的初始电算化程序。

Peters 根据一家上市公司的情况开发了一个新的案例，并要求两位审计经理处理这个新案例，以对模型过程进行测试。收集同时存在的言语记录并将其分解为一个个片断（也就是停顿或打断被试者的表达）。经过比较模型过程与两位审计经理的言语记录，测试了模型的七个主要预测。[19]在这一案例中，测试预测基本上等同于测试模型基础过程。所获得的证据中等程度地支持了以下预测：（1）言语记录分析显示审计师会采用决策延期、倒向追踪和省略补充等方式降低与疏漏信息或数据相关的不确定性；（2）审计师生成的与预期账户余额和账户间的预期关系；（3）审计师在生成风险假设的过程中运用固有风险、控制风险和检查风险信息；（4）对审计师的言语记录进行分析后没有发现任何关于风险假设概率评估的直接证据。

该模型还要求 3 位审计经理（一位来自参与工作开发的事务所，两位来自另外两家"六大"事务所）完成一份自由回答的问卷来进行测试，这一问卷针对两个用于开发模型的现实案例和由 Peters 开发的新案例。被试者通过详细评论案例的模型分析来完成问卷。采用了简单频率计数法统计模型的分析结果与被试者对于具体财务报表账户的分析意见不一致的次数。对被试者之间的不一致次数也同样予以统计。研究结果显示，被试者之间或者模型与被试者之间的决策意见极少是一致的。Peters（1990）认为，缺乏一致性有可能是由于任务复杂且其性质结构混乱。[20]

Dungan and Chandler（1985）开发了一个帮助审计师评估客户坏账准备适当性的专家系统（AUDITOR）。该系统的开发分两个阶段：（1）对系统的目标、规则和规则权重进行初步模型化；（2）运用与系统运作互动的专家审计师改进系统。

　　有两个程序被用来验证这一系统。第一个程序是，一位审计师（不涉及 AUDITOR 的开放）作为评审者比较 AUDITOR 与实际工作中审计师对坏账准备的判断，结果是，专家系统的结论在 10 个案例中有 9 个被认为是可以接受的。第二个程序是"盲审"，在这种情况下，一位外界不清楚其身份的审计师对 AUDITOR 判断结果的可接受性进行评级，结果是，专家系统的结论在 11 个案例中有 10 个被认为是可以接受的。[21] 当有关应收账款坏账准备的决策是全部计提或应收账款余额为零时（也就是针对应收账款坏账准备的最极端（且最容易判断）的情况），系统可以得到最佳结果。当要求部分计提时，系统的运用结果就要差些。

　　Hansen and Messier（1986a，b）开发了 EDP-XPERT，这是一个用以帮助计算机审计专家（CASs）判断高级计算机环境中内部控制可靠性的专家系统，它是一个运用 AL/X 外壳的规则导向系统。系统初始知识库借助高级计算机审计专家得以改进，这个知识库使得系统包含了结构化为四个目标（监督者的可靠性、输入、处理和输出控制）的 133 项规则。

　　Hansen and Messier（1986b）使用初级 CAS 培训项目中的 17 位审计师，对系统判断质量进行了初步调查。被试者运用 EDP-XPERT 评价了一个虚构案例公司的 EDP 控制。他们还填写了用于搜集对专家系统与 EDP-XPERT 的态度的问卷。在既定的系统开发情况下，被试者运用了 9 个标准对 EDP-XPERT 进行评价，表明 EDP-XPERT 结果是合理的。在上述四个目标中的三个目标下，审计师的内部控制判断与 EDP-XPERT 的结论一致。

　　之后，这一系统的规则库被扩展至包含在线实时系统和数据库管理系统（Messier and Hansen，1992）。之前的规则和基本目标结构被修订以适应新增补的条件。在高级计算机审计专家帮助下，规则库再次得到改进，得到三个主要目标：监督者、数据库管理和应用控制。

　　在使用两个重要案例和执业高级计算机审计专家选择的客户对系统的这一版本进行的测试中，将 EDP-XPERT 的判断结果与未借助辅助手段的高级计算机审计专家的判断进行比较，从中发现，这一系统对两个案例的判断有 14.3% 的误分类率。[22]在由被试者选择的现实客户中，系统的表现更差，因为它对这些公司的判断中误分类率达到 42.8%。Messier and Hansen（1992）认为，尽管 EDP-XPERT 的知识库包含了高级计算机系统审计的大量知识，但是，如果能运用更加适当的专家系统壳或者人工智能语言重新对系统进行编程，则该系统的表现能够得以改善。

审计决策辅助手段的发展

接下来将讨论由会计师事务所开发的审计决策辅助手段的例子，回顾会计师事务所对开发审计决策辅助手段所作出的努力。在 Abdolmohammadi（1987），Ashton and Willingham（1989），Boritz（1992），Brown（1991），Brown and Murphy（1990），Murphy and Brown（1992）以及 Messier and Hansen（1987）中都能发现对审计决策辅助手段的详细评述。

简单的/确定性的决策辅助手段

统计抽样技术和其他统计工具的运用是审计职业界（AICPA，1983b）开发简单决策辅助手段的证据。例如，已经将判别分析模型运用于帮助持续经营决策（Kida，1980；Mutchler，1985），将回归分析和时间序列模型（如分析性复核中的 STAR—统计技术）用于帮助审计师执行分析程序（Kinney，1983）。尽管许多其他的审计决策辅助手段（例如问卷调查和核对清单）只是简单地帮助人们进行记忆，但是，最近的研究还是促使大量会计师事务所加速发展决策辅助手段。例如，根据 Mock and Turner（1981）对审计师非统计样本规模决策的研究，毕马威会计师事务所开发了一种一页式工作底稿，以帮助其审计师在确定样本规模时可以取得事务所范围内更高的意见一致程度（Libby，1981）。美国注册会计师协会（1983b）推荐了一种类似的非统计抽样决策的决策辅助手段。

微型计算机的发展使得会计师事务所的大部分工作底稿记录能够自动生成，而在此之前都是由手工完成的。这使得在已采用电算化的企业审计中运用各种各样的辅助手段成为可能。

决策支持系统/专家系统

决策支持系统与专家系统的区别通常并不明显（Abdolmohammadi，1987；Murphy and Brown，1992）。[23] 例如，Murphy and Brown（1992）报告称因为对专家系统的定义没有达成共识，所以不得不在调查中依赖某些会计师事务所的专业术语来界定专家系统。结果，一些本来被某些事务所称为决策支持系统的系统在这种分类方式下又被称为专家系统。此类情况尤其可能发生在通常由员工执行的耗时自动人工程序系统和对专业技能要求不高的系统。某些此类系统更适宜称为智能问卷、专家数据库或者决策支持系统（Murphy and Brown，1992），因为对与其运用相关的专业技能几乎没有要求。

对审计专家系统的研究与开发目前处于成形阶段，然而，专家系统开发的急剧增长出现于近 10 年来会计师事务所致力于专家系统的开发之时。专家系统的早期研究是由学术界发起的（Dungan and Chandler，1985；Hansen and Messier，1986a，b；Messier and Hansen，1984；Steinbart，1987）。所有这些系统都是简单原型模型，需要大力发展才可以用于审计师的具体实践。会计师事务所开发的首个专家系统是永道（Coopers & Lybrand）的 ExperTAX 系统（Shpilberg and Graham，1986）以及毕马威的 Loan Probe 系统（Kelly et al.，1986）。ExperTAX 帮助审计师和税务专业人员收集和审查关于应缴税款和纳税筹划的数据。Loan Probe 帮助审计师为银行贷款的潜在损失确立适当的准备金。前不久，普华（Price Waterhouse）开发了一系列整合事务所实践的专家系统。这其中包括可以用于审计风险评估和计划编制的PLANET 系统（Delisio et al.，1993），以及可以模型化会计系统内部控制结构的 SAVILLE 系统（Hamscher，1992）。

会计师事务所出于审计目的[24]而开发的大部分专家系统集中于以下若干实务领域：工作方案编制、风险分析、内部控制评价、应纳税款和递延税款、披露合规性以及技术支持（Boritz，1992；Brown，1991）。根据 Boritz（1992），Brown（1990）* 以及 Murphy and Brown（1992）的研究结果，表 8—2 将这些系统进行了分类，它们与审计研究人员深入探索的三个实务领域有关。表中的"其他"一栏包括之前讨论的部分专家系统。当然，也可能存在会计师事务所不愿意公开的其他专家系统。

表 8—2　会计师事务所开发或使用的决策支持系统/专家系统例子

事务所	工作方案编制	风险分析	内部控制评价	其他
安达信	EASY			
永道	Expertest	Risk Advisor	C&L Control Risk Assessor	ExperTAX ExempTAX Sample Sizer
德勤	Audit Planning Advisor		Internal Control Expert	
安永	EY Decision Support		FLOW EVAL CCR/36 Advisor	VATIA PANIC
毕马威				Bank Failure Prediction Loan Probe
普华	APEX 2	PLANET	SAVILLE Systematic AS/ 400 Expert	Professional Disclosure Requirement- sCROSBY

资料来源：Boritz（1992），Brown（1991）and Murphy and Brown（1992）。

审计决策辅助手段的研究领域

审计决策辅助手段的开发可能是一项研究活动。例如，某人可能旨

---

* 原文疑有误，应该为 1991 年。——译者注

在构建一个专家系统以解决特定的任务。开发相关知识库的过程涉及对一般问题领域的了解。言语记录分析可用来从一些专家那里获取知识，这可能使得相关人员对一般问题领域有详细了解（查阅 Biggs et al.，1987），此类知识有助于解决与任务有关的重要事项。学术界对审计决策辅助手段的研究的贡献集中在以下方面：（1）简单决策辅助手段；（2）专家系统与替代手段；（3）确证专家系统效用；（4）知识获取。

简单决策辅助手段

前文已经讨论了与将问题予以分解的决策辅助手段有关的研究。分解策略主要用于大多数简单决策辅助手段中。尽管大多数已讨论的审计研究表明此种策略具有消极影响，但是，Libby and Libby（1989）认为通过适当的结构化和培训，审计师的决策还是能够得到改进的。所以，需要就什么情况下分解策略可以改进审计师的判断进行更多的研究。

在关于运用临床判断还是统计判断的心理学研究中，就此问题长期争论不已（如 Bunn and Wright，1991；Dawes et al. 1989；Einhorn，1988；Garb，1989；Hammond et al.，1987；Kleinmuntz，1982，1990；Ravinder et al.，1988）。相关研究一般显示，统计判断优于临床判断（Dawes et al.，1989），但是，几乎没有哪个临床实践者会依赖统计技术（Garb，1989；Kleinmuntz，1990）。[25] 审计实践者看起来似乎也有相同的问题。他们可用的统计技术多种多样，但是，他们在实践中却很少应用这些统计技术（Biggs and Wild，1984）。未来的研究应该调查为什么会发生这种现象。

专家系统与替代手段

正如之前所讨论的，开发与维护专家系统的成本可能超过其带来的效益。例如，有一家会计师事务所指出，在其已有的系统中有一个系统的开发成本超过了 100 万美元，其中还不包括维护系统的其他必要支出。Ashton and Willingham（1989）呼吁人们提供支持专家系统比培训或者运用低耗且简单的决策辅助手段更有效的证据。例如，类似于 Libby and Libby（1989）的机械化组合模型可能比专家系统更具成本效益。[26] 综上所述可知，专家系统与替代手段权衡方面的研究应该成为未来富有成果的研究领域。

实施专家系统的好处之一是，使得事务所的非专家成员可以获得关于该问题领域的专门技能（Elliott and Keilich，1985）。然而，如果当前的员工过于依赖这一专家系统，那么，这种策略可能会抑制这一问题领域的未来专家系统的开发。或者说，是专家系统而不是领域环境推动了专门技能的发展。当环境发生改变而专家系统的应变十分缓慢时，可能会带来一些问题。所以，未来的研究应该调查专家系统对专门技能发展的可能影响。

确证专家系统效用

对于大多数审计决策来说，并没有正确的答案（Ashton，1982；Libby，1981），因此，研究人员不能用准确性来衡量审计判断质量，取而代之是意见的一致程度。类似地，确证审计专家系统效用的常见方法是将系统执行结论与专家或专家组提出的解决办法进行比较。

由会计师事务所或审计研究人员开发的专家系统的效用已在多大程度予以严格确证？相关的信息少之又少。尽管这些系统都已接受了一些测试，但是，公开的信息表明这些测试主要是一些"试错性"的测试（例如 Kelly et al.，1986；Graham et al. 1991；Shpilberg and Graham，1986）。关于确证专家系统运行效果替代标准的联合调查（学术界与实务界）可能会产生十分丰富的研究成果。[27] 因为会计师事务所开发的专家系统已用于现实客户，所以未来的研究应该长期跟踪此类系统的运行效果。

知识获取

开发专家系统的关键在于获取专家知识（Messier and Hansen，1987）。研究人员应用了大量的技术以捕获专家用于解决任务的知识和规则。然而，最盛行的技术——言语记录分析——应用起来却相当耗时且笨拙。另外，言语记录分析进入专家决策过程的能力也存有疑问（Ericsson and Simon，1980；Nisbett and Wilson，1977）。

一个被称为机器学习的人工智能子领域的近期发展为克服部分困难提供了潜力。人们已经开发了从一系列源自问题领域的例子中提取决策规则的运算法则，且已有一些运算法则运用于审计实务。例如，Messier and Hansen（1988）的研究显示，由此类运算法则（如 ID3）产生的决策规则，在预测贷款拖欠方面的运行效果好于银行贷款人员及其判别模型。在另一项研究中，Hansen et al.（1993）证实两种归纳运算法则在预测持续经营意见方面的运行效果要好于 LOGIT 系统。人工神经网络的相关研究得出了类似的结论（Bell et al.，1990；Hansen and Messier，1991）。沿着这些方向进一步研究可能有助于识别捕获专家知识的方式。

致　谢

作者感谢 M. Abdolmohammadi，R. Ashton，S. Biggs，D. Kleinmuntz，J. Dickhaut，以及参与杜克会议（Duke Conference）和康涅狄格州与佛罗里达州大学会计学论坛的与会人士，感谢他们对于本章初稿作出的有益评论。作者得到了费希尔会计学院（Fisher School of Accounting）暑期研究补助金的支持。

【注释】

[1] 对于该研究的详细回顾请参阅 Ashton（1982，1983），Ashton et al.（1988），Joyce and Libby（1982）以及 Libby（1981）。

[2] 关于启发式与偏见的部分发现与基本的心理学发现不一致。在他们就审计启发式与偏见的分析中，Smith and Kida（1991）得出以下结论："尽管证据显示启发式与偏见对于运用学生被试者和一般任务的实验来说很常见，且这些一般任务也出现于职业审计师执行其熟悉且与日常工作相关的任务判断中，但是，这些启发式

的性质或者它们出现的程度通常存在显著差异。"

[3] 几乎没有或者说根本没有证据表明此类辅助手段是系统化开发程序还是严密测试程序。因此，不能确定此类决策辅助手段的开发是基于完善的研究方法，也不能假定通过审计师的试错式实践可以确证该决策辅助手段的效果。

[4] 要了解关于此处更详细的讨论，可参阅 Ashton and Willingham（1989）以及 Fischhoff（1982）。

[5] 此处的观点是决策辅助手段用于支持审计判断而不是取代审计判断。

[6] 审计学之外的研究对于分解法手段在准确性和一致性上的影响得出了不一致的结论。Cornelius and Lyness（1980）以及 Lyness and Cornelius（1982）发现其提高了准确性和一致性，而 Burns and Pearl（1981）以及 Chakravarti et al.（1979）发现了相反的结果。

[7] Ashton and Willingham（1989）引用了此处没有讨论的其他四种影响：(1) 人工资本的替代；(2) 接受差错；(3) 源自非会计人员的更大的竞争；(4) 私密性考虑。

[8] 我们通常假定管理者会影响下属采纳和应用技术的程度。然而，Leonard-Barton and Deschamps（1988）发现，并不是所有的下属对管理者的影响有相同的理解。该研究表明：有意采纳新技术的下属（如具有个人创新能力和相关技术的下属）即使没有管理层的支持也会这么做；而不具备这些特性的下属在采纳新技术之前一般会等待管理层的指令。

[9] Abdolmohammadi（1987）采用了 Simon（1960）中的模型，它包括三个方面：情报、设计与选择。这些方面与 Einhorn and Hogarth（1981c）提出的类似。此处之所以采用 Einhorn 和 Hogarth 的模型，是因为它是旨在帮助构建专家系统的大量言语记录分析研究的基础（如 Biggs et al.，1987）。

[10] 审计风险模型（AR＝IR×CR×DR）要素的定义如下：审计风险（AR）是指审计师非故意地未能适当修改错报财务报表的风险。固有风险（IR）是指假设不存在相关的内部控制政策或程序的情况下，某一认定发生重大错报的可能性。控制风险（CR）是指某项认定发生了重大错报，而该错报没有被企业的内部控制政策和程序及时防止或发现的风险。检查风险（DR）是指某一认定存在重大错报，但审计师未能发现这种错报的风险。

[11] 检查风险可以进一步分为分析性程序风险（APR）和细节测试风险（TDR）（AICPA，1981），其中，分析性程序风险是指分析性程序（如简单对比和比率分析）和其他相关的实质性测试未能发现某项认定的重大错报风险，细节测试

风险是指实质性细节测试未能发现某项认定的重大错报风险。

[12] Jiambalvo and Waller（1984）运用了审计准则公告第 39 号中的审计风险模型公式（AR＝CR×APR×TDR）。该公式假设固有风险等于 1.0，并且一般不包含在这个公式中。Daniel（1988）明确地将固有风险要素纳入其中，且与审计准则公告第 47 号模型的变化保持一致。

[13] Boritz et al.（1987）对加拿大审计师对美国审计风险模型的判断和该模型的贝叶斯形式进行了比较，报告了类似的结果。

[14] 这种偏见认为个体夸大了小规模样本的信息含量。换句话说，随着样本量的减少，个体低估了统计权重的削弱程度，倾向于给相对小规模样本赋予更大的权重。

[15] 发现更大的方差有可能是由于被试者没有接受过决策辅助手段运用方面的培训（Libby and Libby，1989）。

[16] 实践中，这种区别有时候比较模糊。为开发一个能良好执行任务的专家系统，通常要求获取具体的知识范围并识别具体专家所运用的决策规则。

[17] 其他审计专家系统的文献综述可参阅 Boritz（1992），Brown（1991），Brown and Murphy（1990），以及 Messier and Hansen（1987）。

[18] 当审计经理轮换业务并且向继任审计经理简要介绍客户的特别审计事项时，会发生客户转移讨论。

[19] 预测涉及诸多事项，比如风险假设生成阶段、信息的搜集顺序、用于降低不确定性的程序、内部控制环境的特征以及风险来源的成因解释，等等。

[20] 对 Peters 的模型的详细评论请参阅 Messier（1990）。

[21] Dungan and Chandler（1985）没有报告验证者就外勤审计师所作出的判断结论。

[22] 对案例和客户数据进行的分析都是以针对系统检查三大目标中每一个目标所作出的判断为基础的。

[23] Abdolmohammadi（1987）将诸如回归模型和线性规划之类的决策辅助手段归入决策支持系统。由于它们的运算性质以及本文对决策支持系统的界定，我选择将此类工具归入简单决策辅助手段。

[24] 开发专家系统还可能出于税务、咨询、管理会计以及计算机支持的需要。参阅 Armitage and Boritz（1991），Brown（1991）以及 Michaelsen and Messier（1987）。

[25] Blattberg and Hoch（1990）的研究结果已经表明，同时运用同量加权模

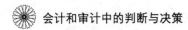

型和经理提高了管理预测的准确性，其准确性高出了仅依靠模型或经理的预测。

［26］关于专家系统与简单线性模型的有趣争论可以参阅 Carroll（1987）和 Schwartz et al.（1989）。

［27］与专家系统效用确证有关的详细讨论可参阅 O'Keefe et al.（1987）和 O'Leary（1988）。

第 4 部分
总　　结

第 9 章 会计审计判断研究的 二十年[1]

Michael Gibbins，Robert J. Swieringa

这是唯一的办法。

——Walter Cronkite

会计人员在为金融机构编制财务报表时，必须评估某些贷款是否存在减值，部分原因是遵循一般公认会计原则要求进行此种评估。

一些公司的执行官会见事务所的审计师以试图解决关于近期子公司剥离的争端。争端中的不同会计处理方法会对公司当年及后续年度的预期报告收益和财务状况有重大的不同影响。双方都必须判断在这种情况下什么才是适当和公允的。执行官对可能影响公司股价及其薪酬合同安排的因素非常敏感，审计师则对可能影响其法律责任风险的因素极其敏感。

在一项审计业务中担任项目负责人的事务所合伙人受到来自客户降低审计费用的压力，会综合考虑引进新的审计软件以及客户会计系统已提议的变化能否在不损害审计质量的情况下降低审计费用。

面临严峻竞争压力的制造厂总经理会运用会计信息帮助决定工

厂的生产和市场营销策略。经理会使用相关的会计信息计算其高级下属的业绩红利，总部会使用相关的会计信息衡量工厂的业绩，进而衡量经理的业绩。

引　言

上述四个例子描述了需要判断的情形，它们反映了不确定性、策略、技术、专业技能、反馈、证据评价以及判断研究人员通常感兴趣的其他因素，这些都是专业人员必须应对的执业情境中的主要事项。在经验和规则不全面、存在矛盾、不适用或者完全缺乏时，它们内含的是一个内部经验、外部规则与令人沮丧的歧义的混合物。它们是会计审计判断研究的素材，且构成了本书最后一章的情境背景。

在之前的章节中我们已被要求评述所回顾的研究。这一要求为回顾捕获和阐述外部环境变化的能力（sense-making）提供了机会（Weick，1979）。我们根据对前文的观察和总结作出自己的相关评论，并运用上述例子强调其间的联系和趋势。我们的评论带有一定程度的选择性：我们并不提供文献综述，因为前面的章节和其他文章与书籍对大量不同的文献都进行了有价值的综述。[2]然而，我们承认我们的评论内容可能超出之前提供的文献综述（Dyckman et al.，1978；Gibbins，1977；Gibbins and Newton，1987；Gibbins and Mason，1988；Swieringa and Weick，1982）。我们也不想重复第1章的概述。取而代之的是，我们评论我们所感兴趣的事项以及希望引起他人兴趣的事项。我们的观点有时仅为个人看法，因此，我们将尽量阐述清晰并且相信不同于其他章节所述的结论将增加读者兴趣，并特别强调我们的总体结论：会计与审计中的判断研究是多种多样的，目前仍无迹象表明已形成了标准范式或公认正确的集大成者。

本章的标题可以分解为本章主体内容的四个基本组成部分。

会　计

会计可以定义为对与经济活动有关的财务信息的确认、计量、记录和报告。会计为研究以下事实与事项信息提供了广阔的平台：（1）信息的生成、核实、传播与使用；（2）信息对个人、组织、市场和社会的影响；（3）个人、组织、市场和社会对信息的影响；（4）以上各主体与信息间的互动；（5）各种涉及经济、心理、统计、财政、合同、策略、技术与其他现象的具体调查。会计研究同样是一个非常广阔的领域，它包括判断研究和一系列其他研究方法及兴趣。之前的章节展示了关于什么是判断研究以及相关会计问题的一个开放包容的观点。

审　计

通用财务报表一般由独立会计人员（审计师）进行审计，以增强财务报表的可靠性。在会计审计判断研究中，审计那些财务报表的事务所合伙人和专业人员的判断成为研究对象。尽管之前的章节已经对企业管理者、股票市场参与者、管理会计师以及其他人员的判断加以评论，但是，大部分重复的实质性的内容都是针对审计师的。事实上，判断研究是研究审计和审计师的最常见的方法，也许该研究中发表的文章数量相当于该领域其他研究的总和。因此，本章的标题"会计审计判断研究"也许有些误导人，因为研究所关注的内容更多的是审计而不是会计。

二十年

会计审计判断研究仅有大约20年的历史。尽管在20世纪五六十年代已有关于会计决策的一些实验研究和调查研究，但是，判断研究的蓬勃发展始于70年代中期，部分原因是，当时审计刚作为学术研究的对象且心理学的研究结果提供了众多有用的方法（Brunswik的透镜模型、启发式与偏见以及解决问题的信息处理分析，都提到这些对会计审计更重要），这两方面的影响结合在一起促进了审计判断研究。回顾60年代后期和70年代早期进行的会计审计实验研究和调查研究，会发现那些研究均缺乏理论基础、与他人研究的联系以及严谨性（AAA，1974；Dyckman et al.，1978；Gibbins，1977）。回顾 1970—1981 年间公开发表的实验研究成果，会发现已经对不足之处作出了部分改进（Swieringa and Weick，1982）。

之前的章节简要介绍了截至 1992 年初会计审计判断研究方面的概况，总结了这一研究领域的真正的进步，指明了进一步的研究方向。本书所涉及的领域以及相关领域和学科已有重要文献，但是，希望通过具体的研究有更多重要的文献问世。相关的研究已有进展，但同时也存在模糊性和不确定性。所遵循的框架和方法改变了，人们对进展的步调感到不满意，并且一些关于实践重要性的争论还在继续。

判断研究

会计审计判断研究类似于一般判断研究，因此，它的智力源泉是心理学，且一般研究趋于理论导向——认知或人际理论为其提供了动机和假设。然而，会计审计判断研究的强烈动机是理解与捕获应用情境的重要特征，在这点上它与一般判断研究有很大差异。用于一般判断研究的研究设计通常取决于理论（例如顺序效果理论或记忆结构理论），而不取决于具体问题场景或参与者群体。

会计审计判断研究既受理论主导也受场景影响。在这种研究中，作出理论选择的部分原因是其可能帮助理解所用的情景设定的判断。它关注所用场景的激励、约束、任务、结构和其他特征，这些是人类判断过程的潜在调节因素或决定因素；它关注具体判断的参与者（包括他们的经验、专业技能、职业目标、职业生涯等），并试图通过开发决策手段和其他辅助手段以及为判断参与者和其他人员探索研究寓意，来改进这些情景设定中参与者的判断。

那些组成因素和之前章节建议的会计审计判断内嵌于判断任务场景和判断主体所涉及的环境中。因此，理解情境要求将判断过程与多个情境因素之间的各种关系具体化，这是此类研究的主要目标。下面我们将针对任务、环境、判断主体展开讨论。然后，我们将得出以下观察结

论：（1）会计审计判断研究和一般判断研究之间的关系；（2）会计审计
的其他研究；（3）会计职业与商业团体的一般发展与忧虑；（4）学术研
究与分析的一般计划。

任　务

就其性质来说，判断研究是任务导向的。对判断的研究是在具体判
断任务环境中展开的。研究包括任务描述和分析，而且只要对人们执行
任务的判断过程与任务的组成部分同等重视，将会获得很多的研究成果
（Hogarth，1991）。[3]

会计审计判断研究和会计实务技能与技术（如复式记账、电算化信
息处理、手工操作和其他决策手段）密切相关。这一研究有助于我们理
解内部控制分析和评价、审计证据抽样和组合、银行信贷的财务分析和
信用评估以及管理业绩分析和评价等任务。但仍需要更广泛的任务分
析，且要在众多领域中进行这些任务分析。本章章首列举的例子中所涉
及的判断任务都未得到广泛的研究。

会计审计判断的具体任务的确是主观的、复杂的，且错误判断的潜
在损失很大。在第一个例子中，会计人员要评估某些贷款是否已减值以
及减值多少。无论该会计人员的调查如何彻底，都没有办法确定哪些贷
款已经发生了减值以及在其贷款期内减值了多少。然而，由于许多金融
机构（如银行和互助储蓄银行）发放了大量贷款，因此不适当的贷款损
失准备导致的成本是巨大的。当前许多金融机构及其分支机构由于大额
漏报贷款损失准备而被政府机构和其他组织起诉。

评估贷款以及确定贷款损失准备的适当性是个复杂过程。会计人员
一般从各种各样的系统中获取已有贷款的信息。例如，会计人员从内部
生成的清单中获取信息，这类清单包括"监测单"、过期未付报告、未
施行贷款报告、透支单、内部人员贷款清单、管理层根据借款人分类的
贷款总额报告、根据贷款类型分类的历史损失清单、缺少当前财务数据

的贷款文件，遭遇诸如经营损失、边际营运资本、现金流不足或经营中断之类情形的借款人清单，以及借款人所在行业经济环境不稳定的贷款清单。将这些信息用于系统化过程，以标明已得到合理监督的具体贷款，然后以损失、可疑、不合标准或特别提示等标明具体的损失准备。每种分类都有不同的预期损失率与之对应。

会计审计判断研究中的任务表现出了一个耐人寻味的悖论。判断研究是以特定任务（如贷款评估、内部控制评价、产品盈利性衡量、财务会计和披露的选择、税收筹划或其他任务）为基础的。除非实验刺激物强加了结构化程度更高且更紧密的监视，否则，判断研究中的实验期待实验参与者能像其平常行事那样执行实验中的任何任务。参与者很大程度上固守着自己已有的惯例，并运用他们强加给类似其日常所见的资料的例行程序。

然而，用于判断研究的任务是对自然任务的简化表述，此外，实验者通常还对参与者接收到的信息和相关陈列施加大量的控制，他们关注的焦点是被试者针对呈现内容所作出的相对有限的反应。因此，参与判断研究的会计师和审计师不可能像熟悉或习惯自然任务那样，熟悉或习惯实验任务的简化表述，并且通常不能利用那些帮助其执行自然任务的决策手段、咨询和复核等辅助要素。Winkler and Murphy（1973）对实验和应用任务的一致性提出了类似的异议。

有些时候，对上述问题的争议又转述为用于判断研究的任务与自然任务并无相似之处。Swieringa and Weick（1982）发现，如果对实验中所用的事件和任务能够认真地予以信任、处理和对待（实验现实主义），则判断任务就无须与现实世界事件相似（世俗现实主义）。该研究指出，运用简化表述的任务的基本优点是允许直接测试理论或构建理论，这一理论又是归纳概括自然任务的基础；运用复杂表述的任务的基本优点是允许测试复杂的理论或具有生动现实意义的任务，这一复杂理论或现实意义又是归纳概括自然任务的基础。

之前的章节已经描述了用于会计审计判断研究的任务。大部分判断研究运用了简化表述的任务以测试或形成理论。这种运用尤其体现在研究管理激励（Waller（本书第 2 章）、Young and Lewis（本书第 3 章）），审计师的专业技能（Solomon and Shields（本书第 6 章）、Libby（本书第 7 章）），以及决策辅助手段（Messier（本书第 8 章））。关于任务影响与任务分析的例子和评论，可参阅 Bedard and Biggs（1991）、Bedard and Chi（1993），Bonner and Lewis（1990），Bonner and Pennington（1991），Gibbins and Jamal（1993），Heiman（1990），Moeckel（1991），Peters（1990）以及 Swieringa and Weick（1982）；关于审计任务的档案分析的研究情况，还可参阅 Bedard（1989）。

之前章节的分析结果显示，判断研究者对财务会计判断不够重视。本章章首列举的前两个例子针对的是典型的财务会计判断。不同的会计师作出的判断有所不同，而不同的会计处理有时却是由表面类似的环境所致。

第一个例子针对的是贷款损失方面的判断，这是一项典范式判断，类似的判断还有：判断在经营期内预期不能恢复的其他资产损失，判断由于产品保证、未投保损失风险、未决或潜在诉讼、实际或可能的索赔与估价引起的负债。一般公认会计原则要求，如果在财务报表日之前所获得的信息表明在财务报表日某资产可能已经遭受损失，或者某负债可能已经发生且该负债的数额可以合理估计，那么，应该记录该估计的损失。不同的人对"可能"、"已经受损"、"已经发生"和"合理估计"的理解不同，且对评估的目标以及贷款损失该如何度量有不同的观点。

第二个例子针对的是如何处理近期子公司的剥离现象。对诸如剥离之类的特殊交易和事件的会计处理，通常取决于如何看待那些交易和事件以及它们是否与其他交易和事件相关。例如，如果将剥离看成是分部处置或者是部分经营链或服务类别的处置，则它的会计处理会有所不同；如果子公司中被视作大宗经营合并的部分于近期购入且计划在合并完成后不久予以出售，则其处理也将不同。

随着交易和事件日益发生于存在契约关系而不是简单契约的情景设定中，财务会计中的判断也越来越多且越来越困难。如果交易和事件涉及的契约场景是简单的、不相关的、短期的，仅反映契约方的有限关系，且存在交易目标的精确衡量、预期没有后续合作、假定没有分享协定，则会计判断的表达与形成都较简单容易。但是，如果交易和事件涉及的契约场景是复杂的、长期的，反映契约方的密切关系，且一些交易目标不能在当前衡量、预期存在一些后续合作、存在利益分享关系、存在一些麻烦以及假定有相互作用，则上述判断就要难多了。母公司与子公司之间的关系、金融工具、非营利组织的贡献以及各种各样的报酬方案等都导致了复杂的契约关系。

这些契约关系同样使会计师面临困难的计量判断。退休人员医保会计要求估计医保费趋势比率和超过 80 岁的折扣率。类似地，采掘活动的开垦成本和核电站的停止使用成本都需要估计。一些金融工具和某些延期支付报酬计划的会计处理也都要求对不确定的未来作出估计。另外，实体的一揽子采购或出售（杠杆收购）或复杂金融工具的会计处理大量依赖于对不确定的未来进行的估计。这种对未来不确定性结果进行估计的需要，不仅引发了如何作出估计的问题，而且涉及哪些未来事件应该可以预见并反映在会计计量中。

财务会计中的判断越来越像实验中的任务。在表述与形成那些判断时，会计师通过搜寻—检索软件可以阅读一般公认会计原则的相关文献，通过类比，该文献可能提供直接或间接的指导。还可以通过书面致函或电话咨询获取事务所和其他专业组织（如财务会计准则委员会（FASB）或美国注册会计师协会（AICPA））提供的技术咨询服务，并且此类服务还可以通过搜寻—检索软件连接以前就判断任务咨询所提供的指南。

关于某些审计判断的研究也还有待发展。本章章首的第三个例子针对的是审计师在不损害审计质量的情况下降低审计费用的方式。多年来，为更好地理解审计过程活动、审计风险及其要素——固有风险、控制风险和检查风险（参见 Solomon and Shields（本书第 6 章）中的图 6—1），以及开发执行审计的更优技术，已经投入了大量资源。审计判断研究对此作出了贡献。

然而，对某些审计过程活动之前的且影响审计判断情境的关键判断几乎没有给予任何关注。Solomon and Shields（本书第 6 章）观察了以下判断：事务所渴望在某一特定行业占有多大市场份额、获得特定组织的财务报表审计合同是否需要竞争、竞标时如何设置竞价等，这些判断结果带来的影响都很严重。作者以储蓄和贷款业为例对此予以了阐述。

涉足储蓄和贷款业的事务所在其"审计暴露"（audit exposure）方面经历了重大变化，"审计暴露"一词有时用于指代消极后果——例如经济损失、诉讼或声誉受损——这些有可能由发表不适当的审计意见或受到起诉所致（Sullivan et al.，1985）。许多事务所目前正重新评估自己在各行业的审计暴露集中度。关于审计师如何对审计暴露作出判断以及这些判断如何影响审计过程活动和审计风险的研究，可以有助于我们理解审计判断。

研究人员有待探索的另一个领域是税务判断，包括纳税人、税务顾问、税务机构或稽核人员作出的判断。Alm（1991）提出了关于研究纳税人判断研究的看法，指出这些研究包括一些判断研究、实验性市场研究、关于纳税人合规性和其他行为的其他实验研究。近期税务方面的其他判断研究包括 Marchant et al.（1989）的认知建模研究和 Anderson et al.（1990）的实验室市场研究。

我们建议并期待将更多的精力投入任务分析中，包括分析内嵌于下文所提到的经济、组织和专业背景的任务分析。正如 Hogarth（1991）所评论的那样，会计审计研究人员比其他判断研究人员在任务分析方面具有相对优势和更大的内在兴趣。大量运用关于会计和审计的"由来已久的"知识，能够增强该领域对会计和审计问题的贡献，并为一般判断研究人员提供各种感兴趣的任务场景。医学和法律判断的应用研究已经成为会计和审计判断研究的研究文献，反之亦然，因为会计审计判断研究在其应用情境中已越来越有根基了。

环　境

判断任务会在更大的环境中执行，该环境反映了对个体与组织都十分重要的经济影响力，这种环境内含了个体所在的组织、组织的结构、文化和内部激励、与会计审计有关的执业准则和结构。将判断研究置于更大的环境中是对会计审计判断研究人员的持续挑战，不仅是因为他们倾向于将此作为自己所作贡献的重要组成部分，而且是因为会计审计的其他研究方法，特别是建立分析性经济模型、资本市场的经验调查以及组织行为分析，持续扩展了人们对那些大环境的理解。

本章章首第四个例子关注的是运用会计信息帮助确定工厂的生产策略和市场营销策略以及衡量业绩。该例子反映了会计信息的两个重要作用（参见 Waller（本书第 2 章））。一个作用是帮助工厂管理者确定策略。该作用也就是 Demski and Feltham（1976）提出的会计信息的"决策易化"作用。在决策者作出决策之前向其提供会计信息，以帮助解决手头决策问题的某种形式的不确定性。另一个作用是衡量业绩以及计算业绩红利。该作用即是 Demski and Feltham（1976）提出的会计信息的"决策影响"作用。在决策者作出并执行决策之后向其提供会计信息，以评价决策者的业绩，目的在于激发行为选择。最重要的是，会计信息的决策易化和决策影响作用不是孤立的，而是互动的。工厂管理者用于确定生产策略和市场营销策略的会计信息，可能被用于衡量业绩的会计信息所主导。两种作用及其之间的互动是会计和审计判断研究为何且应该具有环境敏感性的原因。

经济动因

决策者面临着大量的经济动因：竞争以及其他经济压力看似加剧了；对贷款损失的评估受到总体经济条件的影响；会计选择受到评估个体和组织业绩中认知效应的影响；审计选择受到审计服务的竞争市场以

及客户降低包括审计费用在内的费用的影响；管理者在形成战略和衡量评估业绩方面受到竞争市场的影响。

会计审计判断研究主要以两种方式处理经济动因。第一种方式是通过将选择表述为财务或经济投机活动、改变那些选择的支付、在促进风险回避的环境中得出内含效用函数以及遵循经济原则（如预期效用或Savage 的理性选择理论）具体化选择的"适当"反应，在个体层面上将那些经济因素纳入判断问题。这种方式根据行为决策研究演变而来，并自会计审计判断研究开始起就一直存在。该研究方式的关注焦点通常是对判断过程的理解而不是经济假设的形成。Waller（本书第 2 章）以及 Solomon and Shields（本书第 6 章）对此类研究作出了评论。该类研究的结果基本上与一般判断研究的结构一致，也许是因为经常运用简化的研究环境并以学生为被试者。但是，从某种程度上讲，该类研究要比一般判断研究更符合理性假设。

会计审计判断研究处理经济动因的第二种方式是运用经济学工具建立判断模型，然后检测被试者对被经济模型具体化的激励、成本和其他因素作出反应的能力或意愿。这种研究在运用经济学理论方面更复杂，借鉴了经济模型在其他领域的发展，且其定位要比第一种方式更合乎规范。（参见 Waller（本书第 2 章），Young and Lewis（本书第 3 章）；Berg，Dickhaut，and McCabe（本书第 5 章）。）该类研究的结果变化不一，部分原因是所用模型的种类多样性及复杂性，也有可能是因为以学生为被试者。但有一点很清楚，经济因素对于被试者的反应有很大的作用。

会计审计判断研究人员直到最近才将经济变量引入其工作中，可能是因为他们太过于关注心理和任务变量，还有可能是因为经济模型直到近期才发展完善从而得以进行除基本理性和一致性调查之外的观察实验。然而，越来越多的人开始运用经济模型进行行为预测，或认为在应用或情景设定中变量因素可能是必须予以考虑的，由此带来的熟练程度的提升，使得运用"启发式与偏见"之类的简单情景的会计审计研究消失于人们的视野之中。[4]

正如 Waller（本书第 2 章）所指出的，经济学和判断观点的改良整合是非常积极的发展，并且为会计审计判断研究回归一般判断和经济学领域作出了重大贡献。在会计审计判断研究中，有两个与经济学有关的研究领域仍处于初级阶段，但我们希望它们能有更大的发展。其一是运用实验经济学范式的战略行为判断研究（参见 Dopuch and King，1991；以及"关于实验室市场和审计研究的'论坛'"，《会计评论》，1992（1））。其二是整合个体层面的判断和总体组织与市场行为的研究（参见 Berg，Dickhaut，and McCabe（本书第 5 章））。将判断视作战略的推动力来自很多方面。比如，博弈论和契约（代理）理论的发展都对会计审计研究的其他领域产生了重大影响；近期实验市场和其他实验经济学研究快速增加；审计研究（包括审计师与客户关系的经济学模型以及管理层舞弊的行为研究）除了将审计师看作技术证据评价者之外，还将其看作应对的战略对手之一（King and Wallin，1990；Jamal，1991）。

组织因素

多年来，在研究的若干领域已经认同将个体作为群体、公司、专业团体或其他组织中的一员进行判断与决策。仅就独立个体的偏好和支付来说，尽管其某些判断是有迹可寻的，但是，大多数会计审计判断问题是发生于组织内部的，在这种情况下，个体偏好和支付会被总体予以修正。

在本章章首所举四个例子中，所有个体都是与组织一起工作或在组织内部工作的，因此，我们可以预期所有这些个体至少部分受到以下因素的影响，例如：晋升、红利和其他激励、权力、地位以及组织对待内外部其他人员的方式。评估贷款损失的会计师可能直接向某检查委员会或董事会下属的审计委员会报告，或通过内部审计部门间接向其报告。会计选择要得到组织内和事务所内的各级执行官批准。事务所合伙人以及组织经理的决策需得到批准和接受评价。

会计审计判断研究通常将判断问题独立于组织之外，将被试者视为独立的参与者，因此到目前为止，几乎没有深入考虑组织因素的相关研究。但已有研究对内部组织的经济激励予以模型化并在某种程度上对其进行了经验检测（参见 Young and Lewis（本书第 3 章）），且在 20 世纪 70 年代存在一些对诸如风险偏移（risky shift）之类的群体现象感兴趣的研究。

对组织变量的关注主要取决于对不同专业技能的研究兴趣，或者组织内不同级别的个体在其作出判断中的授权情况。这里重要的关注点是区分作为合伙人、审计经理、督导或初级人员的公共会计师（审计师），对组织层次上需要或运用管理会计信息的公司经理也有类似的兴趣。（级别通常在实验和调查中作为块变量（blocking variable），参见 Dillard and Ferris（1989）对个体差异的研究。）人们已经发现大量判断差异与级别有关，但判断研究人员没有对这些差异的原因或稳定性展开调查。管理者预测相关行为的组织行为导向研究、会计系统内部作用的"权变理论"分析以及对会计师和审计师的社会心理研究在 70 年代具有一定的影响，但最近影响力愈来愈弱了。人们已经观察到审计师和执行官是以群体形式作出决策的，但对于决策背后的过程几乎从来没有运用判断方法加以调查。Solomon（1987）回顾了小部分审计文献，Gibbins and Mason（1988）进行了属于群体和组织事务的财务报告的问卷调查判断研究。

近来，一些会计审计判断研究将组织变量看得更为重要，尽管判断从本质上被看成是受群体调解或组织影响的个体活动而不是组织现象。其中的两个例子是，事务所的结构影响研究（如 McDaniel，1990；Spires，1991），以及日渐增多的审计师判断对受托责任影响的研究，特别是当委托人级别高于审计师时（如 Ashton，1990；Johnson and Kaplan，1991；Lord，1992；Messier and Quilliam，1992）。

当判断研究更贴近会计师、审计师、经理或其他人员体验过的现实情景时，就需要关注组织变量了，因为这类似于关注上文提到的经济变量。将被试者置于受限的实验室或培训环境中进行研究，研究人员就可能切断有助于理解被试者在该领域如何作出判断的联系。近期关于受托责任（如 Messier and Quilliam，即将出版）、审计师对错误的经历

(Ashton，1991) 以及合理化在事务所内的作用 (Emby and Gibbins, 1988；Ashton，1992) 的研究认为，这种切断意味着一些早期的研究结果是误导性的，只有未来的组织敏感性研究才能对其进行证实。

职业情景

大多数公共会计师都是注册会计师，因此肯定是某专业团体的成员且需要遵守各种职业标准。公司经理同样会拥有很多职业标志 (trappings of professionals)，因此，职业情景同样有可能对他们的判断产生重大影响 (Gibbins et al.，1992)。在我们的社会里，由于专业人员在执行判断时被授予了一定的权限和责任，因此，判断过程对职业情景以及专业人员所作选择的性质和价值也会造成重大影响。

例如，贷款损失评估要求遵循一般公认会计原则以及为贷款会计和报告所建立的各种政府规则。会计选择要遵循一般公认会计原则，并且通常须经证券交易委员会同意以及遵守关于财务披露的股票交易规则。审计选择要遵循一般公认审计准则。

职业情景可能将会计和审计情景从其他判断研究的一般情景中区别开来，提供其研究关注点有所不同的原因，并引起学者考虑其他专业人员（如医生和律师）行为的兴趣。

会计审计判断研究对是否存在职业标准及其性质很敏感，甚至在某些方面直接受其引导。从一开始，重要的研究就基于信息编制者和审计师（参见 Solomon and Shields（本书第 6 章））以及信息使用者（参见 Maines（本书第 4 章））的观点，从两方面检测了标准在判断中的作用和诸如标准运用的意见一致程度之类的相关主题。一些研究（如对审计风险和证据评价方面的研究）影响了职业标准的制定（参见 Kinney and Uecker，1982）。会计审计判断研究有可能构成了关于标准约束环境中判断执行结果的最大汇集体，尽管标准通常在研究中都是既定的而不是目标变量。研究一般将审计师的判断与可适用的职业标准进行比较，目的在于遵照标准对判断予以评价（参见 Bedard，1991）。近期有部分研究关注的是标准对税务合规性判断的影响以及财务会计准则对财务会计的影响（Mason and Gibbins，1991）。Messier（本书第 8 章）的讨论同样与此有关，因为就其沟通处理判断问题的恰当方式来说，标准可以被视为决策手段（同样参见 Gibbins and Mason，1988）。

执行判断的人

认知心理学上的发展以及众多研究人员对理解会计师和审计师是否作出良好判断的考虑导致了审计专业技能研究的急剧增长，这些研究一般集中在记忆过程和知识结构方面，并且与改进任务分析有关（参见 Libby（本书第 7 章））。本章章首的几个例子涉及不同的人在特定场合需要什么专业技能、他们的经验如何使其能够（或不能）应对各种任务和场景，以及他们的判断是否符合外部质量标准。

在会计审计判断研究的 20 余年中，会计审计判断研究在心理学理论基础方面经历了从社会心理和行为决策理论到更高认知能力的任务导向方法的转变。例如，20 世纪 70 年代早期，一些概率方面的研究在研究概率对判断的作用时受到了决策理论思想的激励（如 Corless，1972；Chesley，1975）。稍后，以 Tversky 和 Kahneman 的启发式与偏见研究为基础的研究日益凸显（如 Swieringa et al.，1976；Joyce and Biddle，1981a）。近期，以记忆过程和认知结构为方向的研究较为显著（如 Bedard and Biggs，1991；Bonner，1990；Choo and Trotman，1991；Frederick，1991；Frederick and Libby，1986；Jamal，1991；Moeckel，1990；Peters，1990；Rennie，1991）。这种演进是自然的，因为认知和任务之间的互动经常引起会计审计研究人员的兴趣，70 年代对"政策捕获"研究投入了大量热情，大多运用 Brunswik 透镜模型，以提供描绘审计师和会计师运用信息的统计数据（如 Ashton，1974a，b）。

Maines（本书第 4 章）介绍了特别关注会计报告使用主体的研究。然而，几乎没有针对审计师个体差异方面的判断研究。审计判断研究倾向于针对任务或认知事项，它们要么被提议适用于不同个性的审计师或其他分类的审计师，要么还没有形成个体差异的理念。结果导致会计审计判断研究更多地关注任务和环境，而不是执行判断的人。

描述性研究目前倾向于更多地针对任务和认知过程（如 Bedard and Biggs，1991；Jamal，1991；Peters，1990），并且就较陈旧事项进行的研究（如 Emby（1991）的概率启发研究）同样更多地针对认知过程。然而，这种关注认知过程的趋势仍然很大程度上是以实验方法为基础的：相对运用于问题解决、计算和信息处理研究的言语记录分析和其他较少具有实验特征的方法来说，行为决策理论和认知心理学的研究方法在该领域是占据主导地位的。

观　察

一般判断研究

会计审计判断研究类似于更一般的判断研究，尽管它更实用。方法和数据分析（特别是最大化执业人员和管理者被试者的时间效益的被试者内的设计）方面也有类似的发展，并且应用的方向也在一定程度上导致更多地关注任务。对于诸如衡量标准（框架）、概率、确认偏差、选择过程、记忆结构以及有限理性之类的一般性主题在会计和审计中的含义，已经进行了深入的检测。

如之前章节所述，会计审计研究已经检测了与研究兴趣相对应情景下的大量判断假设，且已扩展了支撑那些假设的理论的理解和贡献。

使用具有显著的与任务相关的经验和专业技能的人员（审计师、业务经理、财务分析师、银行从业者以及与会计信息编制与运用有关的其他人员）作为被试者——这种强烈的偏好导致产生了许多关于"现实人员"和"现实任务"的令人印象深刻的研究结果。这些研究结果极少与其他文献有显著差别，但是，它们有助于延伸并帮助推广基本研究的发现，并且所发现的差异也可为一些基本假设提供有用的批判。例如，很明显，审计师比许多一般研究中的学生被试者具有更高的自我洞察力

(Ashton，1983)，这反映了在一个更具认知障碍的职业环境中，人们预期判断主体知道如何作出自己的选择，并且认为把自我洞察力列为巧合 (Nisbett and Ross，1980) 的说法一般是没有充分根据的。职业情景对选择的合理化理由产生了强烈的需求 (Ashton，1992；Emby and Gibbins，1988；Gibbins and Mason，1988)，这种需求为选择提供了除一般判断研究中流行的基本理性和认知一致性标准之外的另一种动机，还提供了连接一般研究领域 (如受托责任) 的额外途径 (Tetlock，1985)。

对审计师和经理的研究同样有助于批判和改进常用于判断研究的方法。其中一个例子是运用简化的经济或统计模型来指导研究。这种运用模式逐渐被会计审计判断研究人员认为是有问题的，因为这种简化消除了使会计、审计情景变得有趣的应用条件。这些考虑可能警示人们：情境因素可能影响运用了简化情景的其他研究的有效性。

另一个例子是在判断研究中被试者的伪装。被试者本质上就不具备可信性，他是公司和其他沟通群体的成员，拥有其他头衔，在将资源配置于研究或其他活动时拥有一定的发言权并影响着研究人员的决定，所以，关于被试者的伪装问题一直都是有争议的问题。[5] 会计审计判断研究人员应该尽其所能地避免被试者伪装，他们可以形成与被试者一起工作且诱使被试者认为这是其他判断研究人员感兴趣的研究的方式来规避这种伪装。[6]

会计和审计的其他研究

判断研究与会计和审计的其他研究之间的关系是互相促进的。判断研究对其他研究的影响到目前为止非常弱小。然而，在其他研究人员的著作中 (如 Hand，1990，资本市场的功能锁定)，已经有对判断研究成果的些许认同，可以公允地说，审计和其他判断工作几乎对会计审计的其他研究没有产生影响。这是由二者的侧重点不同所导致的。判断研究比大多数会计审计的其他研究要更具应用性、更注重经验科学，这使其更倾向于关注检验主要以经济学为基础的规范理论假设以及运用档案数

会计和审计中的判断与决策

据的描述性研究。另外，正如已经指出的那样，判断研究在许多其他研究人员认为重要的事项方面（例如激励、组织结构和总体行为）没有取得充分的进展，不易与那些研究人员对接。我们认为，判断研究正致力于加强那些对接（参见 Waller（本书第 2 章），Young and Lewis（本书第 3 章），Maines（本书第 4 章），以及 Berg，Dickhaut and McCabe（本书第 5 章）），但从目前来看，只能说潜力比贡献大得多。

会计审计研究中的其他领域对判断研究的影响要更加强烈。一般来说，非行为研究的研究结果（如生产变化分析、统计质量控制、经理人报酬、审计行业性质、证据的统计抽样以及会计规则对资本市场的影响）已经反映在判断研究中，通常体现在帮助创建被试者所处的实验环境。判断研究面临的一个主要挑战是，整合由其他研究人员快速发展的关于会计和审计情景的丰富认识，对这种认识的整合是判断研究前期阶段和诱发阶段的正常部分，因此，研究人员已经对此挑战有所认识。

我们注意到改进对接判断研究与会计审计的其他研究的两种方式可以使全体研究人员获益。一是可以加大联合发展理论的投入。判断方面的理论要比运用于其他领域的经济和组织理论更详细且更少起到决定性作用，因此，判断理论的观点可能有助于其他理论更接近经验范畴，其他理论更宽泛的观点可能有助于将判断理论连接起来形成一个前后更一致的整体。另一种改进是寻求判断研究成果的非行为或至少是非判断的佐证，从而帮助整合相关观点。有关的一个例子是 Gibbins et al.（1990）对财务披露的研究，它以采访和档案数据为基础，并发现了框架效应的证据和关于参与披露人员的各种明显的知觉机制。研究结果与判断研究的结果一致。另一个例子是 Dirsmith and Haskins（1991）对审计技术和结构的理论检验，在同一领域支持并扩展了判断研究结果（如 McDaniel，1990；Spires，1991）。

职业界和商业界的忧虑

会计审计判断研究是应用性的，因此，被试者和经营者自然会期待

第 9 章　会计审计判断研究的二十年

其为改进判断与决策作出贡献。正如 Messier（本书第 8 章）所指出的，贡献尤为突出的领域是决策辅助手段的开发。随着研究更有效地嵌入应用环境，贡献也逐步扩大，因此，决策辅助手段可能在那些环境中更加适用。正如 Ashton（1990）所示，决策辅助手段可能具有复杂效应。在该研究中，决策辅助手段降低了判断绩效，显然是因为被试者认为可选的决策辅助手段表明实验所涉及的任务比他们想象得更难，所以，他们没有运用自身的正常的专业技能。Ashton 的研究代表了一种研究方法，这种方法的使用频率貌似在增加，即研究决策辅助手段的价值而不是仅仅开发那些手段。此类其他研究还包括：McDaniel（1990）证实，如果考虑时间压力，结构化审计程序会降低而不是增加审计效果性；Emby（1991）对决策辅助手段（概率的图形演示）运用的研究克服了声称的人类信息处理的缺点；此外，还有大量关于运用电脑和其他教学辅助手段的"会计教育"研究。

通常，我们都期望判断研究中得到改进的任务和情景分析，能够对实务和经营有更大贡献。判断研究的记忆和心理表征部分能够在实务方面作出的贡献与未来预期有一定差距，因为对适用于会计审计任务的认知结构的理解仍是粗浅的，但有极大潜力，特别是因为该类研究与诸如专家系统和人工智能之类的决策辅助手段方面的电算化研究之间存在天然的联系（参见 Messier（本书第 8 章））。

会计审计研究因为声称缺乏现实世界的适用性而广受批评。典型的抱怨是会计研究倾向于在事情发生后再进行检验，而不是向参与者提供预测建议。判断研究不像会计审计的其他研究那样依赖档案数据，因此自然遭受较少的此类批评。判断研究经常被当前重要的经营或实务事项所诱发，比如，改进内部控制评价或其他审计技术的有效性，或者理解面对编制预算或接受预算评价的管理者的行为。另外，判断研究可用于处理"如果……那么……"式的问题，它们可用于探索备选方案并创造实验室外不存在相应情形的条件（参见 Swieringa and Weick，1982）。

1991 年美国会计学会年会的一个重点内容是讨论会计审计研究对实务的贡献的欠缺。然而，审计判断研究被特别指出比大多数领域所作

_279

出的贡献更大。成绩之一是，通过进行针对内部控制性质、验证程序的选择、审计方法的结构以及其他主题的各种实验，运用判断研究方法比其他方法更深刻地检验了审计哲学基础（Mautz and Sharaf，1961）。

学术性计划

会计审计判断研究对一般学术研究作出了贡献。其贡献体现在对以下一般问题的理解上：经营管理的效果性、外部审计和其他职业服务的质量、审计行业在商务和社会中的作用、财务报告的计量与披露、准则制定以及职业教育。会计审计判断研究的贡献可能由于研究主题的不断变换而减少，而这种变换是因为对一般判断基本学科的兴趣发生了变化，实务问题和研究热情也已变化。然而，该领域不停止发展脚步并将当前发展的事项纳入研究范围的做法可能成为其一种优势。假如该领域是动态发展的，则大量重要的发现可能需要较长时间搜集汇总，这也使其具备了更多的存续力量。

结 论

会计审计判断研究产生了大量且有趣的研究结果。该领域的挑战是将严密的研究技术应用于动态、复杂且内嵌于纷繁重要环境的任务中。研究人员已经认识到了该挑战，但是，最终成功还要依靠研究人员识别重大任务以及检验任务的技能，检验的方式需要维持任务在组织、经济、机构和技术方面的特征，而这些特征又使得执行任务的会计师和审计师以及依赖任务结果的人们认为任务是重要的。我们期待在接下来的20年里，会计审计判断研究能够更加关注判断任务以及执行任务的环境。

【注释】

　　[1] 鼓励财务会计准则委员会的成员和其工作人员发表个人看法。本章仅代表作者观点。财务会计准则委员会对会计问题的官方立场在通过大量的公允程序和审

议环节后确定。

［2］除本书其他章节的回顾之外，近期文献回顾的评论包括 Abdolmohammadi and Wright（1987），Ashton et al.（1988），Bedard（1989），Bedard and Chi（1993），Bonner and Lewis（1990），Bonner and Pennington（1991），Choo（1989），Davis and Solomon（1989），Dillard and Ferris（1989），Gibbins and Mason（1988），Hogarth（1991），Johnson et al.（1989），Libby（1990），以及 Solomon（1987）。其他回顾在下文中作为特别事项会有所提及。

［3］关于审计师个体差异和其他此类"个人"变量的研究同样表明了任务效用，参见 Dillard and Ferris（1989）以及 Pincus（1990）。

［4］这种情景的例子来自审计师自身的研究（Swieringa et al.，1976）。参见 Ashton（1984）根据审计环境改编的一系列建议的启发式与偏见情景。

［5］在一个近期的审计研究会议上，爆发了一个长期和刻薄的争议，即关于职业参与者的伪装问题，由于职业被试者的潜在影响，可能对职业团体和会计学术之间关系的损害更大。一些会计审计研究人员认为那种伪装应该予以禁止或者予以严格限制。参见 Gibbins（1992）。

［6］对与被试者工作联系过于紧密的危害以及可能造成的需求效应也同样进行了检验。参见 Pany & Reckers（1987）。

参考文献

Abarbanell, J., & Bernard, V. (1992). Tests of analysts' overreaction/underreaction to earnings information as an explanation for anomalous stock price behavior. *The Journal of Finance, 47*, 1181–1207.

Abdel-khalik, A.R. (1973). The effects of aggregating accounting reports on the quality of the lending decison: An empirical investigation. *Journal of Accounting Research, 11*, 104–138.

Abdel-khalik, A.R. (1974a). The entropy law, accounting data, and relevance to decision making. *The Accounting Review, 49*, 271–283.

Abdel-khalik, A.R. (1974b). On the efficiency of subject surrogation in accounting research. *The Accounting Review, 49*, 743–750.

Abdel-khalik, A.R., & El-Sheshai, K. (1980). Information choice and cue utilization in an experiment on default prediction. *Journal of Accounting Research, 18*, 325–342.

Abdel-khalik, A.R., & Keller, T.F. (1979). *Earnings or cash flows: An experiment on functional fixation and the valuation of the firm.* Studies in Accounting Research No. 16. Sarasota, FL: American Accounting Association.

Abdel-khalik, A.R., Snowball, D.A., & Wragge, J.H. (1983). The effects of certain internal audit variables on the planning of external audit programs. *The Accounting Review, 58*, 215–227.

Abdel–khalik, A.R., & Solomon, I. (Eds.) (1988). *Research Opportunities in Auditing: The Second Decade.* Sarasota, FL: American Accounting Association.

Abdolmohammadi, M.J. (1987). Decision support and expert systems in auditing: A review and research directions. *Accounting and Business Research, 17*, 173–185.

Abdolmohammadi, M.J. (1990). A taxonomy of audit task complexity and experience requirements in auditing: Implications for audit research and practice. Working Paper, Bentley College.

Abdolmohammadi, M.J. (1991). Error frequency utilization in tests of·controls: Decision aid and experience effects. Working Paper, Bentley College.

Abdolmohammadi, M.J., & Berger, P.D. (1986). A test of the accuracy of probability assessment techniques in auditing. *Contemporary Accounting Research, 3*, 149–183.

Abdolmohammadi, M.J., & Wright, A. (1987). An examination of the effects of experience and task complexity on audit judgments. *The Accounting Review, 62,* 1–13.

Acland, D. (1976). The effects of behavioral indicators on investors' decisions: An exploratory study. *Accounting, Organizations and Society, 1,* 133–142.

Affleck-Graves, J., Davis, L., & Mendenhall, R. (1990). Forecasts of earnings per share: Possible sources of analyst superiority and bias. *Contemporary Accounting Research, 6,* 501–517.

Akerlof, G., & Yellen, J. (1985). Can small deviations from rationality make significant differences to economic equilibria? *The American Economic Review, 75,* 708–720.

Alba, J., & Hutchinson, J.W. (1987). Dimensions of consumer expertise. *Journal of Consumer Research, 13,* 411–454.

Alchian, A.A. (1950). Uncertainty, evolution, and economic theory. *Journal of Political Economy, 58,* 211–221.

Aldag, R.J., & Power, D.J. (1986). An empirical strategy for implementing a decision support analysis. *Decision Sciences, 17,* 572–588.

Alm, J. (1991). A perspective on the experimental analysis of taxpayer reporting. *The Accounting Review, 66,* 577–593.

Altman, E.I. (1983). Multidimensional graphics and bankruptcy prediction: A comment. *Journal of Accounting Research, 21,* 297–299.

Altman, E.I., & McGough, T.P. (1974). Evaluation of a company as a going concern. *The Journal of Accountancy, 143,* 50–57.

American Accounting Association (1972). Report of the committee on accounting valuation bases. *The Accounting Review, 47* (Supplement), 534–573.

American Accounting Association (1973). Committee on basic auditing concepts. *A Statement of Basic Auditing Concepts.* Studies in Accounting Research No. 6. Sarasota, FL: Author.

American Accounting Association (1974). Report of the committee on the relationship of behavioral science and accounting. *The Accounting Review, 49* (Supplement), 127–139.

American Institute of Certified Public Accountants (1981). *Audit Sampling.* Statement on Auditing Standards No. 39. New York: Author.

American Institute of Certified Public Accountants (1983a). *Audit Risk and Materiality in Conducting an Audit.* Statement on Auditing Standards No. 47. New York: Author.

American Institute of Certified Public Accountants (1983b). *Audit Sampling.* Audit and Accounting Guide. New York: Author.

American Institute of Certified Public Accountants (1990). *Statements on Auditing Standards AU Section 312. Audit risk and materiality in conducting an audit.* AICPA Professional Standards: Statements on Auditing Standards. New York: Author.

Anderson, M. (1988). A comparative analysis of information search and evaluation of professional and non-professional financial analysts. *Accounting, Organizations and Society, 13,* 431–446.

Anderson, M., Anderson, U., Helleloid, R., Joyce, E., & Schadewald, M. (1990). Internal revenue service access to tax accrual workpapers: A laboratory investigation. *The Accounting Review, 65,* 857–874.

Anderson, U., & Wright, W.F. (1988). Expertise and the explanation effect. *Organizational Behavior and Human Decision Processes, 42,* 250–269.

Antle, R., & Smith, A. (1986). An empirical investigation of the relative performance evaluation of corporate executives. *Journal of Accounting Research, 24,* 1–39.

Arens, A.A., & Loebbecke, J.K. (1991). *Auditing: An Integrated Approach.* (Fifth edition). Englewood Cliffs, N.J.: Prentice Hall.

Arkes, H. R. (1991). Costs and benefits of judgment errors: Implications for debiasing. *Psychological Bulletin, 110*, 486–498.

Arkes, H.R., Dawes, R.M., & Christensen, C. (1986). Factors influencing the use of a decision rule in a probabilistic task. *Organizational Behavior and Human Decision Processes, 37*, 93–110.

Armitage, H.M., and Boritz, J.E. (1991). *Decision–support and expert systems for management accountants.* Hamilton, Ontario: The Society of Management Accountants of Canada.

Arrow, K. (1985). The economics of agency. In J. Pratt & A. Zeckhauser (Eds.), *Principals and Agents: The Structure of Business* (pp. 37–51). Cambridge, MA: Harvard Business School Press.

Ashton, A.H. (1982). The descriptive validity of normative decision theory in auditing contexts. *Journal of Accounting Research, 20*, 415–428.

Ashton, A.H. (1985). Does consensus imply accuracy in accounting studies of decision making? *The Accounting Review, 60*, 173–185.

Ashton, A.H. (1991). Experience and error frequency knowledge as potential determinants of audit expertise. *The Accounting Review, 66*, 218–239.

Ashton, A.H., & Ashton, R.H. (1988). Sequential belief revision in auditing. *The Accounting Review, 63*, 623–641.

Ashton, R.H. (1974a). An experimental study of internal control judgments. *Journal of Accounting Research, 12*, 143–157.

Ashton, R.H. (1974b). Cue utilization and expert judgments: A comparison of independent auditors with other judges. *Journal of Applied Psychology, 59*, 437–444.

Ashton, R.H. (1974c). The predictive-ability criterion and user prediction models. *The Accounting Review, 49*, 719–732.

Ashton, R.H. (1975). User prediction models in accounting: An alternative use. *The Accounting Review, 50*, 710–722.

Ashton, R.H. (1976). Cognitive changes induced by accounting changes: Experimental evidence on the functional fixation hypothesis. *Journal of Accounting Research, 14* (Supplement), 1–17.

Ashton, R.H. (1981a). A descriptive study of information evaluation. *Journal of Accounting Research, 19*, 42–61.

Ashton, R.H. (1981b). Some observations on the auditing research environment. In J.O. Mason (Ed.), *1981 Accounting Research Convocation* (pp. 85–96). Tuscaloosa, AL: University of Alabama.

Ashton, R.H. (1982). *Human information processing in accounting.* Studies in Accounting Research No. 17. Sarasota, FL: American Accounting Association.

Ashton, R.H. (1983). *Research in audit decision making: Rationale, evidence, and implications.* Research Monograph No. 6. Vancouver: Canadian Certified General Accountants Research Foundation.

Ashton, R.H. (1984). Integrating research and teaching in auditing: Fifteen cases on judgment and decision making. *The Accounting Review, 59*, 78–97.

Ashton, R.H. (1990). Pressure and performance in accounting decision settings: Paradoxical effects of incentives, feedback, and justification. *Journal of Accounting Research, 28* (Supplement), 148–180.

Ashton, R.H. (1992). Effects of justification and a mechanical aid on judgment performance. *Organizational Behavior and Human Decision Processes, 52*, 292–306.

Ashton, R.H. (1994). Decision research in taxation: Review, analysis, and recommended research agenda. Manuscript in Preparation.

Ashton, R.H., & Ashton, A.H. (1990). Evidence-responsiveness in professional judgment: Effects of positive versus negative evidence and presentation mode. *Organizational Behavior and Human Decision Processes, 46*, 1–19.

Ashton, R.H., & Brown, P.R. (1980). Descriptive modeling of auditors' internal control judgments: Replication and extension. *Journal of Accounting Research, 18*, 269–277.

Ashton, R.H., Kleinmuntz, D.N., Sullivan, J.B., & Tomassini, L.A. (1988). Audit decision making. In A.R. Abdel-khalik & I. Solomon (Eds.), *Research Opportunities in Auditing: The Second Decade* (pp. 95–132). Sarasota, FL: American Accounting Association.

Ashton, R.H., & Kramer, S.S. (1980). Students as surrogates in behavioral accounting research: Some evidence. *Journal of Accounting Research , 18*, 1–15.

Ashton, R.H., & Willingham, J.J. (1989). Using and evaluating audit decision aids. In R.P. Srivastava & J.E. Rebele (Eds.), *Auditing Symposium IX: Proceedings of the 1988 Touche Ross/University of Kansas Symposium on Auditing Problems* (pp. 1–25). Lawrence, KS: University of Kansas.

Awasthi, V., & Pratt, J. (1990). The effects of monetary incentives on effort and decision performance: The role of cognitive characteristics. *The Accounting Review, 65*, 797–811.

Bailey, C.D. (1990). CIAs and CPAs: Do they agree on internal accounting controls? *Internal Auditor*, 46–49.

Bailey, K.E., Bylinski, J., & Shields, M. (1983). Effect of audit report wording changes on the perceived message. *Journal of Accounting Research, 21*, 355–369.

Bailey, W. (1981). The effects of audit reports on chartered financial analysts' perceptions of the sources of financial-statement and audit-report messages. *The Accounting Review, 56*, 882–896.

Baiman, S. (1982). Agency research in managerial accounting: A survey. *Journal of Accounting Literature, 1*, 154–213.

Baiman, S. (1990). Agency research in managerial accounting: A second look. *Accounting, Organizations and Society, 15*, 341–371.

Baiman, S., & Evans, J.H. (1983). Pre-decision information and participative management control systems. *Journal of Accounting Research, 21*, 371–395.

Baiman, S., & Lewis, B. (1989). An experiment testing the behavioral equivalence of strategically equivalent employment contracts. *Journal of Accounting Research, 27*, 1–20.

Baker, C.R. (1977). Management strategy in a large accounting firm. *The Accounting Review, 52*, 576–586.

Bamber, E.M. (1983). Expert judgment in the audit team: A source reliability approach. *Journal of Accounting Research, 21*, 396–412.

Bamber, E.M., & Snowball, D. (1988). An experimental study of the effects of audit structure in uncertain task environments. *The Accounting Review, 63*, 490–504.

Bamber, E.M., Snowball, D. & Tubbs, R.M. (1989). Audit structure and its relation to role conflict and role ambiguity: An empirical investigation. *The Accounting Review, 64*, 285–299.

Bar-Hillel, M. (1990). Back to base rates. In R. Hogarth (Ed.), *Insights in Decision Making: A Tribute to Hillel J. Einhorn* (pp. 200–223). Chicago, IL: University of Chicago Press.

Barefield, R.M. (1972). The effect of aggregation on decision making success: A laboratory study. *Journal of Accounting Research, 10*, 229–242.

Barrett, M.E. (1971). Accounting for intercorporate investments: A behavioral field experiment. *Journal of Accounting Research, 9*, 50–65.

Beaver, W. (1973). What should be the FASB's objectives? *The Journal of Accountancy, 136*, 49–56.

Becker, G.S. (1976). *The Economic Approach to Human Behavior*. Chicago, IL: University of Chicago Press.

Becker, S., & Green, D. (1962). Budgeting and employee behavior. *Journal of Business, 35*, 392–402.

Bédard, J. (1989). Expertise in auditing: Myth or reality? *Accounting, Organizations and Society, 14*, 113–131.

Bédard, J. (1991). Expertise and its relation to audit decision quality. *Contemporary Accounting Research, 8*, 198–222. In French on pp. 223–252.

Bédard, J., & Chi, M.T.H. (1993). Expertise in auditing. *Auditing: A Journal of Practice & Theory, 12* (Supplement), 21–45.

Bedard, J.C. (1989). An archival investigation of audit program planning. *Auditing: A Journal of Practice & Theory, 8*, 57–71.

Bedard, J.C., & Biggs, S.F. (1991). Pattern recognition, hypotheses generation, and auditor performance in an analytical task. *The Accounting Review, 66*, 622–642.

Bedard, J.C., & Biggs, S.F. (forthcoming). The effect of domain-specific experience on evaluation of management representations in analytical procedures. *Auditing: A Journal of Practice & Theory*.

Belkaoui, A. (1983–84). The effects of diagnostic and redundant information on loan officers' predictions. *Accounting and Business Research, 14*, 249–256.

Bell, D.E., Raiffa, H., & Tversky, A. (Eds.) (1988). *Decision Making: Descriptive, Normative, and Prescriptive Interactions*. Cambridge, UK: Cambridge University Press.

Bell, T.B., Ribar, G.S., & Verchio, J.R. (1990). Neural nets vs. logistic regression: A comparison of each model's ability to predict commercial bank failures. In R.P. Srivastava (Ed.), *Auditing Symposium X: Proceedings of the 1990 Deloitte & Touche/University of Kansas Symposium on Auditing Problems* (pp. 29–53). Lawrence, KS: University of Kansas.

Bell, T.B., & Wright, A. (Eds.) (forthcoming). *Auditing Practice, Research, and Education: A Productive Collaboration*. New York: American Institute of Certified Public Accountants.

Benbasat, I., & Nault, B.R. (1990). An evaluation of empirical research in managerial support systems. *Decision Support Systems, 6*, 203–226.

Berg, J. (1990). The impact of controllability and informativeness on the use of public information in contracting: An experimental investigation. Working Paper, Washington University.

Berg, J., Coursey, D., & Dickhaut, J. (1990). Experimental methods in accounting: A discussion of recurring issues. *Contemporary Accounting Research, 6*, 825–849.

Berg, J., Daley, L., Dickhaut, J., & O'Brien, J. (1986) Controlling preferences for lotteries on units of experimental exchange. *Quarterly Journal of Economics, 101*, 281–306.

Berg, J., Daley, L., Dickhaut, J., & O'Brien, J. (1992). Moral hazard and risk sharing:

Experimental evidence. In M. Isaac (Ed.), *Research in experimental economics* (Vol. 5, pp. 1–34). Greenwich, CT: JAI Press.

Berg, J., Daley, L., Gigler, F., & Kanodia, C. (1990). *The value of communication in agency contracts: Theory and experimental evidence.* Vancouver: Canadian Certified General Accountants Research Foundation.

Berg, J., Dickhaut, J., & Kanodia, C. (1992). Information asymmetry and escalation: Can you make a case? Working Paper, University of Iowa and University of Minnesota.

Berg, J., Dickhaut, J., & Kanodia, C. (1993). The role of information asymmetry in escalation phenomena: Empirical evidence. Working Paper, University of Iowa and University of Minnesota.

Berg, J., Dickhaut, J., & McCabe, K. (1992). Risk preference instability across institutions: A dilemma. Working Paper, University of Iowa and University of Minnesota.

Berliner, J.S. (1956). A problem in Soviet business administration. *Administrative Science Quarterly, 1,* 86–101.

Bernard, V., & Thomas, J. (1989). Post-earnings-announcement drift: Delayed price response or risk premium? *Journal of Accounting Research, 27* (Supplement), 1–36.

Bernard, V., & Thomas, J. (1990). Evidence that stock prices do not fully reflect the implications of current earnings for future earnings. *Journal of Accounting and Economics, 13,* 305–340.

Bettman, J., & Weitz, B. (1983). Attributions in the board room: Causal reasoning in corporate annual reports. *Administrative Science Quarterly, 28,* 165–183.

Biggs, S.F. (1979). An empirical investigation of the information processes underlying four models of choice behavior. In T. Burns (Ed.), *Behavioral Experiments in Accounting II* (pp. 35–81). Columbus, OH: Ohio State University Press.

Biggs, S.F. (1984). Financial analysts' information search in the assessment of corporate earning power. *Accounting, Organizations and Society, 9,* 313–324.

Biggs, S.F., Bedard, J.C., Gaber, B.G., & Linsmeier, T.J. (1985). The effects of task size and similarity on the decision behavior of bank loan officers. *Management Science, 31,* 970–987.

Biggs, S.F., Messier, W.F., & Hansen, J.V. (1987). A descriptive analysis of computer audit specialists' decision-making behavior in advanced computer environments. *Auditing: A Journal of Practice & Theory, 6,* 1–21.

Biggs, S.F., & Mock, T.J. (1983). An investigation of auditor decision processes in the evaluation of internal controls and audit scope decisions. *Journal of Accounting Research, 21,* 234–255.

Biggs, S.F., Mock, T. & Watkins, P. (1988). Auditors' use of analytical review in audit program design. *The Accounting Review, 63,* 148–161.

Biggs, S.F., Selfridge, M., and Krupka, G.R. (1993). A computational model of auditor knowledge and reasoning processes in the going–concern judgment. *Auditing: A Journal of Practice & Theory, 12* (Supplement), 82–99.

Biggs, S.F., & Wild, J.J. (1984). A note on the practice of analytical review. *Auditing: A Journal of Practice & Theory, 3,* 68–79.

Biggs, S.F., & Wild, J.J. (1985). An investigation of auditor judgment in analytical review. *The Accounting Review, 60,* 607–633.

Binmore, K., Shaked, A., & Sutton, J. (1985). Testing noncooperative bargaining theory: A preliminary study. *The American Economic Review, 75,* 1178–1180.

Binmore, K., Shaked, A., & Sutton, J. (1988). A further test of noncooperative bargaining theory: Reply. *The American Economic Review, 78,* 837–839.

Birnberg, J.G., & Shields, J.F. (1989). Three decades of behavioral accounting research: A search for order. *Behavioral Research in Accounting, 1,* 23–74.

Birnberg, J.G., & Shields, M.D. (1984). The role of attention and memory in accounting decisions. *Accounting, Organizations and Society, 9,* 365–382.

Birnberg, J.G., Shields, M.D., & Young, S.M. (1990). The case for multiple methods in empirical management accounting research (with an illustration from budget setting). *Journal of Management Accounting Research, 2,* 33–66.

Birnberg, J.G., & Slevin, D. (1976). A note on the use of confidence interval statements in financial reporting. *Journal of Accounting Research, 14,* 153–157.

Blattberg, R.C., & Hoch, S.J. (1990). Database models and managerial intuition: 50% model + 50% manager. *Management Science, 36,* 887–899.

Blaug, M. (1980). *The methodology of economics.* Cambridge, UK: Cambridge University Press.

Blocher, E., & Cooper, J. (1988). A study of auditors' analytical review performance. *Auditing: A Journal of Practice and Theory, 7,* 1–28.

Boatsman, J.R., & Robertson, J.C. (1974). Policy-capturing on selected materiality judgments. *The Accounting Review, 49,* 342–352.

Bolton G. (1991). A comparative model of bargaining: Theory and evidence. *The American Economic Review, 81,* 1096–1136.

Bonner, S.E. (1990). Experience effects in auditing: The role of task-specific knowledge. *The Accounting Review, 65,* 72–92.

Bonner, S.E. (1991). Is experience necessary in cue measurement?: The case of auditing tasks. *Contemporary Accounting Research, 8,* 253–269.

Bonner, S.E., Davis, J.S., & Jackson, B.R. (1992). Expertise in corporate tax planning: The issue identification stage. *Journal of Accounting Research, 30* (Supplement), 1–28.

Bonner, S.E., Hastie, R., & Young, S.M. (1993). Incentive Effects on Cognition and Behavior. Work in Progress, University of Southern California.

Bonner, S.E., & Lewis, B.L. (1990). Determinants of auditor expertise. *Journal of Accounting Research, 28* (Supplement), 1–20.

Bonner, S.E., & Pennington, N. (1991). Cognitive processes and knowledge as determinants of auditor expertise. *Journal of Accounting Literature, 10,* 1–50.

Boritz, J.E. (1992). The use of artificial intelligence in auditing. Presentation at the XIV World Congress of Accountants, Washington, D.C., October 11–14.

Boritz, J.E., Gaber, B., and Lemon, W.M. (1987). An experimental study of review of preliminary audit strategy by external auditors. Toronto: Canadian Academic Accounting Association.

Boritz, J.E., and Wensley, A.K.P. (1990). Structuring the assessment of audit evidence – an expert systems approach. *Auditing: A Journal of Practice & Theory, 9* (Supplement), 49–87.

Boritz, J.E., and Wensley, A.K.P. (1992). Evaluating expert systems with complex outputs: The case of audit planning. *Auditing: A Journal of Practice & Theory, 11,* 14–29.

Bouwman, M. (1982). The use of accounting information: Expert versus novice behavior. In G. Ungson & D. Braunstein (Eds.), *Decision Making: An Interdisciplinary Inquiry* (pp. 134–167). Boston, MA: Kent.

Bouwman, M.J. (1984). Expert vs. novice decision making in accounting: A summary. *Accounting, Organizations and Society, 9*, 325–327.

Bouwman, M., Frishkoff, P., & Frishkoff, P. (1987). How do financial analysts make decisions?: A process model of the investment screening decision. *Accounting, Organizations and Society, 12*, 1–30.

Brinker, B.J. (1990). *Emerging Practices in Cost Management*. Boston, MA: Warren, Gorham & Lamont.

Brown, C. (1981). Human information processing for decisions to investigate cost variances. *Journal of Accounting Research, 19*, 62–85.

Brown, C. (1983). Effects of dynamic task environment on the learning of standard cost variance significance. *Journal of Accounting Research, 21*, 413–431.

Brown, C., & Solomon, I. (1990). Auditor configural information processing in control risk assessment. *Auditing: A Journal of Practice and Theory, 9*, 17–38.

Brown, C., & Solomon, I. (1991). Configural information processing in auditing: The role of domain-specific knowledge. *The Accounting Review, 66*, 100–119.

Brown, C.E., & Murphy, D.S. (1990). The use of auditing expert systems in public accounting. *Journal of Information Systems, 5*, 63–72.

Brown, C.E. (1991). Expert systems in public accounting: Current practice and future directions. *Expert Systems with Applications: An International Journal, 3*, 3–18.

Brown, P.R. (1983). Independent auditor judgment in the evaluation of internal audit functions. *Journal of Accounting Research, 21*, 444–455.

Brown, R.V., & Lindley, D.V. (1982). Judgment by reconciling incoherence. *Theory and Decision, 14*, 113–132.

Brownell, P. (1982). Participation in the budgetary process: When it works and when it doesn't. *Journal of Accounting Literature, 1*, 124–153.

Brunswik, E. (1952). *The Conceptual Framework of Psychology*. Chicago: University of Chicago Press.

Brunswik, E. (1955). Representative design and probabilistic theory in a functional psychology. *Psychological Review, 62*, 193–217.

Buchman, T. (1985). An effect of hindsight on predicting bankruptcy with accounting information. *Accounting, Organizations and Society, 10*, 267–286.

Bulmer, M. (1984). *The Chicago School of Sociology*. Chicago, IL: University of Chicago Press.

Bunn, D., & Wright, G. (1991). Interaction of judgmental and statistical forecasting methods: Issues & analysis. *Management Science, 37*, 501–518.

Burgstahler, D., & Sundem, G.L. (1989). The evolution of behavioral accounting research in the United States, 1967–1988. *Behavioral Research in Accounting, 1*, 75–108.

Burns, M., & Pearl, J. (1981). Causal and diagnostic inferences: A comparison of validity. *Organizational Behavior and Human Performance, 28*, 379–394.

Butler, S.A. (1985). Application of a decision aid in the judgmental evaluation of substantive test of details samples. *Journal of Accounting Research, 23*, 513–526.

Butler, S.A. (1986). Anchoring in the judgmental evaluation of audit samples. *The Accounting Review, 61*, 101–111.

Butt, J. (1988). Frequency judgments in an audit-related task. *Journal of Accounting Research, 26*, 315–330.

Butt, J., & Campbell, T.L. (1989). The effects of information order and hypothesistesting strategies on auditors' judgments. *Accounting, Organizations and Society, 14,* 471–479.

Camerer, C. (1981). General conditions for the success of bootstrapping models. *Organizational Behavior and Human Performance, 27,* 411–422.

Camerer, C. (1987). Do biases in probability judgment matter in markets?: Experimental evidence. *The American Economic Review, 77,* 981–997.

Camerer, C. (1989). An experimental test of several generalized utility theories. *Journal of Risk and Uncertainty, 2,* 61–104.

Camerer, C. (1990). Behavioral game theory. In R.M. Hogarth (Ed.), *Insights in Decision Making: A Tribute to Hillel J. Einhorn.* Chicago, IL: University of Chicago Press.

Camerer, C. (1992). The rationality of prices and volume in experimental markets. *Organizational Behavior and Human Decision Processes, 51,* 237–272.

Camerer, C., & Kunreuther, H. (1984). Linking individuals and markets through behavioral decision theory: An experimental approach. Working Paper, University of Pennsylvania.

Camerer, C., Loewenstein, G., & Weber, M. (1989). The curse of knowledge in economic settings. *Journal of Political Economy, 97,* 1232–1254.

Camerer, C., & Weigelt, K. (1991). Information mirages in experimental asset markets. *The Journal of Business, 64,* 463–493.

Caplan, E.H. (1966). Behavioral assumptions of management accounting. *The Accounting Review, 61,* 496–509.

Caplan, E.H. (1971). *Management Accounting and Behavioral Science.* Reading, MA: Addison-Wesley.

Carpenter, B.W., & Dirsmith, M.W. (1990). Materiality, qualitative considerations and professional standards: The relationship between the nature of debt extinguishment transactions and the boundedly rational materiality judgments of auditors. Working Paper, Pennsylvania State University.

Carroll, B. (1987). Expert systems for clinical diagnosis: Are they worth the effort? *Behavioral Science, 32,* 274–292.

Casey, C. (1980a). The usefulness of accounting ratios for subjects' predictions of corporate failure: Replication and extensions. *Journal of Accounting Research, 18,* 603–613.

Casey, C. (1980b). Variation in accounting information load: The effect on loan officers' predictions of bankruptcy. *The Accounting Review, 55,* 36–49.

Casey, C. (1983). Prior probability disclosure and loan officers' judgments: Some evidence of the impact. *Journal of Accounting Research, 21,* 300–307.

Casey, C., & Selling, T. (1986). The effect of task predictability and prior probability disclosure on judgment quality and confidence. *The Accounting Review, 61,* 302–317.

Chakravarti, D., Mitchell, A., & Staelin, R. (1979). Judgment based marketing decision models: An experimental investigation of the decision calculus approach. *Management Science, 25,* 251–263.

Chalos, P. (1985). Financial distress: A comparative study of individual, model and committee assessments. *Journal of Accounting Research, 23,* 527–543.

Chalos, P., & Haka, S. (1989). Participative budgeting and managerial performance. *Decision Sciences, 20,* 334–347.

Chalos, P., & Haka, S. (1990). Transfer pricing under bilateral bargaining. *The Accounting Review, 65,* 624–641.

Chalos, P., & Pickard, S. (1985). Information choice and cue use: An experiment in group information processing. *Journal of Applied Psychology, 70,* 634–641.

Chernoff, H., & Rizvi, M. (1975). Effect of classification error on random permutations of features in representing multivariate data by faces. *Journal of the American Statistical Association, 70,* 548–554.

Chesley, G.R. (1975). Elicitation of subjective probabilities: A review. *The Accounting Review, 50,* 325–337.

Chew, S.H., & Waller, W.S. (1986). Empirical tests of weighted utility theory. *Journal of Mathematical Psychology, 30,* 55–72.

Chewning, E., & Harrell, A. (1990). The effect of information load on decision makers' cue utilization levels and decision quality in a financial distress decision task. *Accounting, Organizations and Society, 15,* 527–542.

Choo, F. (1989). Expert-novice differences in judgment/decision making research. *Journal of Accounting Literature, 8,* 106–136.

Choo, F. (1991). An analysis of auditor's scriptal knowledge content and judgments. Working Paper, University of New South Wales.

Choo, F., & Trotman, K.T. (1991). The relationship between knowledge structures and judgments for experienced and inexperienced auditors. *The Accounting Review, 66,* 464–485.

Chow, C. (1983). The effects of job standard tightness and compensation scheme on performance: An exploration of linkages. *The Accounting Review, 58,* 667–685.

Chow, C., Cooper, J., and Haddad, K. (1991a). The effects of pay schemes and ratchets on budgetary slack and performance: A multiperiod experiment. *Accounting, Organizations and Society, 16,* 47–60.

Chow, C., Cooper, J., and Haddad, K. (1991b). Participative budgeting: The multi-period incentive effects of pay schemes and ratchets under state uncertainty. In S. Moriarity (Ed.), *Accounting, Communication and Monitoring* (pp. 65–79). Norman, OK: The University of Oklahoma Center for Economic and Management Research.

Chow, C., Cooper, J., and Waller, W. (1988). Participative budgeting: Effects of a truth-inducing pay scheme and information asymmetry on slack and performance. *The Accounting Review, 63,* 111–122.

Chow, C., and Haddad, K. (1991). Relative performance evaluation and risk taking in delegated investment decisions. *Decision Sciences, 22,* 583–593.

Chow, C., McNamee, A., and Plumlee, D. (1987). Practitioners' perceptions of audit step difficulty and criticalness: Implications for audit research. *Auditing: A Journal of Practice & Theory, 6,* 123–133.

Chow, C., Shields, M.D., and Chan, Y.K. (1991). The effects of management controls and national culture on manufacturing performance: An experimental investigation. *Accounting, Organizations and Society, 16,* 209–226.

Colbert, J. (1988). Inherent risk: An investigation of auditors' judgments. *Accounting, Organizations and Society, 13,* 111–121.

Colbert, J. (1989). The effect of experience on auditors' judgments. *Journal of Accounting Literature, 8,* 137–149.

Committee on Accounting Valuation Bases (1972). Report of the committee on accounting valuation bases. *The Accounting Review, 48* (Supplement), 535–573.

Cooper, R., & Kaplan, R.S. (1991). *The design of cost management systems: Text, cases, and readings.* Englewood Cliffs, NJ: Prentice-Hall.

Cooper, R.B., & Zmud, R.W. (1990). Information technology implementation research: A technological diffusion approach. *Management Science, 36,* 123–139.

Corless, J.C. (1972). Assessing prior distributions for applying Bayesian statistics in auditing. *The Accounting Review, 47,* 556–566.

Cornelius, E.T., and Lyness, K.S. (1980). A comparison of holistic and decomposed judgment strategies in job analysis by job incumbents. *Journal of Applied Psychology, 65,* 155–163.

Coutts, K.J. (1987). Average cost pricing. In J. Eatwell, M. Milgate & P. Newman (Eds.), *The new palgrave: A dictionary of economics* (pp. 158–159). London: Macmillan.

Cox, J.C., & Isaac, R.M. (1986). Experimental economics and experimental psychology: Ever the twain shall meet? In A.J. MacFayden and H.W. MacFayden (Eds.), *Economic psychology: Intersections in Theory and Applications* (pp. 647–669). Dordrecht, Netherlands: North-Holland.

Craik, F.I.M., & Tulving, E. (1975). Depth of processing and the retention of words in episodic memory. *Journal of Experimental Psychology: General, 104,* 268–294.

Crosby, M.A. (1981). Bayesian statistics in auditing: A comparison of probability elicitation techniques. *The Accounting Review, 56,* 355–365.

Cushing, B.E. (1974). A mathematical approach to the analysis and design of internal control systems. *The Accounting Review, 49,* 24–41.

Cushing, B.E., & Loebbecke, J.K. (1983). Analytical approaches to audit risk: A survey and analysis. *Auditing: A Journal of Practice and Theory, 3,* 23–41.

Cushing, B.E., & Loebbecke, J.K. (1986). *Comparison of audit methodologies of large accounting firms.* Studies in Accounting Research No. 26. Sarasota, FL: American Accounting Association.

Cyert, R.M., & March, J.G. (1963). *A Behavioral Theory of the Firm.* Englewood Cliffs, NJ: Prentice-Hall.

Dacey, R., & Ward, B. (1985). On the fundamental nature of professional opinions: The traditional, Bayesian, and epistemic methods of attestation. In A.R. Abdel-khalik & I. Solomon (Eds.), *Audit Research Symposium 1984* (pp. 63–91). Urbana, IL: University of Illinois.

Dalton, M. (1959). *Men Who Manage.* New York: Wiley.

Daniel, S.J. (1988). Some empirical evidence about the assessment of audit risk in practice. *Auditing: A Journal of Practice & Theory, 7,* 174–181.

Danos, P., Holt, D., & Imhoff, E. (1984). Bond raters' use of management financial forecasts: Experiment in expert judgment. *The Accounting Review, 59,* 547–573.

Danos, P., Holt, D., & Imhoff, E. (1989). The use of accounting information in bank lending decisions. *Accounting, Organizations and Society, 14,* 235–246.

Davis, D., & Holt, C. (1993). *Experimental Economics.* Princeton, NJ: Princeton University Press.

Davis, J., & Solomon, I. (1989). Experience, expertise, and expert-performance research in public accounting. *Journal of Accounting Literature, 8,* 150–164.

Davis, J., & Swenson, C. (1988). Role of experimental economics in tax policy research. *The Journal of the American Taxation Association, 10,* 40–59.

Davis, L. (1989). Report format and the decision makers' task: An experimental investigation. *Accounting, Organizations and Society, 14,* 495–508.

Dawes, R.M. (1979). The robust beauty of improper linear models in decision making. *The American Psychologist, 34,* 571–582.

Dawes, R.M., Faust, D., & Meehl, P.E. (1989). Clinical versus actuarial judgment. *Science, 243,* 1668–1674.

DeBondt, W., & Thaler, R. (1985). Does the stock market overreact? *The Journal of Finance, 40,* 793–807.

DeBondt, W., & Thaler, R. (1987). Further evidence on investor overreaction and stock market seasonality. *The Journal of Finance, 42,* 557–581.

DeBondt, W., & Thaler, R. (1990). Do security analysts overreact? *The American Economic Review, 80,* 52–57.

DeJong, D., & Forsythe, R. (1992). A perspective on the use of laboratory market experimentation in auditing research. *The Accounting Review, 67,* 157–170.

DeJong, D., Forsythe, R., & Uecker, W. (1985). The methodology of laboratory markets and its implications for agency research in accounting and auditing. *Journal of Accounting Research, 23,* 753–793.

Delisio, J., McGowan, M., and Hamscher, W. (1993). PLANET: An expert system for audit risk assessment and planning. PW-TR-No. 30, Price Waterhouse Technology Centre.

DeLong, J., Shleifer, A., Summers, L., & Waldmann, R. (1991). The survival of noise traders in financial markets. *The Journal of Business, 64,* 1–20.

Demsetz, H. (1982). *Economic, Legal, and Political Dimensions of Competition.* Amsterdam: North-Holland.

Demski, J.S. (1980). *Information Analysis* (2nd Edition). Reading, MA: Addison-Wesley.

Demski, J.S., & Feltham, G.A. (1976). *Cost Determination: A Conceptual Approach.* Ames, IA: Iowa State University Press.

Demski, J.S., & Feltham, G.A. (1978). Economic incentives in budgetary control systems. *The Accounting Review, 53,* 336–359.

Demski, J.S., & Kreps, D.M. (1982). Models in managerial accounting. *Journal of Accounting Research, 20* (Supplement), 117–148.

DeSanctis, G., & Jarvenpaa, S. (1989). Graphical presentation of accounting data for financial forecasting: An experimental investigation. *Accounting, Organizations and Society, 14,* 509–525.

DeSarbo, W.S., Libby, R., & Jedidi, K. (1994). Catscale: A new stochastic multidimensional scaling methodology for the spatial analysis of sorting data and the study of stimulus categorization. *Computational Statistics and Data Analysis, 18,* 165–184.

Dickhaut, J. (1973). Alternative information structures and probability revision. *The Accounting Review, 48,* 61–79.

Dickhaut, J.W., & Lere, J.C. (1983). Comparison of accounting systems and heuristics in selecting economic optima. *Journal of Accounting Research, 21,* 495–513.

Dillard, J.F., & Ferris, K.R. (1989). Individual behavior in professional accounting firms: A review and synthesis. *Journal of Accounting Literature, 8,* 208–234.

Dillard, J.F., & Fisher, J.G. (1990). Compensation schemes, skill level and task performance: An experimental examination. *Decision Sciences, 21,* 121–137.

Dirsmith, M., & Covaleski, M. (1985). Informal communications, nonformal communications and mentoring in public accounting firms. *Accounting, Organizations and Society, 10,* 149–169.

Dirsmith, M., & Haskins, M.E. (1991). Inherent risk assessment and audit firm technology: A contrast in world theories. *Accounting, Organizations and Society, 16,* 61–90.

Dopuch, N., & King, R.R. (1991). *Experimental tests of auditing as a credibility generating mechanism*. Research Monograph No. 19. Vancouver: Canadian Certified General Accountants Research Foundation.

Dopuch, N., & Ronen, J. (1973). The effects of alternative inventory valuation methods: An experimental study. *Journal of Accounting Research, 11*, 191–211.

Dorward, N. (1987). *The Pricing Decision: Economic Theory and Business Practice*. London: Harper & Row.

Doupnik, T., & Rolfe, R. (1989). The relevance of aggregation of geographic area data in the assessment of foreign investment risk. In *Advances in Accounting* (Vol. 7, pp. 51–65). Greenwich, CT: JAI Press.

Duh, R., & Sunder, S. (1986). Incentives, learning and processing of information in a market environment: An examination of the base-rate fallacy. In S. Moriarity (Ed.), *Laboratory Market Research* (pp. 50–79). Norman, OK: University of Oklahoma, Center for Economic and Management Research.

Dungan, C.W., and Chandler, J.S. (1985). AUDITOR: A microcomputer-based expert system to support auditors in the field. *Expert Systems, 2*, 210–221.

Dybvig, P., & Ross, S. (1987). Arbitrage. In J. Eatwell, M. Milgate, & P. Newman (Eds.), *The New Palgrave: A Dictionary of Economics* (Vol. 1, pp. 100–106). London: Macmillan.

Dyckman, T.R. (1964). On the investment decision. *The Accounting Review, 39*, 285–295.

Dyckman, T.R., Gibbins, M., & Swieringa, R.J. (1978). Experimental and survey research in financial accounting: A review and evaluation. In A.R. Abdel-khalik & T.F. Keller (Eds.), *The Impact of Accounting Research on Practice and Disclosure* (Part 2, pp. 48–105). Durham, NC: Duke University Press.

Dyckman, T.R., Hoskin, R.E., & Swieringa, R.J. (1982). An accounting change and information processing changes. *Accounting, Organizations and Society, 7*, 1–12.

Dyer, W.G., & Page, R.A. (1988). The politics of innovation. *Knowledge in Society, 1*, 23–41.

Ebert, R., & Kruse, T. (1978). Bootstrapping the security analyst. *Journal of Applied Psychology, 63*, 110–119.

Eggertsson, T. (1990). *Economic Behavior and Institutions*. Cambridge, UK: Cambridge University Press.

Einhorn, H.J. (1972). Expert measurement and mechanical combination. *Organizational Behavior and Human Performance, 7*, 86–106.

Einhorn, H.J. (1976). A synthesis: Accounting and behavioral science. *Journal of Accounting Research, 14* (Supplement), 196–206.

Einhorn, H.J. (1980). Learning from experience and suboptimal rules in decision making. In T. Wallsten (Ed.), *Cognitive Processes in Choice and Decision Behavior* (pp. 1–20). Hillsdale, NJ: Erlbaum.

Einhorn, H.J. (1988). Diagnosis and causality in clinical and statistical prediction. In D.C. Turk & P. Salovey (Eds.), *Reasoning, Inference and Judgment In Clinical Psychology* (pp. 51–70). New York: Free Press.

Einhorn, H.J., & Hogarth, R.M. (1978). Confidence in judgment: Persistence of the illusion of validity. *Psychological Review, 85*, 395–416.

Einhorn, H.J., & Hogarth, R.M. (1981a). Rationality and the sanctity of competence. *The Behavioral and Brain Sciences, 4*, 334–335.

Einhorn, H.J., & Hogarth, R.M. (1981b). Behavioral decision theory: Processes of judgment and choice. *Annual review of psychology, 32*, 53–88.

Einhorn, H.J., & Hogarth, R.M. (1981c). Behavioral decision theory: Processes of judgment and choice. *Journal of Accounting Research, 19,* 1–41.

Einhorn, H.J., & Hogarth, R.M. (1985). A contrast/suprise model for updating beliefs. Working Paper, University of Chicago.

Einhorn, H.J., Kleinmuntz, D., & Kleinmuntz, B. (1979). Linear regression and process-tracing models of judgment. *Psychological Review, 86,* 465–485.

Elias, N. (1972). The effects of human asset statements on the investment decision: An experiment. *Journal of Accounting Research, 10,* 215–233.

Elliott, R.K. (1983). Unique audit methods: Peat Marwick International. *Auditing: A Journal of Practice and Theory, 2,* 1–12.

Elliott, R.K., & Jacobson, P.D. (1987). Audit technology: A heritage and a promise. *The Journal of Accountancy, 166,* 198–218.

Elliott, R.K., & Kielich, J.A. (1985). Expert systems for accountants. *The Journal of Accountancy, 164,* 126–134.

Emby, C. (1991). Sequential belief revision and subjective probability: An experiment in auditing judgment. Working Paper, Simon Fraser University.

Emby, C., & Gibbins, M. (1988). Good judgment in public accounting: Quality and justification. *Contemporary Accounting Research, 4,* 287–313.

Enis, C. (1988). The impact of current-value data on the predictive judgments of investors. *Accounting, Organizations and Society, 13,* 123–145.

Epstein, S. (1992). Testing principal-agent theory. In M. Isaac (Ed.), *Research in Experimental Economics* (Vol. 5, pp. 35–60). Greenwich, CT: JAI Press.

Ericsson, K.A., & Simon, H.A. (1980). Verbal reports as data. *Psychological Review, 87,* 215–251.

Estes, R., & Reimer, M. (1977). A study of the effect of qualified auditors opinions on bankers' lending decisions. *Accounting and Business Research, 28,* 250–259.

Estes, R., & Reimer, M. (1979). An experimental study of the differential effect of standard and qualified auditors' opinions on investors' price decisions. *Accounting and Business Research, 9,* 157–162.

Felix, W.L. (1976). Evidence on alternative means of assessing prior probability distributions for audit decision making. *The Accounting Review, 51,* 800–807.

Felix, W.L., & Kinney, W.R. (1982). Research in the auditor's opinion formulation process: The state of the art. *The Accounting Review, 57,* 245–271.

Feltham, G.A. (1972). *Information evaluation.* Studies in Accounting Research No. 5. Evanston, IL: American Accounting Association.

Fiedler, K. (1982). Causal schemata: Review and criticism of a popular construct. *Journal of Personality and Social Psychology, 42,* 1001–1013.

Financial Accounting Standards Board (1978). *Objectives of financial reporting by business enterprises.* Statement of Financial Accounting Concepts No. 1. Stamford, CT: Financial Accounting Standards Board.

Firth, M. (1979). Consensus views and judgment models in materiality decisions. *Accounting, Organizations and Society, 4,* 283–295.

Fischhoff, B. (1982). Debiasing. In D. Khaneman, P. Slovic, & A. Tversky (Eds.), *Judgment under Uncertainty: Heuristics and Biases* (pp. 422–444). New York: Cambridge University Press.

Forsythe, R. (1986). The application of laboratory methods to testing theories of resource allocation under uncertainty. In B. Gilad & S. Kaish (Eds.), *The Handbook of Behavioral Economics* (pp. 19–60). Greenwich, CT: JAI Press.

Forsythe, R., Horowitz, J., Savin, N.E., & Sefton, M. (1989). Replicability, fairness, and pay in experiments with simple bargaining games. Working Paper, University of Iowa.

Forsythe, R., & Lundholm, R. (1990). Information aggregation in an experimental market. *Econometrica, 58*, 309–347.

Forsythe, R., Nelson, F., Neumann, G., & Wright, J. (1992). Anatomy of an experimental political stock market. *The American Economic Review, 82*, 1142–1161.

Forsythe, R., Palfrey, T., & Plott, C. (1982). Asset valuation in an experimental market. *Econometrica, 50*, 537–567.

Forward, J. (1969). Group achievement motivation and individual motives to achieve success and to avoid failure. *Journal of Personality, 37*, 297–309.

Francis, J., & Philbrick, D. (1993). Analysts' decisions as products of a multi-task environment. *Journal of Accounting Research, 31*, 216–230.

Frank, S.J. (1988). What AI practitioners should know about the law, part I. *AI Magazine, 9*, 63–75.

Frazer, J. (1922). *The Golden Bough: A Study in Magic and Religion* (Vol. 22, pp. 12–43, 58–69). New York: Macmillan.

Frederick, D.M. (1991). Auditors' representation and retrieval of internal control knowledge. *The Accounting Review, 66*, 240–258.

Frederick, D.M., Heiman-Hoffman, V., & Libby, R. (1994). The structure of auditors' knowledge of financial statement errors. *Auditing: A Journal of Practice & Theory, 13*, 1–21.

Frederick, D.M., & Libby, R. (1986). Expertise and auditors' judgments of conjunctive events. *Journal of Accounting Research, 24*, 270–290.

Frederickson, J.R. (1992). Relative performance information: The effects of common uncertainty and contract type on agents' effort levels. *The Accounting Review, 67*, 647–669.

Friedman, M. (1953). *Essays in Positive Economics.* Chicago, IL: University of Chicago Press.

Frishkoff, P., Frishkoff, P.A., & Bouwman, M.J. (1984). Use of accounting data in screening by financial analysts. *Journal of Accounting, Auditing and Finance, 8*, 44–53.

Ganguly, A., Kagel, J., & Moser, D. (1994). The effects of biases in probability judgments on market prices. *Accounting, Organizations and Society, 19*, 675–700.

Garb, H.N. (1989). Clinical judgment, clinical training, and professional experience. *Psychological Bulletin, 105*, 387–396.

Gaumnitz, B.R., Nunamaker, T.R., Surdick, J.J., & Thomas, M.F. (1982). Auditor consensus in internal control evaluation and audit program planning. *Journal of Accounting Research, 20*, 745–755.

Gibbins, M. (1977). A behavioral approach to auditing research. In *Symposium on Auditing Research 2* (pp. 141–186). Champaign, IL: University of Illinois.

Gibbins, M. (1984). Propositions about the psychology of professional judgment in public accounting. *Journal of Accounting Research, 22*, 103–125.

Gibbins, M. (1992). Deception: A tricky issue for behavioral research in accounting and auditing. *Auditing: A Journal of Practice & Theory, 11*, 113–126.

Gibbins, M., & Emby, C. (1984). Evidence on the nature of professional judgment in public accounting. *In Auditing Research Symposium 1984* (pp. 181–212). Champaign, IL: University of Illinois.

Gibbins, M., & Jamal, K. (1993). Problem-centred research and knowledge-based theory in the professional accounting setting. *Accounting, Organizations and Society, 18*, 451–466.

Gibbins, M., & Mason, A.K. (1988). *Professional judgment in financial reporting*. Toronto: Canadian Institute of Chartered Accountants.

Gibbins, M., & Newton, J. (1987). Behavioral research, reporting standards and the usefulness of information. In P.A. Griffin (Ed.), *Usefulness to Investors and Creditors of Information Provided by Financial Reporting* (2nd edition, pp. 85–114). Stamford, CT: Financial Accounting Standards Board.

Gibbins, M., Richardson, A., & Waterhouse, J. (1990). The management of corporate financial disclosure: Opportunism, ritualism, policies, and processes. *Journal of Accounting Research, 28*, 121–143.

Gibbins, M., Richardson, A., & Waterhouse, J. (1992). *The Management of Financial Disclosure: Theory and Perspectives*. Vancouver: Canadian Certified General Accountants Research Foundation.

Gibbins, M., Shaver, J.M., & Emby, C. (1991). Framed activation: A cognitive model for the application of individual and group professional knowledge to an auditing task. Working Paper, University of Alberta.

Gibbins, M., & Wolf, F.M. (1982). Auditors' subjective decision environment: The case of a normal external audit. *The Accounting Review, 57*, 105–124.

Gilad, B., & Kaish, S. (Eds.). (1986). *Handbook of behavioral economics*. (Vols 1a and 1b). Greenwich, CT: JAI Press.

Goldberg, L. (1968). Simple models or simple processes? Some research on clinical judgments. *The American Psychologist, 23*, 483–496.

Gonedes, N. (1972). Efficient capital markets and external accounting. *The Accounting Review, 47*, 11–21.

Gonedes, N., & Dopuch, N. (1974). Capital market equilibrium, information production, and selecting accounting techniques: Theoretical framework and review of empirical work. *Journal of Accounting Research, 12* (Supplement), 48–129.

Graham, L.E., Damens, J., & VanNess, G. (1991). Developing risk advisor[sm]: An expert system for risk identification. *Auditing: A Journal of Practice & Theory, 10*, 69–96.

Green, P.E., Robinson, P.J., & Fitzroy, P.T. (1967). *Experiments on the Value of Information in Simulated Marketing Environments*. Boston, MA: Allyn and Bacon.

Gresik, T., & Satterthwaite, M. (1989). The rate at which a simple market converges to efficiency as the number of traders increases: An asymptotic result for optimal trading mechanisms. *Journal of Economic Theory, 48*, 304–332.

Grether, D.M. (1980). Bayes rule as a descriptive model: The representativeness heuristic. *The Quarterly Journal of Economics, 95*, 537–557.

Grether, D.M., & Plott, C.R. (1979). Economic theory of choice and the preference reversal phenomenon. *The American Economic Review, 69*, 623–638.

Griffin, P. (1987). *Usefulness to Investors and Creditors of Information Provided by Financial Reporting* (2nd edition). Stamford, CT: Financial Accounting Standards Board.

Groves, T. (1973). Incentives in teams. *Econometrica, 41*, 617–631.

Groves, T., & Loeb, M. (1979). Incentives in a divisionalized firm. *Management Science, 25*, 221–230.

Guth, W., Schmittberger, R., & Schwarze, B. (1982). An experimental analysis of ultimatum bargaining. *Journal of Economic Behavior and Organization, 3*, 367–388.

Hagafors, R., & Brehmer, B. (1983). Does having to justify one's judgments change the nature of the judgment process? *Organizational Behavior and Human Decision Processes, 31*, 223–232.

Hall, R.L., & Hitch, C.J. (1939). Price theory and business behavior. *Oxford Economic Papers, 2,* 12–45.

Haltiwanger, J., & Waldman, M. (1985). Rational expectations and the limits of rationality: An analysis of heterogeneity. *The American Economic Review, 75,* 326–340.

Hamilton, R.E., & Wright, W.F. (1982). Internal control judgments and effects of experience: Replications and extensions. *Journal of Accounting Research, 20,* 756–765.

Hammond, K.R., Hamm, R.M., Grassia, J. & Pearson, T. (1989). Direct comparison of the efficacy of intuitive and analytical cognition in expert judgment. *IEEE Transactions on Systems, Man, and Cybernetics, 17,* 753–770.

Hamscher, W. (1992). Modeling accounting systems to support multiple tasks: A progress report. *Proceedings of the 10th National Conference on Artificial Intelligence,* 519–524.

Hand, J.R.M. (1990). A test of the extended functional fixation hypothesis. *The Accounting Review, 65,* 739–763.

Hand, J.R.M., & Maines, L. (1994). The role of cognitive biases in individuals' ability to forecast typical quarterly EPS series. Unpublished Working Paper, Duke University.

Hansen, J.V., Koehler, G.J., Messier, Jr., W.F., & Mutchler, J.R. (1993). Developing expert system knowledge structures: A comparison of inductively generated rules and LOGIT. *Decision Support Systems, 9,* 235–243.

Hansen, J.V., & Messier, W.F. (1986a). A knowledge based, expert system for auditing advanced computer systems. *European Journal of Operational Research, 26,* 371–379.

Hansen, J.V., & Messier, W.F. (1986b). A preliminary investigation of EDP-XPERT. *Auditing: A Journal of Practice & Theory, 6,* 109–123.

Hansen, J.V., & Messier, W.F. (1991). Artificial neural networks: Foundations and application to a decision problem. *Expert Systems With Applications: An International Journal, 3,* 135–141.

Harper, R.M., Mister, W.G., & Stawser, J.R. (1987). The impact of new pension disclosure rules on perceptions of debt. *Journal of Accounting Research, 25,* 327–330.

Harre, R., & Secord, P.F. (1972). *The Explanation of Social Behaviour.* Oxford, UK: Basil Blackwell.

Harrison G., & McCabe K. (1992a). Testing non-cooperative bargaining in experiments. In M. Isaac (Ed.), *Research in Experimental Economics* (Vol. 5, pp. 137–169). Greenwich, CT: JAI Press.

Harrison G., & McCabe K. (1992b). Expectations and fairness in a simple bargaining experiment. Working Paper, University of South Carolina and University of Minnesota.

Harvey, D., Rhode, J., & Merchant, K. (1979). Accounting aggregation: User preferences and decision making. *Accounting, Organizations and Society, 4,* 187–210.

Hasher, L., & Zacks, R.T. (1984). Automatic processing of fundamental information: The case of frequency of occurrence. *The American Psychologist, 39,* 1372–1378.

Hayek, F.A. (1948). The meaning of competition. In *Individualism and Economic Order* (pp. 92–106). Chicago, IL: University of Chicago Press.

Heiman, V.B. (1990). Auditors' assessments of the likelihood of error explanations in analytical review. *The Accounting Review, 65,* 875–890.

Heiman-Hoffman, V.B. (1992). Experience effects in analytical review: The relation between knowledge and judgment. Working Paper, University of Pittsburgh.

Heintz, J.A. (1973). Price-level restated financial statements and investment decision making. *The Accounting Review, 48,* 679–689.

Heintz, J.A., & White, G.B. (1989). Auditor judgment in analytical review: Some further evidence. *Auditing: A Journal of Practice & Theory, 8,* 22–39.

Hendricks, J. (1976). The impact of human resource accounting information on stock investment decisions: An empirical study. *The Accounting Review, 51,* 292–305.

Hill, G.W. (1982). Group versus individual performance: Are N+1 heads better than one? *Psychological Bulletin, 91,* 517–539.

Hilton, R.W. (1980). Integrating normative and descriptive theories of information processing. *Journal of Accounting Research, 18,* 477–505.

Hilton, R.W., & Swieringa, R.J. (1981). Perception of initial uncertainty as a determinant of information value. *Journal of Accounting Research, 19,* 109–119.

Hilton, R.W., & Swieringa, R.J. (1982). Decision flexibility and perceived information value. *Decision Sciences, 13,* 357–379.

Hilton, R.W., Swieringa, R.J., & Hoskin, R. (1981). Perception of accuracy as a determinant of information value. *Journal of Accounting Research, 19,* 86–108.

Hilton, R.W., Swieringa, R.J., & Turner, M.J. (1988). Product pricing, accounting costs, and use of product-costing systems. *The Accounting Review, 53,* 195–215.

Hite, P. (1987). An application of meta-analysis for bankruptcy prediction studies. *Organizational Behavior and Human Decision Processes, 39,* 155–161.

Hoffman E., McCabe K., Shachat, K., & Smith V. (1992). Fairness or right: A reexamination of bargaining experiments. Working Paper, University of Minnesota and University of Arizona.

Hoffman, E., & Spitzer, M.L. (1982). The Coase theorem: Some experimental results. *Journal of Law & Economics, 25,* 73–98.

Hoffman, E., & Spitzer, M.L. (1985). Entitlements, rights, and fairness: An experimental examination of subjects' concepts of distributive justice. *Journal of Legal Studies, 14,* 259–297.

Hoffman, P.J., Slovic, P., & Rorer, L.G. (1968). An analysis-of-variance model for the assessment of configural cue utilization in clinical judgment. *Psychological Bulletin, 69,* 338–349.

Hofstedt, T. (1972). Some behavioral parameters of financial analysis. *The Accounting Review, 47,* 679–692.

Hogarth, R.M. (1991). A perspective on cognitive research in accounting. *The Accounting Review, 66,* 277–290.

Hogarth, R.M. (1993). Accounting for decisions and decisions for accounting. *Accounting, Organizations and Society, 18,* 407–424.

Hogarth, R.M., Gibbs, B.J., McKenzie, C.R.M., & Marquis, M.A. (1991). Learning from feedback: Exactingness and incentives. *Journal of Experimental Psychology: Learning, Memory and Cognition, 17,* 734–752.

Hogarth, R.M., & Einhorn, H.J. (1992). Order effects in belief updating: The belief-adjustment model. *Cognitive Psychology, 24,* 1–55.

Hogarth, R.M., & Reder, M.W. (Eds.). (1986). *Rational choice: The Contrast Between Economics and Psychology.* Chicago, IL: University of Chicago Press.

Hogarth, R.M., & Reder, M.W. (1986). The behavioral foundations of economic theory. *The Journal of Business, 59* (Supplement).

Hopwood, A. (1976). *Accounting and Human Behavior.* Englewood Cliffs, NJ: Prentice-Hall.

Houghton, K. (1983–84). Audit reports: Their impact on the loan decision process and outcome: An experiment. *Accounting and Business Research, 14,* 15–20.

Houghton, K. (1984). Accounting data and the prediction of business failure: The setting of priors and the age of data. *Journal of Accounting Research, 22,* 361–368.

Houghton, K., & Messier, W. (1991). The wording of audit reports: Its impact on the meaning of the message communicated. In S. Moriarity (Ed.), *Accounting, Communication and Monitoring* (pp. 85–106). Norman, OK: University of Oklahoma.

Houghton, K., & Sengupta, R. (1984). The effect of prior probability disclosure and information set construction on bankers' ability to predict failure. *Journal of Accounting Research, 22,* 768–775.

Huss, H.F., & Jacobs, F.A. (1991). Risk containment: Exploring auditor decisions in the engagement process. *Auditing: A Journal of Practice & Theory, 10,* 16–32.

Ijiri, Y., Jaedicke, R., & Knight, K. (1966). The effects of accounting alternatives on management decisions. In R. Jaedicke (Ed.), *Research in Accounting Measurement* (pp. 186–199). New York: American Accounting Association.

Iselin, E. (1991). Individual versus group decision-making performance: A further investigation of two theories in a bankruptcy prediction task. *Journal of Business Finance and Accounting, 18,* 191–208.

Jacoby, J., Kuss, A., Mazursky, D., & Troutman, T. (1985). Effectiveness of security analyst information accessing strategies: A computer interactive assessment. *Computers in Human Behavior, 1,* 95–113.

Jamal, K. (1991). *Detecting framing effects in audit judgment.* Unpublished Ph.D. Dissertation, University of Minnesota.

Janakiraman, S., Lambert, R., & Larcker, D. (1992). An empirical investigation of the relative performance evaluation hypothesis. *Journal of Accounting Research, 30,* 53–69.

Jensen, R. (1966). An experimental design for study of effects of accounting variations in decision making. *Journal of Accounting Research, 4,* 224–238.

Jiambalvo, J., & Waller, W. (1984). Decomposition and assessments of audit risk. *Auditing: A Journal of Practice and Theory, 3,* 80–88.

Johnson, D., & Pany, K. (1984). Forecasts, auditor review and bank loan decisions. *Journal of Accounting Research, 22,* 731–743.

Johnson, D., Pany, K., & White, R. (1983). Audit reports and the loan decision: Actions and perceptions. *Auditing: A Journal of Practice and Theory, 2,* 38–51.

Johnson, E. (1988). Expertise and decision under uncertainty: Performance and process. In M. Chi, R. Glaser & M. Farr (Eds.), *The Nature of Expertise* (pp. 209–228). Hillsdale, NJ: Erlbaum.

Johnson, E., Camerer, C., Sen, S., & Rymon, T. (1991). Behavior and cognition in sequential bargaining. Working Paper, University of Pennsylvania.

Johnson, E., Payne, J., Schkade, W., & Bettman, J. (1988). Monitoring information processing and decisions: The MOUSELAB system. Working Paper, Fuqua School of Business, Duke University.

Johnson, P.E., & Jamal, K. (1987). Human judgment: Limitations and opportunities for research. In A. Bailey (Ed.), *Auditor Productivity in the Year 2000: Proceedings of the 1987 Arthur Young Professors' Roundtable* (pp. 83–98). Reston, VA: Arthur Young.

Johnson, P.E., Jamal, K., & Berryman, R.G. (1989). Audit judgment research. *Accounting, Organizations and Society, 14,* 83–99.

Johnson, V.E., & Kaplan, S.E. (1991). Experimental evidence on the effects of accountability on auditor judgments. *Auditing: A Journal of Practice & Theory, 10*, 96–107.

Johnson, W.B. (1983). Representativeness in judgmental predictions of corporate bankruptcy. *The Accounting Review, 58*, 78–97.

Jordan, J. (1989). The economics of accounting information systems. *American Economic Review, 79*, 140–145.

Jordan, J. (1990). Accounting based divisional performance measurement: Incentives for profit maximization. *Contemporary Accounting Research, 6*, 903–921.

Joyce, E.J. (1976). Expert judgment in audit program planning. *Journal of Accounting Research, 14* (Supplement), 29–60.

Joyce, E.J., & Biddle, G.C. (1981a). Anchoring and adjustment in probabilistic inference in auditing. *Journal of Accounting Research, 19*, 120–145.

Joyce, E.J., & Biddle, G.C. (1981b). Are auditors' judgments sufficiently regressive? *Journal of Accounting Research, 19*, 323–349.

Joyce, E.J., & Libby, R. (1982). Behavioral studies of audit decision making. *Journal of Accounting Literature, 2*, 103–123.

Joyce, E.J., Libby, R., & Sunder, S. (1982). Using the FASB's qualitative characteristics in accounting policy choices. *Journal of Accounting Research, 20*, 654–675.

Kachelmeier, S., Limberg, S., & Schadewald, M. (1991). Fairness in markets: A laboratory investigation. *Journal of Economic Psychology, 12*, 447–464.

Kachelmeier, S., & Messier, W.F. (1990). An investigation of the influence of a nonstatistical decision aid on auditor sample size decisions. *The Accounting Review, 65*, 209–226.

Kahneman, D. (1973). *Attention and Effort.* Englewood Cliffs, NJ: Prentice-Hall.

Kahneman, D., Knetsch, J., & Thaler, R. (1986). Fairness as a constraint on profit seeking: Entitlements in the market. *American Economic Review, 76*, 728–741.

Kahneman, D., Slovic, P., & Tversky, A. (Eds.). (1982). *Judgment under Uncertainty: Heuristics and Biases.* Cambridge, UK: Cambridge University Press.

Kahneman, D., & Tversky, A. (1979a). Intuitive prediction: Biases and corrective procedures. *TIMS Studies in Management Science, 12*, 313–327.

Kahneman, D., & Tversky, A. (1979b). Prospect theory: An analysis of decision under risk. *Econometrica, 47*, 263–291.

Kaish, S., & Gilad, B. (Eds.). (1991). *Handbook of Behavioral Economics* (Vols 2a and 2b). Greenwich, CT: JAI Press.

Kanodia, C., Bushman, R., & Dickhaut, J. (1989). Escalation errors and the sunk cost effect: An explanation based on reputation and information asymmetries. *Journal of Accounting Research, 27*, 59–77.

Kaplan, A., Dirlam, L., & Lanzillotti, R. (1958). *Pricing in Big Business.* Washington, D.C.: Brookings.

Kaplan, R.S. (1975). The significance and investigation of cost variances: Survey and extensions. *Journal of Accounting Research, 13*, 311–337.

Kaplan, R.S. (1977). The roles for research and development in auditing. In *Symposium on Auditing Research II* (pp. 3–11). Champaign, IL: University of Illinois.

Kaplan, R.S. (1983). Measuring manufacturing performance: A new challenge for management accounting research. *The Accounting Review, 58*, 686–705.

Kaplan, S.E. (1985). The effect of combining compliance and substantive tasks on auditor consensus. *Journal of Accounting Research, 23*, 871–877.

Kaplan, S.E., Pourciau, S., & Reckers, P.M.J. (1990). An examination of the effect of the president's letter and stock advisory service information on financial decisions. *Behavioral Research in Accounting, 2,* 63–93.

Kaplan, S.E., & Reckers, P.M.J. (1989). An examination of information search during initial audit planning. *Accounting, Organizations and Society, 14,* 539–550.

Keasey, K., & Watson, R. (1989). Consensus and accuracy in accounting studies of decision making: A note on a new measure of consensus. *Accounting, Organizations and Society, 14,* 337–345.

Kelly, K.P., Ribar, G.S., & Willingham, J.J. (1986). Interim report on the development of an expert system for the auditor's loan loss evaluation. In R.P. Srivastava & N.A. Ford (Eds.), *Auditing Symposium VIII: Proceedings of the 1986 Touche Ross/University of Kansas Symposium on Auditing Problems* (pp. 167–181). Lawrence, KS: University of Kansas.

Kennedy, J. (1993). Debiasing audit judgment with accountability: A framework and some experimental results. *Journal of Accounting Research, 31,* 231–245.

Kennedy, J. (1995). Debiasing the curse of knowledge in audit judgment. *The Accounting Review, 70,* 249–274.

Keren, G. (1991). Calibration and probability judgments: Conceptual and methodological issues. *Acta Psychologia, 77,* 217–273.

Kessler, L., & Ashton, R.H. (1981). Feedback and prediction achievement in financial analysis. *Journal of Accounting Research, 19,* 146–162.

Keys, D. (1978). Confidence interval financial statements: An empirical investigation. *Journal of Accounting Research, 16,* 389–399.

Kida, T. (1980). An investigation into auditors' continuity and related qualification judgments. *Journal of Accounting Research, 18,* 506–523.

Kida, T. (1984). The impact of hypothesis testing strategies on auditors' use of judgment data. *Journal of Accounting Research, 22,* 332–340.

King, R.R., & Wallin, D.E. (1990). The effects of antifraud rules and ex post verifiability on managerial disclosures. *Contemporary Accounting Research, 6,* 859–892.

Kinney, W.R. (1975). A decision theory approach to the sampling problem in auditing. *Journal of Accounting Research, 13,* 117–132.

Kinney, W.R. (1983). Quantitative applications in auditing. *Journal of Accounting Literature, 2,* 187–204.

Kinney, W.R. (1986). Audit technology and preference for auditing standards. *Journal of Accounting and Economics, 8,* 73–89.

Kinney, W.R. (1989). Achieved audit risk and the audit outcome space. *Auditing: A Journal of Practice & Theory, 8* (Supplement), 67–84.

Kinney, W.R., & Uecker, W.C. (1982). Mitigating the consequences of anchoring in auditor judgments. *The Accounting Review, 57,* 55–69.

Kirzner, I.M. (1973). *Competition and Entrepreneurship.* Chicago, IL: University of Chicago Press.

Kirzner, I.M. (1979). *Perception, Opportunity, and Profit.* Chicago, IL: University of Chicago Press.

Klammer, T., & Reed, S. (1990). Operating cash flow formats: Does format influence decisions? *Journal of Accounting and Public Policy, 9,* 217–235.

Kleinmuntz, B. (1982). Computational and noncomputational clinical information processing by computer. *Behavioral Science, 27,* 164–175.

Kleinmuntz, B. (1990). Why we still use our heads instead of formulas: Toward an integrative approach. *Psychological Bulletin, 107,* 296–310.

Kleinmuntz, D., & Schkade, D. (1993). Information displays and decision processes. *Psychological Science, 4*, 221–227.

Knez, P., Smith, V., & Williams, A. (1985). Individual rationality, market rationality, and value estimation. *American Economic Review, 75*, (Proceedings) 397–402.

Koonce, L. (1992). A cognitive characterization of audit analytical review. *The Accounting Review, 67*, 59–76.

Kren, L., & Greenstein, S. (1991). In S. Moriarity (Ed.), *Accounting, Communication and Monitoring* (pp. 84–95). Norman, Oklahoma: The University of Oklahoma Center for Economic and Management Research.

Kren, L., & Liao, W.M. (1988). The role of accounting information in the control of organizations: A review of the evidence. *Journal of Accounting Literature, 7*, 280–309.

Kreps, D. (1990). *Game Theory and Economic Modelling*. Oxford, UK: Clarendon Press.

Kreps, D., Milgrom, P., Roberts, J., & Wilson, R. (1982). Rational cooperation in the finitely repeated prisoners' dilemma. *Journal of Economic Theory, 27*, 245–252.

Krogstad, J.L, Ettenson, R.T., & Shanteau, J. (1984). Context and experience in auditors' materiality judgments. *Auditing: A Journal of Practice and Theory, 4*, 54–73.

Lakonishok, J., Shleifer, A., Thaler, R., & Vishny, R. (1991). Window dressing by pension fund managers. *American Economic Review, 81*, 227–231.

Langer, E. (1982). The illusion of control. In D. Kahneman, P. Slovic & A. Tversky (Eds.), *Judgment under Uncertainty: Heuristics and Biases* (pp. 231–238). Cambridge, UK: Cambridge University Press.

Langlois, R.N. (1986). *Economics as a Process*. Cambridge, UK: Cambridge University Press.

Larcker, D., & Lessig, V.P. (1983). An examination of the linear and retrospective process tracing approaches to judgment modeling. *The Accounting Review, 58*, 58–77.

Lawler, E., & Rhode, J.G. (1976). *Information and Control in Organizations*. Pacific Palisades, CA: Goodyear.

Leonard-Barton, D., & Deschamps, I. (1988). Managerial influence in the implementation of new technology. *Management Science, 34*, 1252–1265.

Lere, J.C. (1986). Product pricing based on accounting costs. *The Accounting Review, 61*, 318–324.

Levinthal, D. (1988). A survey of agency models of organizations. *Journal of Economic Behavior and Organization, 9*, 153–185.

Lewis, B.L. (1980). Expert judgment in auditing: An expected utility approach. *Journal of Accounting Research, 18*, 594–602.

Lewis, B.L., Patton, J.M., & Green, S.L. (1988). The effects of information choice and information use on analysts' predictions of municipal bond rating changes. *The Accounting Review, 63*, 270–282.

Lewis, B.L., Shields, M.D., & Young, S.M. (1983). Evaluating human judgments and decision aids. *Journal of Accounting Research, 21*, 271–285.

Libby, R. (1975a). Accounting ratios and the prediction of failure: Some behavioral evidence. *Journal of Accounting Research, 13*, 150–161.

Libby, R. (1975b). The use of simulated decision makers in information evaluation. *The Accounting Review, 50*, 475–489.

Libby, R. (1976a). Man versus model of man: Some conflicting evidence. *Organizational Behavior and Human Performance, 16*, 1–12.

Libby, R. (1976b). Man versus model of man: The need for a nonlinear model. *Organizational Behavior and Human Performance, 16,* 23–26.

Libby, R. (1976c). Discussion of cognitive changes induced by accounting changes: Experimental evidence on the functional fixation hypothesis. *Journal of Accounting Research, 14,* 18–24.

Libby, R. (1979a). The impact of uncertainty reporting on the loan decision. *Journal of Accounting Research, 17,* 35–57.

Libby, R. (1979b). Bankers' and auditors' perceptions of the message communicated by the audit report. *Journal of Accounting Research, 17,* 99–122.

Libby, R. (1981). *Accounting and Human Information Processing: Theory and Applications.* Englewood Cliffs, NJ: Prentice-Hall.

Libby, R. (1983). Determinants of performance in accounting decisions. In K.R. Bindon (Ed.), *1983 Accounting Research Convocation* (pp. 77–88). Tuscaloosa, AL: University of Alabama.

Libby, R. (1985). Availability and the generation of hypotheses in analytical review. *Journal of Accounting Research, 23,* 648–667.

Libby, R. (1987). Discussant's comments: Human judgment: Limitations and opportunities for research. In A. Bailey (Ed.), *Auditor Productivity in the Year 2000: Proceedings of the Arthur Young Professors' Roundtable* (pp. 99–103). Reston, VA: Arthur Young.

Libby, R. (1990). Experimental research and the distinctive features of accounting settings. In T. Frecka (Ed.), *The State of Accounting Research as We Enter the 1990s* (pp. 126–147). Urbana, IL: University of Illinois.

Libby, R., Artman, J.T., & Willingham, J.J. (1985). Process susceptibility, control risk, and audit planning. *The Accounting Review, 60,* 212–230.

Libby, R., & Blashfield, R. (1978). Performance of a composite as a function of the number of judges. *Organizational Behavior and Human Performance, 21,* 121–129.

Libby, R., & Frederick, D.M. (1990). Experience and the ability to explain audit findings. *Journal of Accounting Research, 28,* 348–367.

Libby, R., & Lewis, B.L. (1977). Human information processing research in accounting: The state of the art. *Accounting, Organizations and Society, 2,* 245–268.

Libby, R., & Lewis, B.L. (1982). Human information processing research in accounting: The state of the art in 1982. *Accounting, Organizations and Society, 7,* 231–285.

Libby, R., & Libby, P.A. (1989). Expert measurement and mechanical combination in control reliance decisions. *The Accounting Review, 64,* 729–747.

Libby, R., & Lipe, M. (1992). Incentives, effort, and the cognitive processes involved in accounting-related judgments. *Journal of Accounting Research, 30,* 249–273.

Libby, R. & Luft, J. (1993). Determinants of judgment performance in accounting settings: Ability, knowledge, motivation, and environment. *Accounting, Organizations and Society, 18,* 425–450.

Libby, R., & Tan, H.T. (1994). Modeling the determinants of audit expertise. *Accounting, Organizations and Society, 19,* 701–716.

Libby, R., Trotman, K., & Zimmer, I. (1987). Member variation, recognition of expertise, and group performance. *Journal of Applied Psychology, 72,* 81–87.

Liebenstein, H. (1976). *Beyond Economic Man: A New Foundation for Microeconomics.* Cambridge, MA: Harvard University Press.

Liebenstein, H. (1987). *Inside the Firm: The Inefficiencies of Hierarchy.* Cambridge, MA: Harvard University Press.

Loasby, B.J. (1990). *Equilibrium and Evolution*. Manchester, UK: Manchester University Press.

Locke, E.A., & Latham, G.P. (1990). *Goal Setting and Task Performance*. New York: McGraw-Hill.

Locke, E.A., Saari, L.M., Shaw, K.N., & Latham, G.P. (1981). Goal setting and task performance: 1969–1980. *Psychological Bulletin, 90*, 125–152.

Locke, E.A., & Schweiger, D.M. (1979). Participation in decision-making: One more look. In B.M. Staw (Ed.), *Research in Organizational Behavior* (pp. 265–339). Greenwich, CT: JAI Press.

Lord, A.T. (1992). Pressure: A methodological consideration for behavioral research in auditing. *Auditing: A Journal of Practice & Theory, 11*, 89–108.

Luconi, F.L., Malone, T.W., & Scott Morton, M.S. (1986). Expert systems: The next challenge for managers. *Sloan Management Review, 27*, 7–14.

Luft, J. (1992). Bonus and penalty incentives: Contract choice by employees. *Journal of Accounting and Economics, 18*, 181–206.

Lundholm, R. (1991). What affects the efficiency of a market? Some answers from the laboratory. *The Accounting Review, 66*, 486–515.

Lyness, K.S., & Cornelius, E.T. (1982). A comparison of holistic and decomposed judgment strategies in a performance rating simulation. *Organizational Behavior and Human Performance, 29*, 21–38.

Machlup, F. (1946). Marginal analysis and empirical research. *The American Economic Review, 36*, 519–554.

Magee, R.P. (1977). The usefulness of commonality information in cost control decisions. *The Accounting Review, 52*, 869–880.

Magee, R.P., & Dickhaut, J.W. (1978). Effect of compensation plans on heuristics in cost variance investigations. *Journal of Accounting Research, 16*, 292–314.

Maines, L.A. (1990). The effect of forecast redundancy on judgments of a consensus forecast's expected accuracy. *Journal of Accounting Research, 28* (Supplement), 29–47.

Maines, L.A. (1994). The role of behavioral accounting research in financial accounting standard setting. Working Paper, Duke University. Forthcoming in *Behavioral Research in Accounting*.

March, J.G. (1978). Bounded rationality, ambiguity, and the engineering of choice. *Bell Journal of Economics, 9*, 587–608.

March, J.G. (1988). *Decisions and Organizations*. Oxford, UK: Basil Blackwell.

March, J.G., & Olsen, J.P. (1976). *Ambiguity and Choice in Organizations*. Bergen, Norway: Universitetsforlaget.

March, J.G., & Sevon, G. (1988). Behavioral perspectives on theories of the firm. In W.F. Van Raaij, G.M. vanVeldhoven, & K.E. Warneryd, (Eds.), *Handbook of Economic Psychology* (pp. 368–402). Dordrecht, Netherlands: Kluwer.

March, J.G., & Shapira, Z. (1987). Managerial perspectives on risk and risk taking. *Management Science, 33*, 1404–1418.

March, J.G., & Shapira, Z. (1992). Variable risk preferences and the focus of attention. *Psychological Review, 99*, 172–183.

March, J.G., & Simon, H.A. (1958). *Organizations*. New York: Wiley.

Marchant, G. (1989). Analogical reasoning and hypothesis generation in auditing. *The Accounting Review, 64*, 500–513.

Marchant, G. (1990). Discussion of determinants of audit expertise. *Journal of Accounting Research, 28* (Supplement), 21–28.

Marchant, G., Robinson, J.R., Anderson, U., & Schadewald, M.S. (1989). A cognitive model of tax problem solving. *Advances in Taxation, 2,* 1–20.

Marchant, G., Robinson, J.R. Anderson, U., & Schadewald, M.S. (1991). Analogical transfer and expertise in legal reasoning. *Organizational Behavior and Human Decision Process, 48,* 272–290.

Markus, M.L., & Robey, D. (1988). Information technology and organizational change: Causal structure in theory and research. *Management Science, 34,* 583–598.

Mason, A.K., & Gibbins, M. (1991). Judgment and U.S. accounting standards. *Accounting Horizons, 5,* 14–24.

Mautz, R., & Sharaf, H. (1961). *The Philosophy of Auditing.* Sarasota, FL: American Accounting Association.

Mayper, A.G. (1982). Consensus of auditors' materiality judgments of internal accounting control weaknesses. *Journal of Accounting Research, 20,* 773–783.

Mayper, A.G., Doucet, M.S., & Warren, C.S. (1989). Auditors' materiality judgments of internal accounting control weaknesses. *Auditing: A Journal of Practice & Theory, 9,* 72–86.

McCabe, K.A. (1989). Fiat money as a store of value in an experimental market. *Journal of Economic Behavior and Organization, 12,* 215–231.

McDaniel, L.S. (1990). The effects of time pressure and audit program structure on audit performance. *Journal of Accounting Research, 28,* 267–285.

McIntyre, E. (1973). Current cost financial statements and common stock investment decisions. *The Accounting Review, 48,* 575–585.

McKelvey, R.D., & Palfrey, T.R. (1990). An experimental study of the centipede game. Working Paper, California Institute of Technology.

McNair, C.J. (1991). Proper compromises: The management control dilemma in public accounting and its impact on auditor behavior. *Accounting, Organizations and Society, 16,* 635–653.

Mear, R., & Firth, M. (1987a). Cue usage and self-insight of financial analysts. *The Accounting Review, 62,* 176–182.

Mear, R., & Firth, M. (1987b). Assessing the accuracy of financial analyst security return predictions. *Accounting, Organizations and Society, 12,* 331–340.

Mear, R., & Firth, M. (1988). Risk perceptions of financial analysts and the use of market and accounting data. *Accounting and Business Research, 18,* 335–340.

Mear, R., & Firth, M. (1990). A parsimonious description of individual differences in financial analyst judgment. *Journal of Accounting, Auditing and Finance, 5,* 501–526.

Medin, D.L., & Edelson, S.M. (1988). Problem structure and the use of base-rate information from experience. *Journal of Experimental Psychology: General, 117,* 68–85.

Meehl, P. (1954). *Clinical versus Statistical Prediction: A Theoretical Analysis and a Review of the Evidence.* Minneapolis, MN: University of Minnesota Press.

Meixner, W.F., & Welker, R.B. (1988). Judgment consensus and auditor experience: An examination of organizational relations. *The Accounting Review, 63,* 505–513.

Meservy, R.D., Bailey, A.D., & Johnson, P.E. (1986). Internal control evaluation: A computational model of the review process. *Auditing: A Journal of Practice & Theory, 6,* 44–74.

Messier, W.F. (1983). The effect of experience and firm type on materiality/disclosure judgments. *Journal of Accounting Research, 21,* 611–618.

Messier, W.F. (1990). Discussion of a cognitive computational model of risk hypothesis generation. *Journal of Accounting Research, 28* (Supplement), 104–109.

Messier, W.F., & Hansen, J.V. (1984). Expert systems in accounting and auditing: A framework and review. In E. Joyce & S. Moriarity (Eds.), *Decision Making and Accounting: Current Research* (pp. 182–202). Norman, OK: University of Oklahoma.

Messier, W.F., & Hansen, J.V. (1987). Expert systems in auditing: The state of the art. *Auditing: A Journal of Practice and Theory, 7,* 94–105.

Messier, W.F., & Hansen, J.V. (1988). Inducing rules for expert systems development: An example using default and bankruptcy data. *Management Science, 34,* 1403–1416.

Messier, W.F., & Hansen, J.V. (1992). A case study and field evaluation of EDP-XPERT. *International Journal of Intelligent Systems in Accounting, Finance and Management, 1,* 173–185.

Messier, W.F., & Quilliam, W.C. (1992). The effect of accountability on judgment: Development of hypotheses for auditing. *Auditing: A Journal of Practice & Theory, 11* (Supplement), 123–138.

Messier, W.F., & Schneider, A. (1988). A hierarchical approach to the external auditor's evaluation of the internal auditing function. *Contemporary Accounting Research, 4,* 337–353.

Michaelsen, R.H., & Messier, W.F. (1987). Expert systems in taxation. *The Journal of the American Taxation Association, 8,* 7–21.

Mock, T.J., & Turner, J.L. (1981). *Internal accounting control evaluation and auditor judgment.* Audit Research Monograph No. 3. New York, AICPA.

Mock, T.J., & Vasarhelyi, M.A. (1978). A synthesis of the information economics and lens models. *Journal of Accounting Research, 16,* 414–423.

Mock, T.J., & Vasarhelyi, M.A. (1984). Context, findings, and method in cognitive style research: A comparative study. In S. Moriarity & E.J. Joyce (Eds.), *Decision Making and Accounting: Current Research.* Norman, OK: University of Oklahoma.

Moeckel, C. (1990). The effects of experience on auditors' memory errors. *Journal of Accounting Research, 28,* 368–387.

Moeckel, C. (1991). Two factors affecting an auditor's ability to integrate audit evidence. *Contemporary Accounting Research, 8,* 270–292.

Moeckel, C., & Plumlee, R.D. (1989). Auditors' confidence in accurate and inaccurate recognition of audit evidence. *The Accounting Review, 64,* 653–666.

Moeckel, C., & Plumlee, R.D. (1990). The effect of explicit assignment of responsibility and the quality of workpaper reviews. Working Paper, Arizona State University.

Moriarity, S. (1979). Communicating financial information through multidimensional graphics. *Journal of Accounting Research, 17,* 205–224.

Moriarity, S., & Barron, F.H. (1976). Modeling the materiality judgments of audit partners. *Journal of Accounting Research, 14,* 320–341.

Moriarity, S., & Barron, F.H. (1979). A judgment-based definition of materiality. *Journal of Accounting Research, 17* (Supplement), 114–147.

Morris, D., & Noreen, E. (1991). *Beyond mk I ABC systems.* Working Paper, INSEAD.

Morris, M.H., & Nichols, W.D. (1988). Consistency exceptions, materiality judgments and audit firm structure. *The Accounting Review, 63,* 237–254.

Moser, D. (1989). The effects of output interference, availability, and accounting information on investors' predictive judgments. *The Accounting Review, 64,* 433–448.

Murphy, D., & Brown, C.E. (1992). The use of advanced information technology in audit planning. *International Journal of Intelligent Systems in Accounting, Finance and Management, 1,* 189–193.

Mutchler, J. (1985). A multivariate analysis of the auditor's going-concern opinion decision. *Journal of Accounting Research, 23,* 668–682.

Nagel, E. (1963). Assumptions in economic theory. *The American Economic Review, 53,* 211–219.

Neelin, J., Sonnenschein, H., & Spiegel, M. (1988). A further test of noncooperative bargaining theory. *The American Economic Review, 78,* 824–836.

Nelson, M.W. (1993). The effects of error frequency and accounting knowledge on error diagnosis in analytical review. *The Accounting Review, 68,* 803–824.

Nelson, M.W. (1994). The learning and application of frequency knowledge in audit judgment. *Journal of Accounting Literature, 13,* 185–211.

Nelson, R.R., & Winter, S.G. (1982). *An Evolutionary Theory of Economic Change.* Cambridge, MA: Belknap.

Neuberg, S., & Fiske, S. (1987). Motivational influences on impression formation: Outcome dependency, accuracy-driven attention, and individuating processes. *Journal of Personality and Social Psychology, 53,* 431–444.

Newell, A., & Simon, H. (1972). *Human Problem Solving.* Englewood Cliffs, N.J., Prentice-Hall.

Newton, L.K. (1977). The risk factor in materiality decisions. *The Accounting Review, 52,* 97–108.

Nicholson, W. (1983). *Intermediate Microeconomics and Its Applications.* Chicago, IL: Dryden.

Nilsson, L. (1987). Motivated memory: Dissociation between performance data and subjective reports. *Psychological Research, 49,* 183–188.

Nisbett, R.E., & Wilson, T.D. (1977). Telling more than we can know: Verbal reports on mental processes. *Psychological Review, 84,* 231–259.

Nisbett, R.E., & Ross, L. (1980). Human inference: Strategies and shortcomings of social judgment. Englewood Cliffs, NJ: Prentice-Hall.

O'Brien, J., & Srivastava, S. (1990). Arbitrage and informational efficiency: Theory and experimental evidence. Working Paper, Carnegie-Mellon University.

O'Brien, J., & Srivastava, S. (1993). Liquidity and persistence of arbitrage in experimental options markets. In D. Friedman & J. Rust (Eds.), *The Double Auction Market: Proceedings of the Santa Fe Institute Conference on Price Dynamics in Auction Markets* (pp. 397–419). Reading, MA: Addison-Wesley.

O'Keefe, R.M., Balci, O., & Smith, E.P. (1987). Validating expert system performance. *IEEE Expert, 2,* 81–89.

O'Leary, D.E. (1987). Validation of expert systems – with applications to auditing and accounting expert systems. *Decision Sciences, 18,* 468–486.

Oliver, B. (1972). A study of confidence interval financial statements. *Journal of Accounting Research, 10,* 154–166.

Onsi, M. (1973). Factor analysis of behavioral variables affecting budgetary slack. *The Accounting Review, 48,* 535–548.

Oskamp, S. (1965). Overconfidence in case-study judgments. *Journal of Consulting Psychology, 29,* 261–265.

Page, R.A., & Dyer, W.G. (1990). The politics of radical technical innovations. In L.R. Gomez-Mejia & M.W. Lawless (Eds.), *Organizational Issues in High Technology Management.* Greenwich, CT: JAI Press.

Pankoff, L., & Virgil, R. (1970). Some preliminary findings from a laboratory experiment on the usefulness of financial accounting information to security analysts. *Journal of Accounting Research, 8,* 1–48.

Pany, K., & Reckers, P.M.J. (1987). Within- vs. between-subject experimental designs: A study of demand effects. *Auditing: A Journal of Practice & Theory, 7,* 39–53.

Pany, K., & Smith, C.H. (1982). Auditor association with quarterly financial information: An empirical test. *Journal of Accounting Research, 20,* 472–481.

Paquette, L., & Kida, T. (1988). The effect of decision strategy and task complexity on decision performance. *Organizational Behavior and Human Decision Processes, 41,* 128–142.

Payne, J.W., Bettman, J.R., & Johnson, E.J. (1988). Adaptive strategy selection in decision making. *Journal of Experimental Psychology: Learning, Memory, and Cognition, 14,* 534–552.

Payne, J.W., Bettman, J.R., & Johnson, E.J. (1992). Behavioral decision research: A constructive processing perspective. *Annual Review of Psychology, 43,* 87–131.

Peat, Marwick, Mitchell & Co. (1976). *Research Opportunities in Auditing.* New York: Author.

Peters, J.M. (1990). A cognitive computational model of risk hypothesis generation. *Journal of Accounting Research, 28* (Supplement), 83–103.

Peters, J.M., Lewis, B.L., & Dhar, V. (1989). Assessing inherent risk during audit planning: The development of a knowledge-based model. *Accounting, Organizations and Society, 14,* 359–378.

Pincus, K.V. (1990). Audit judgment consensus: A model for dichotomous decisions. *Auditing: A Journal of Practice & Theory, 9,* 1–20.

Pincus, K.V. (1990). Auditor individual differences and fairness of presentation judgments. *Auditing: A Journal of Practice & Theory, 9,* 150–166.

Pitz, G.F. (1970). On the processing of information: Probabilistic and otherwise. *Acta Psychologica, 34,* 201–213.

Plott, C. (1982). Industrial organizational theory and experimental economics. *Journal of Economic Literature, 20,* 1485–1527.

Plott, C., & Sunder, S. (1988). Rational expectations and the aggregation of diverse information in laboratory security markets. *Econometrica, 56,* 1085–1118.

Plumlee, D. (1985). The standard of objectivity for internal auditors: Memory and bias effects. *Journal of Accounting Research, 23,* 683–699.

Porter, D., & Smith, V. (1989). The scope of bubbles in experimental asset markets. Working Paper: University of Arizona.

Prasnikar, V., & Roth, A. (1989). Perceptions of fairness and considerations of strategy: Some experimental data. Working Paper: University of Pittsburgh.

Rapoport, A., & Wallsten, T.S. (1972). Individual decision behavior. *Annual Review of Psychology, 23,* 131–176.

Ravinder, H.V., Kleinmuntz, D.N., & Dyer, J.S. (1988). The reliability of subjective probabilities obtained through decomposition. *Management Science, 34,* 186–199.

Rebele, J.E., Heintz, J.S., & Briden, G.E. (1988). Independent auditor sensitivity to evidence reliability. *Auditing: A Journal of Practice & Theory, 8,* 43–52.

Rennie, M. (1991). Internal control system knowledge and mental models. Working Paper, University of Regina.

Ricchiute, D. (1992). Working-paper order effects and auditors' going concern decisions. *The Accounting Review, 67,* 46–58.

Richardson, A.J., & Gibbins, M. (1988). Behavioral research on the production and use of financial information. In K. Ferris (Ed.), *Behavioral Accounting Research: A Critical Analysis* (pp. 15–45). Columbus, OH: Century VII Publishing.

Roberts, J. (1987). Perfectly and imperfectly competitive markets. In J. Eatwell, M. Milgate, & P. Newman (Eds.), *The New Palgrave: A Dictionary of Economics* (pp. 837–841). London: Macmillan.

Rockness, H. 1977. Expectancy theory in a budgetary setting: An experimental examination. *The Accounting Review, 52,* 893–903.

Rohrmann, B. (1986). Evaluating the usefulness of decision aids: A methodological perspective. In B. Brehmer, H. Jungermann, P. Lourens, & G. Sevon (Eds.), *New Directions in Research on Decision Making* (pp. 363–381). Amsterdam: North-Holland.

Ronen, J., & Livingston, J. (1975). An expectancy theory approach to the motivational impact of budgets. *The Accounting Review, 50,* 671–685.

Ross, S. (1973). The economic theory of agency: The principal's problem. *The American Economic Review, 63,* 134–139.

Ross, S. (1976a). The arbitrage theory of capital asset pricing. *Journal of Economic Theory, 13,* 341–360.

Ross, S. (1976b). Return, risk, and arbitrage. In I. Friend & J. Bicksler (Eds.), *Risk and Return in Finance* (pp. 189–218). Cambridge, MA: Ballinger.

Roth, A. (1986). Laboratory experimentation in economics. *Economics and Philosophy, 2,* 245–273.

Roth, A. (1987). *Laboratory Experimentation in Economics: Six Points of View.* Cambridge, MA: Cambridge University Press.

Roth, A. (1988). Laboratory experimentation in economics: A methodological overview. *The Economic Journal, 98,* 974–1031.

Roth A. (1991). Bargaining experiments. *Handbook of Experimental Economics,* forthcoming.

Roy, D. (1952). Quota restriction and goldbricking in a machine shop. *The American Journal of Sociology, 57,* 427–442.

Roy, D. (1954). Efficiency and 'the fix': Informal intergroup relations in a piecework machine shop. *The American Journal of Sociology, 60,* 255–266.

Rubenstein, A. (1982). Perfect equilibrium in a bargaining model. *Econometrica, 50,* 97–109.

Russell, T., & Thaler, R. (1985). The relevance of quasi-rationality in competitive markets. *The American Economic Review, 75,* 1071–1081.

Sami, H., & Schwartz, B. (1992). Alternative pension liability disclosure and the effect on credit evaluation: An experiment. *Behavioral Research in Accounting, 4,* 49–62.

Savage, L.J. (1954). *The Foundations of Statistics.* New York: Wiley.

Savich, R. (1977). The use of accounting information in decision making. *The Accounting Review, 52,* 642–652.

Schepanski, A. (1983). Tests of theories of information processing behavior in credit judgment. *The Accounting Review, 58,* 581–599.

Schiff, M., & Lewin, A.Y. (1970). The impact of budgets on people. *The Accounting Review, 45,* 259–268.

Schipper, K. (1991). Analysts' forecasts. *Accounting Horizons, 5*, 105–121.

Schmidt, F.L., Hunter, J.E., & Outerbridge, A.N. (1986). Impact of job experience and ability on job knowledge, work sample performance, and supervisory ratings of job performance. *Journal of Applied Psychology, 71*, 432 –439.

Schneider, A. (1984). Modeling external auditors' evaluations of internal auditing. *Journal of Accounting Research, 22*, 657–678.

Schneider, A. (1985). The reliance of external auditors on the internal audit function. *Journal of Accounting Research, 23*, 911–919.

Schoemaker, P.J.H. (1982). The expected utility model: Its variants, purposes, evidence and limitations. *Journal of Economic Literature, 20*, 529–563.

Schultz, J.J., & Reckers, P.M.J. (1981). The impact of group processing on selected audit disclosure decisions. *Journal of Accounting Research, 19*, 482–501.

Schum, D., & Martin, A. (1982). Formal and empirical research on cascaded inference in jurisprudence. *Law & Society Review, 17*, 105–151.

Schumpeter, J.A. (1976). *Capitalism, Socialism and Democracy*, (5th Edition). London: George Allen & Unwin. Originally published in 1934.

Schwartz, R. (1988). *Equity Markets: Structure, Trading, and Performance*. New York: Harper and Row.

Schwartz, S., Griffin, T., & Fox, J. (1989). Clinical expert systems versus linear models: Do we really have to choose? *Behavioral Science, 34*, 305–311.

Selling, T., & Shank, J. (1989). Linear versus process tracing approaches to judgment modelling: A new perspective on cue importance. *Accounting, Organizations and Society, 14*, 65–77.

Selto, F.H., & Cooper, J.C. (1990). Control of risk attitude in experimental accounting research. *Journal of Accounting Literature, 9*, 229–264.

Sevcik, G., Shapiro, B., & Waller, W. (1995). *Cost-plus pricing in experimental markets: Effects of full versus variable costing on profits and survival*. Research in Progress, University of Arizona.

Shafer, G. (1985). Conditional probability. *International Statistical Review, 53*, 261–277.

Sharda, R., Barr, S.H., & McDonnell, J.C. (1988). Decision support system effectiveness: A review and an empirical test. *Management Science, 34*, 139–159.

Shields, M.D. (1983). Effects of information supply and demand on judgment accuracy: Evidence from corporate managers. *The Accounting Review, 73*, 429–442.

Shields, M.D., Chow, S., & Whittington, O.R. (1989). The effects of state risk and controllability filters on compensation contract and effort choice. *Abacus, 25*, 39–55.

Shields, M.D., Solomon, I., & Waller, W.S. (1987). Effects of alternative sample space representations on the accuracy of auditors' uncertainty judgments. *Accounting, Organizations and Society, 12*, 375–388.

Shields, M.D., Solomon, I., & Waller, W.S. (1988). Auditors' usage of unaudited book values when making presampling audit value estimates. *Contemporary Accounting Research, 5*, 1–18.

Shields, M.D., & Waller, W.S. (1988). An experimental labor market study of accounting variables in employment contracting. *Accounting, Organizations and Society, 13*, 581–594.

Shields, M.D., & Young, S.M. (1993). Antecedents and consequences of participative budgeting: Evidence on the effects of asymmetrical information. *Journal of Management Accounting Research, 5*, 265–280.

Shpilberg, D., & Graham, L.E. (1986). Developing ExperTAX: An expert system for corporate tax accrual and planning. *Auditing: A Journal of Practice and Theory, 6,* 75–94.

Simnett, R., & Trotman, K. (1989). Auditor versus model: Information choice and information processing. *The Accounting Review, 64,* 514–528.

Simon, H.A. (1955). A behavioral model of rational choice. *Quarterly Journal of Economics, 69,* 99–118.

Simon, H.A. (1956). Rational choice and the structure of the environment. *Psychological Review, 63,* 129–138.

Simon, H.A. (1957). *Models of Man.* New York: Wiley.

Simon, H.A. (1959). Theories of decision making in economics and behavioral science. *The American Economic Review, 49,* 253–283.

Simon, H.A. (1960). *The New Science of Management.* New York: Harper and Row.

Simon, H.A. (1976a). From substantive to procedural rationality. In S.J. Latsis (Ed.), *Method and Appraisal in Economics* (pp. 129–148). Cambridge, UK: Cambridge University Press.

Simon, H.A. (1976b). *Administrative Behavior: A Study of Decision-making Processes in Administrative Organization.* New York: Free Press. First published in 1945.

Simon, H.A. (1978a). Rationality as process and as product of thought. *The American Economic Review, 68,* 1–16.

Simon, H.A. (1978b). On how to decide what to do. *The Bell Journal of Economics, 9,* 494–507.

Simon, H.A. (1979). Rational decision making in business organizations. *The American Economic Review, 69,* 493–513.

Simon, H.A. (1982). *Models of Bounded Rationality: Behavioral Economics and Business Organization.* Cambridge, MA: MIT Press.

Simon, H.A. (1983). *Reason in Human Affairs.* Oxford, UK: Basil Blackwell.

Simon, H.A. (1986). Rationality in psychology and economics. *The Journal of Business, 59,* 209–224.

Simon, H.A. (1987a). Behavioral economics. In J. Eatwell, M. Milgate, & P. Newman, (Eds.), *The New Palgrave: A Dictionary of Economics* (pp. 221–225). London: Macmillan.

Simon, H.A. (1987b). Bounded rationality. In J. Eatwell, M. Milgate, & P. Newman (Eds.), *The New Palgrave: A Dictionary of Economics* (pp. 266–267). London: Macmillan.

Slovic, P. (1969). Analyzing the expert judge: A descriptive study of a stockbroker's decision processes. *Journal of Applied Psychology, 53,* 255–263.

Slovic, P., Fleissner, D., & Bauman, W. (1972). Analyzing the use of information in investment decision making: A methodological proposal. *The Journal of Business, 45,* 283–301.

Slovic, P., & Lichtenstein, S. (1971). Comparison of Bayesian and regression approaches to the study of information processing in judgment. *Organizational Behavior and Human Performance, 6,* 649–744.

Smith, J.F., & Kida, T. (1991). Heuristics and biases: Expertise and task realism in auditing. *Psychological Bulletin, 109,* 472–489.

Smith, V.L. (1981). An empirical study of decentralized institutions of monopoly restraint. In G. Horwich & J. Quirk (Eds.), *Essays in Contemporary Fields of Economics* (pp. 83–106). W. Lafayette, IN: Purdue University Press.

Smith, V.L. (1982). Microeconomic systems as an experimental science. *The American Economic Review, 72,* 923–955.

Smith, V.L. (1989). Theory, experiment, and economics. *Journal of Economic Perspectives, 3*, 151–169.

Smith, V.L. (1991). *Papers in Experimental Economics*. Cambridge, UK: Cambridge University Press.

Smith, V.L. (1991). Rational choice: The contrast between economics and psychology. *Journal of Political Economy, 99*, 877–897.

Smith, V.L., Schatzberg, J., & Waller, W. (1987). Experimental economics and auditing. *Auditing: A Journal of Practice and Theory, 7*, 71–93.

Smith, V.L., Suchanek, G., & Williams, A. (1988). Bubbles, crashes, and endogenous expectations in experimental spot asset markets. *Econometrica, 56*, 1119–1151.

Snapper, K.J., & Peterson, C.R. (1971). Information seeking and data diagnosticity. *Journal of Experimental Psychology, 87*, 429–433.

Solomon, I. (1982). Probability assessment by individual auditors and audit teams: An empirical investigation. *Journal of Accounting Research, 20*, 689–710.

Solomon, I. (1987). Multi-auditor judgment/decision making research. *Journal of Accounting Literature, 6*, 1–25.

Solomon, I., Ariyo, A., & Tomassini, L.A. (1985). Contextual effects on the calibration of probabilistic judgments. *Journal of Applied Psychology, 70*, 528–532.

Solomon, I., Krogstad, J.L., Romney, M.B. & Tomassini, L.A. (1982). Auditors' prior probability distributions for account balances. *Accounting, Organizations and Society, 7*, 27–42.

Solomon, I., & Shields, M.D. *Judgment and decision-making research in auditing*. Chapter 6, this volume.

Spires, E. (1991). Auditors' evaluation of test-of-control strength. *The Accounting Review, 66*, 259–276.

Srinidhi, B.N., & Vasarhelyi, M.A. (1986). Auditor judgment concerning establishment of substantive tests based on internal control reliability. *Auditing: A Journal of Practice & Theory, 5*, 64–76.

Stahl, I. (1972). *Bargaining Theory*. Stockholm, Sweden: Stockholm School of Economics.

Stallman, J. (1969). Toward experimental criteria for judging disclosure improvement. *Journal of Accounting Research, 7*, 29–43.

Staw, B. (1976). Knee-deep in the big muddy: A study of escalating commitment to a chosen course of action. *Organizational Behavior and Human Performance, 16*, 27–44.

Staw, B., McKechnie, P., & Puffer, S. (1983). The justification of organizational performance. *Administrative Science Quarterly, 28*, 582–600.

Stedry, A.C. (1960). *Budget Control and Cost Behavior*. Englewood Cliffs, NJ: Prentice-Hall.

Steinbart, P. (1987). Materiality: A case study using expert systems. *The Accounting Review, 62*, 97–116.

Sternberg, R. (1984). Toward a triarchic theory of human intelligence. *The Behavioral and Brain Sciences, 7*, 269–315.

Stigler, G.J. (1957). Perfect competition, historically contemplated. *Journal of Political Economy, 65*, 1–17.

Stigler, G.J. (1987). Competition. In J. Eatwell, M. Milgate, & P. Newman (Eds.), *The New Palgràve: A Dictionary of Economics* (pp. 531–536). London: Macmillan.

Stock, D., & Watson, C. (1984). Human judgment accuracy, multidimensional graphics, and humans versus models. *Journal of Accounting Research, 22*, 192–206.

Strawser, J.R. (1991). The role of accountant reports in users' decision-making processes: A review of empirical research. *Journal of Accounting Literature, 10,* 181–208.

Stringer, K.W. (1975). A statistical technique for analytic review. *Journal of Accounting Research, 13* (Supplement), 1–9.

Stringer, K.W., & Stewart, T.R. (1986). *Statistical Techniques for Analytic Review in Auditing.* New York: Wiley.

Sullivan, J.D., Gnospelius, R.A., Defliese, P.L., & Jaenicke, H.R. (1985). *Montgomery's Auditing* (10th Edition). New York: Wiley.

Sundem, G.L. (1981). Future directions in management accounting research. *Accounting Research Convocation.* Tuscaloosa, AL: University of Alabama.

Swieringa, R.J., Dyckman, T.R., & Hoskin, R. (1979). Empirical evidence about the effects of an accounting change on information processing. In T. Burns, (Ed.), *Behavioral Experiments in Accounting II* (pp. 225–259). Columbus, OH: Ohio State University Press.

Swieringa, R.J., Gibbins, M., Larsson, L., & Sweeney, J.L. (1976). Experiments in the heuristics of human information processing. *Journal of Accounting Research, 14* (Supplement), 159–187.

Swieringa, R.J., & Weick, K.E. (1982). An assessment of laboratory experiments in accounting. *Journal of Accounting Research, 20* (Supplement), 56–101.

Tabor, R.H. (1983). Internal control evaluations and audit program revisions: Some additional evidence. *Journal of Accounting Research, 21,* 348–354.

Taylor, F.W. (1967). The Principles of Scientific Management. New York: W.W. Norton. First Published in 1911.

Terborg, J.R., & Miller, H.E. (1978). Motivation, behavior, and performance: A closer examination of goal setting and monetary incentives. *Journal of Applied Psychology, 63,* 29–39.

Tetlock, P.E. (1985). Accountability: The neglected social context of judgment and choice. *Research in Organizational Behavior, 7,* 297–332.

Thaler, R.H. (1992). *The Winner's Curse: Paradoxes and Anomalies of Economic Life.* New York: Free Press.

Tomassini, L.A., Solomon, I., Romney, M.B., & Krogstad, J.L. (1982). Calibration of auditors' probabilistic judgments: Some empirical evidence. *Organizational Behavior and Human Performance, 29,* 391–406.

Trotman, K.T. (1985). The review process and the accuracy of auditor judgments. *Journal of Accounting Research, 23,* 740–752.

Trotman, K.T., & Wood, R. (1991). A meta-analysis of studies on internal control judgments. *Journal of Accounting Research, 29,* 180–192.

Trotman, K.T., & Yetton, P.W. (1985). The effect of the review process on auditor judgments. *Journal of Accounting Research, 23,* 256–267.

Tubbs, R.M. (1992). The effect of experience on the auditor's organization and amount of knowledge. *The Accounting Review, 67,* 783–801.

Tubbs, R.M., Messier, W.F., & Knechel, W.R. (1990). Recency effects in auditors' belief-revision processes. *The Accounting Review, 65,* 452–460.

Turner, M.J., & Hilton, R.W. (1989). Use of accounting product-costing systems in making production decisions. *Journal of Accounting Research, 27,* 297–312.

Tversky, A. (1977). Features of similarity. *Psychological Review, 84,* 327–352.

Tversky, A., & Kahneman, D. (1971). Belief in the law of small numbers. *Psychological Bulletin, 76,* 105–110.

Tversky, A., & Kahneman, D. (1974). Judgment under uncertainty: Heuristics and biases. *Science, 185,* 1124–1131.

Tversky, A., & Kahneman, D. (1987). Rational choice and the framing of decisions. In R. Hogarth & M. Reder (Eds.), *Rational Choice: The Contrast Between Economics and Psychology* (pp. 67–94). Chicago, IL: University of Chicago Press.

Tversky, A., & Sattath, S. (1979). Preference trees. *Psychological Review, 86,* 542–578.

Uecker, W.C. (1978). A behavioral study of information system choice. *Journal of Accounting Research, 16,* 169–189.

Uecker, W.C. (1980). The effects of knowledge of the user's decision model in simplified information evaluation. *Journal of Accounting Research, 18,* 191–213.

Uecker, W.C., & Kinney, W.R. (1977). Judgmental evaluation of sample results: A study of the type and severity of errors made by practicing CPAs. *Accounting, Organizations and Society, 2,* 269–275.

United States General Accounting Office. (1991). *Failed Banks: Accounting and Auditing Reforms Urgently Needed.* (GAO/AFMD-91–43, April 1991).

van Breda, M., & Ferris, K. (1992). A note on the effect of prior probability disclosure and information representativeness on subject predictive accuracy. *Behavioral Research in Accounting, 4,* 140–151.

Waller, W.S. (1988). Slack in participative budgeting: The joint effect of a truth-inducing pay scheme and risk preferences. *Accounting, Organizations and Society, 13,* 87–98.

Waller, W.S. (1992). Decision research in managerial accounting: Return to behavioral economics foundations. Chapter 2, this volume.

Waller, W.S. (1994). Behavioral-economics approach to probability assessment: An application in professional auditing. Working Paper, University of Arizona.

Waller, W.S., & Bishop, R. (1990). An experimental study of incentive pay schemes, communication, and intrafirm resource allocation. *The Accounting Review, 65,* 812–836.

Waller, W.S., & Chow, C. (1985). The self-selection and effort effects of standard-based employment contracts: A framework and some empirical evidence. *The Accounting Review, 60,* 458–476.

Waller, W.S., & Felix, W.L. (1984a). Cognition and the auditor's opinion formulation process: A schematic model of interactions between memory and current audit evidence. In S. Moriarty & E.J. Joyce (Eds.), *Decision Making and Accounting: Current Research* (pp. 27–48). Norman, OK: University of Oklahoma.

Waller, W.S., & Felix, W.L. (1984b). The auditor and learning from experience: Some Conjectures. *Accounting, Organizations and Society, 9,* 383–406.

Waller, W.S., & Jiambalvo, J. (1984). The use of normative models in human information processing research in accounting. *Journal of Accounting Literature, 3,* 201–226.

Waller, W.S., & Mitchell, T.R. (1984). The effects of context on the selection of decision strategies for the cost variance investigation problem. *Organizational Behavior and Human Performance, 33,* 397–413.

Waller, W.S., & Mitchell, T.R. (1991). Conditional probability judgments: Effects of imagining vs. experiencing the conditioning event. *Organizational Behavior and Human Decision Processes, 49,* 302–325.

Ward, B.H. (1976). An investigation of the materiality construct in auditing. *Journal of Accounting Research, 14,* 138–152.

Watts, R., & Zimmerman, J. (1990). Positive accounting theory: A ten year perspective. *The Accounting Review, 65*, 131–156.

Weber, R. (1980). Some characteristics of the free recall of computer controls by EDP auditors. *Journal of Accounting Research, 18*, 214–239.

Weick, K.E. (1979). *The Social Psychology of Organizing* (2nd Edition). Reading, MA: Addison-Wesley.

Weiss, A.R., & Birnbaum, P.H. (1989). Technological infrastructure and the implementation of technological strategies. *Management Science, 35*, 1014–1026.

Weitzman, M. (1976). The new soviet incentive model. *Bell Journal of Economics, 7*, 251–257.

Weitzman, M. (1980). The ratchet principle' and performance incentives. *Bell Journal of Economics, 11*, 302–308.

Whyte, W.F. (1955). *Money and Motivation: An Analysis of Incentives in Industry*. New York: Harper and Brothers.

Wilkins, T, & Zimmer, I. (1983). The effect of leasing and different methods of accounting for leases on credit evaluation. *The Accounting Review, 63*, 749–764.

Williamson, O.E. (1975). *Markets and Hierarchies: Analysis and Antitrust Implications*. New York: Free Press.

Williamson, O.E. (1985). *The Economic Institutions of Capitalism*. New York: Free Press.

Winkler, R.L., & Murphy, A.H. (1973). Experiments in the laboratory and the real world. *Organizational Behavior and Human Performance, 21*, 252–270.

Wolf, F.M. (1981). The nature of managerial work: An investigation of the work of the audit manager. *The Accounting Review, 56*, 861–881.

Wolfson, M. (1985a). Empirical evidence of incentive problems and their mitigation in oil and gas tax shelter programs. In J.W. Pratt & R.J. Zeckhauser (Eds.), *Principals and Agents: The Structure of Business* (pp. 101–125). Cambridge, MA: Harvard Business School Press.

Wolfson, M. (1985b). Tax, incentive, and risk-sharing issues in the allocation of property rights: The generalized lease-or-buy problem. *The Journal of Business, 58*, 159–171.

Wright, A. (1988). The impact of prior working papers on auditor evidential planning judgments. *Accounting, Organizations and Society, 13*, 595–605.

Wright, P.M. (1989). Test of the mediating role of goals in the incentive-performance relationship. *Journal of Applied Psychology, 74*, 699–705.

Wright, W.F. (1977a). Financial information processing models: An empirical study. *The Accounting Review, 52*, 676–689.

Wright, W.F. (1977b). Self-insight into the cognitive processing of financial information. *Accounting, Organizations and Society, 2*, 323–332.

Wright, W.F. (1979). Properties of judgment models in a financial setting. *Organizational Behavior and Human Performance, 23*, 73–85.

Wright, W.F. (1988). Audit judgment consensus and experience. In K.R. Ferris (Ed.), *Behavioral Accounting Research: A Critical Analysis* (pp. 305–328). Columbus, OH: Century VII Publishing.

Wright, W.F., & Aboul-Ezz, M.E. (1988). Effects of extrinsic incentives on the quality of frequency assessments. *Organizational Behavior and Human Decision Processes, 41*, 143–152.

Wright, W.F., Ho, J., & Davis, E.B. (1991). Limited consensus of going concern judgments. Working Paper, University of California-Irvine.

Yates, J.F. (1990). *Judgment and Decision Making*. Englewood Cliffs, NJ: Prentice-Hall.

Yates, J.F., McDaniel, L., & Brown, E. (1991). Probabilistic forecasts of stock prices and earnings: The hazards of nascent experience. *Organizational Behavior and Human Decision Processes, 49,* 60–79.

Young, S.M. (1985). Participative budgeting: The effects of risk aversion and asymmetric information on budgetary slack. *Journal of Accounting Research, 23,* 829–842.

Young, S.M. (1992). A framework for successful adoption and performance of Japanese manufacturing practices in the United States. *Academy of Management Review, 17,* 677–700.

Young, S.M., Fisher, J., & Lindquist, T. (1993). Manufacturing performance in workgroups: The effects of varying competitive feedback and cooperation on slack and output. *The Accounting Review, 68,* 466–481.

Young, S.M., & Selto, F. (1991). New manufacturing practices and cost management: A review of the literature and directions for research. *Journal of Accounting Literature, 10,* 265–297.

Young, S.M., Shields, M.D., & Wolf, G. (1988). Manufacturing controls and performance: An experiment. *Accounting, Organizations and Society, 13,* 607–618.

Zimmer, I. (1980). A lens study of the prediction of corporate failure by bank loan officers. *Journal of Accounting Research, 18,* 629–636.

Zimmer, I. (1981). A comparison of the prediction accuracy of loan officers and their linear-additive models. *Organizational Behavior and Human Performance, 27,* 69–74.

图书在版编目（CIP）数据

会计和审计中的判断与决策/（美）阿什顿主编；谢盛纹译．—北京：中国人民大学出版社，2011
（会计经典学术名著）
ISBN 978-7-300-13898-5

Ⅰ.①会… Ⅱ.①阿…②谢… Ⅲ.①会计决策②审计决策 Ⅳ.①F230③F239.0

中国版本图书馆 CIP 数据核字（2011）第 113148 号

会计经典学术名著
会计和审计中的判断与决策
罗伯特·H·阿什顿
艾利森·哈伯德·阿什顿 主编
谢盛纹 译
Kuaiji he Shenji zhong de Panduan yu Juece

出版发行	中国人民大学出版社			
社　址	北京中关村大街 31 号	**邮政编码**	100080	
电　话	010 - 62511242（总编室）	010 - 62511398（质管部）		
	010 - 82501766（邮购部）	010 - 62514148（门市部）		
	010 - 62515195（发行公司）	010 - 62515275（盗版举报）		
网　址	http://www.crup.com.cn			
	http://www.ttrnet.com（人大教研网）			
经　销	新华书店			
印　刷	涿州市星河印刷有限公司			
规　格	155 mm×235 mm　16 开本	**版　次**	2011 年 6 月第 1 版	
印　张	20.75 插页 2	**印　次**	2011 年 6 月第 1 次印刷	
字　数	293 000	**定　价**	49.00 元	

教师教学服务说明

    中国人民大学出版社工商管理分社以出版经典、高品质的工商管理、财务会计、统计、市场营销、人力资源管理、运营管理、物流管理、旅游管理等领域的各层次教材为宗旨。同时，为了更好地服务于一线教师教学，工商管理分社近年来着力建设数字化、立体化的网络教学资源。老师们可以通过以下方式获得免费下载教学资源的权限：

    （1）在"人大经管图书在线"（www. rdjg. com. cn）注册并下载"教师服务登记表"，或者直接填写下面的"教师服务登记表"后，加盖院系公章，然后邮寄或者传真给我们。我们收到表格后将在一个工作日内为您开通相关资源的下载权限。

    （2）如果您有"人大出版社教研服务网络"（http：//www. ttrnet. com）会员卡，可以将卡号发到我们的公共邮箱，无须重复注册，我们将直接为您开通相关专业领域教学资源的下载权限。

    如果您需要帮助，请随时联系我们：

    联系人：钟馨（010-62515732）   李文重（010-82501704）
    传真：010-62514775   邮箱：rdcbsjg@crup. com. cn
    通讯地址：北京市海淀区中关村大街甲 59 号，文化大厦 1501 层
    中国人民大学出版社工商管理分社，邮编：100872

教师服务登记表

姓 名		□先生 □女士	职 称		
座机/手机			电子邮箱		
通信地址			邮 编		
任教学校			所在院系		
所授课程	课程名称	现用教材名称	出版社	对象（本科/研究生/MBA/其他）	学生人数
需要哪本教材的配套资源					
人大经管图书在线用户名					
院/系领导（签字）： 院/系办公室盖章					